Illuminate Publishing

CBAC
U2 Y Gyfraith
Cyfraith Trosedd a Chyfiawnder

Canllaw Astudio ac Adolygu

Sara Davies • Karen Phillips • Louisa Walters

ip

CBAC U2 Y Gyfraith: Cyfraith Trosedd a Chyfiawnder – Canllaw Astudio ac Adolygu

Addasiad Cymraeg o *WJEC A2 Law: Criminal Law and Justice – Study and Revision Guide* a gyhoeddwyd yn 2014 gan Illuminate Publishing Ltd, P.O. Box 1160, Cheltenham, Swydd Gaerloyw GL50 9RW

Ariennir yn Rhannol gan **Lywodraeth Cymru**
Part Funded by **Welsh Government**

Cyhoeddwyd dan nawdd Cynllun Adnoddau Addysgu a Dysgu CBAC

© Louisa Walters, Karen Phillips, Sara Davies (Yr argraffiad Saesneg)

Mae'r awduron wedi datgan eu hawliau moesol i gael eu cydnabod yn awduron y gyfrol hon.

© CBAC 2015 (Yr argraffiad Cymraeg hwn)

Archebion: Ewch i www.illuminatepublishing.com
neu anfonwch e-bost i sales@illuminatepublishing.com

Cedwir pob hawl. Ni cheir ailargraffu, atgynhyrchu na defnyddio unrhyw ran o'r llyfr hwn ar unrhyw ffurf nac mewn unrhyw fodd electronig, mecanyddol neu arall, sy'n hysbys heddiw neu a ddyfeisir wedi hyn, gan gynnwys llungopïo a recordio, nac mewn unrhyw system storio ac adalw gwybodaeth, heb ganiatâd ysgrifenedig gan y cyhoeddwyr.

Mae cofnod catalog ar gyfer y llyfr hwn ar gael gan y Llyfrgell Brydeinig

ISBN 978-1-908682-33-8

Argraffwyd gan 4edge Ltd, Hockley, Essex

02.15

Polisi'r cyhoeddwr yw defnyddio papurau sy'n gynhyrchion naturiol, adnewyddadwy ac ailgylchadwy o goed a dyfwyd mewn coedwigoedd cynaliadwy. Disgwylir i'r prosesau torri coed a gweithgynhyrchu gydymffurfio â rheoliadau amgylcheddol y wlad y mae'r cynnyrch yn tarddu ohoni.

Gwnaed pob ymdrech i gysylltu â deiliaid hawlfraint y deunydd a atgynhyrchwyd yn y llyfr hwn. Os cânt eu hysbysu, bydd y cyhoeddwyr yn falch o gywiro unrhyw wallau neu hepgoriadau ar y cyfle cyntaf.

Mae'r deunydd hwn wedi'i gymeradwyo gan CBAC ac mae'n cynnig cefnogaeth ar gyfer cymwysterau CBAC. Er bod y deunydd wedi bod trwy broses sicrhau ansawdd CBAC, mae'r cyhoeddwr yn dal yn llwyr gyfrifol am y cynnwys.

Dyluniad y clawr a'r testun: Nigel Harriss

Testun a'i osodiad: GreenGate Publishing, Tonbridge, Caint

Caniatâd

t32, © fulloflove – Fotolia.com; t33, © vetkit – Fotolia.com; t35, © Serg Zastavkin – Fotolia.com; t61, © RTimages – Fotolia.com; t63, © Wikimedia – Creative commons: http://commons.wikimedia.org/wiki/File:Jeremy_Wright,_Attorney_General_for_England_and_Wales.jpg?uselang=en-gb.

Cynnwys

Sut i ddefnyddio'r llyfr hwn — 4

Gwybodaeth a Dealltwriaeth

LA3 & LA4 **Cyfraith Trosedd a Chyfiawnder** — **6**

Elfennau Trosedd — 8
Lladdiad — 14
Troseddau nad ydynt yn farwol yn erbyn person — 24
Amddiffyniadau Cyffredinol — 30
Troseddau Atebolrwydd Caeth — 44
Dedfrydu — 47
Pwerau'r Heddlu — 54
Cwynion yn erbyn yr Heddlu — 59
Gorgyffwrdd Deunydd UG ac U2 — 62

Arfer a Thechneg Arholiad

Cyngor a Chanllawiau Arholiad — 65
Cwestiynau ac Atebion — 71

Mynegai — 95

U2 Y Gyfraith: Cyfraith Trosedd a Chyfiawnder – Canllaw Astudio ac Adolygu

Sut i ddefnyddio'r llyfr hwn

Bwriad y Canllaw Astudio ac Adolygu hwn yw eich helpu i wneud eich gorau yn arholiad U2 Y Gyfraith CBAC. Mae'r awduron wedi nodi'n union beth sydd ei angen gan ymgeiswyr o ran cynnwys er mwyn ennill y marciau uchaf. Hefyd, mae gwallau cyffredin wedi'u nodi, a chewch gefnogaeth a chyngor fel y gallwch osgoi'r rhain. Dylai hyn eich arwain i lwyddo yn eich arholiad U2.

Mae'r Canllaw yn ymdrin â'r ddau bapur arholiad U2:
LA3 – Deall Cyfraith Gadarnhaol: Cyfraith Trosedd a Chyfiawnder
LA4 – Deall y Gyfraith mewn Cyd-destun: Cyfraith Trosedd a Chyfiawnder

Mae'r llyfr wedi ei rannu'n ddwy adran.

Gwybodaeth a Dealltwriaeth

Mae **adran gyntaf** y llyfr yn ymdrin â'r wybodaeth mae ei hangen ar gyfer pob testun o fewn y fanyleb U2. Mae wedi ei ysgrifennu mewn ffordd gryno, ac mae'r gwaith ymestyn wedi ei ddangos yn glir, er mwyn i chi gael y gorau o'ch gwaith adolygu.

Termau allweddol

Mae diffiniadau Termau allweddol yn cael eu rhoi ar wahân ar ymyl y ddalen. Mae'r termau hyn i gyd yn allweddol i'r fanyleb, a dylech chi eu dysgu.

Ymestyn a herio

Mae'r nodwedd hon yn rhoi cyfle i chi i ymchwilio ymhellach i'r testun, ac yn rhoi cyngor i chi ar ddarllen ehangach. Materion cyfoes neu feysydd sy'n cael eu diwygio yw'r rhain fel arfer; bydd gwybod amdanynt yn gwneud argraff dda iawn ar yr arholwr.

Nodweddion pwysig

Trwy'r llyfr, mae achosion pwysig yn cael eu hamlygu a'u tanlinellu, ac mae termau cyfreithiol pwysig wedi eu nodi mewn print trwm, er mwyn i chi allu cyfeirio atynt yn hwylus ar unwaith.

Defnyddir diagramau hwylus trwy'r llyfr er mwyn crynhoi gwybodaeth a gwneud adolygu'n haws.

Cyswllt synoptig

Mae'r nodwedd hon yn rhoi awgrymiadau am gysylltiadau â gwaith UG trwy'r llyfr. Bydd angen y rhain ar gyfer adolygu, am fod LA3 ac LA4 yn rhoi prawf ar wybodaeth synoptig o'r fanyleb UG.

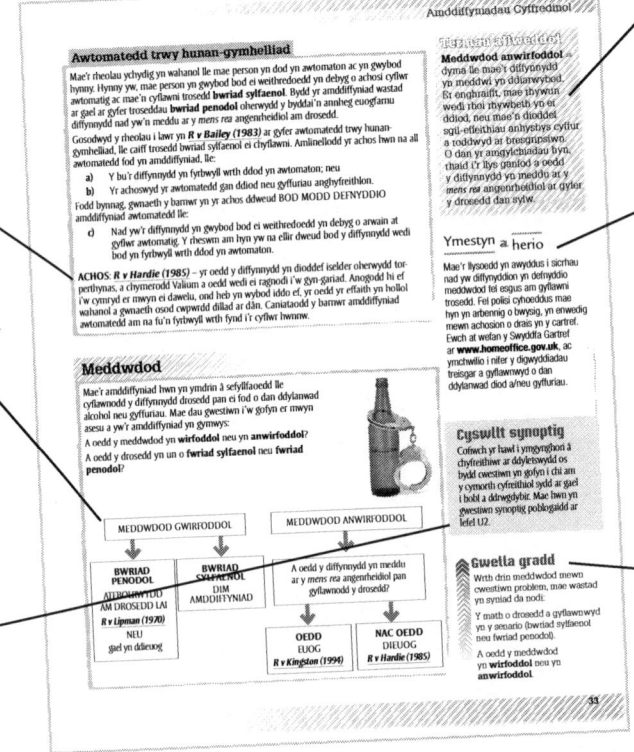

Gwella gradd

Mae'r nodwedd hon yn rhoi syniad i chi o feddwl yr arholwyr, ac yn rhoi cyngor ar bethau y dylech chi eu cynnwys er mwyn ennill marciau uwch.

4

Arfer a Thechneg Arholiad

Dyma **ail adran** y llyfr sy'n rhoi cyfle i chi i ymarfer ateb cwestiynau mewn arholiad. Mae hefyd yn cynnwys enghreifftiau o atebion gyda'r marciau a roddir.

Ateb

Bydd yr adran hon yn amlinellu atebion sy'n sgorio marciau uwch a marciau is, gan ymdrin â'r cwestiynau arholiad mwyaf cyffredin.

Sylwadau'r arholwr

Mae hon yn adran ddefnyddiol iawn i gael syniad o sut mae arholiadau'n cael eu marcio – mae gwybodaeth fanwl yn cael ei rhoi am sut llwyddodd yr ymgeisydd i ennill y marciau, ac awgrymiadau allweddol am sut i wella'r atebion hyn.

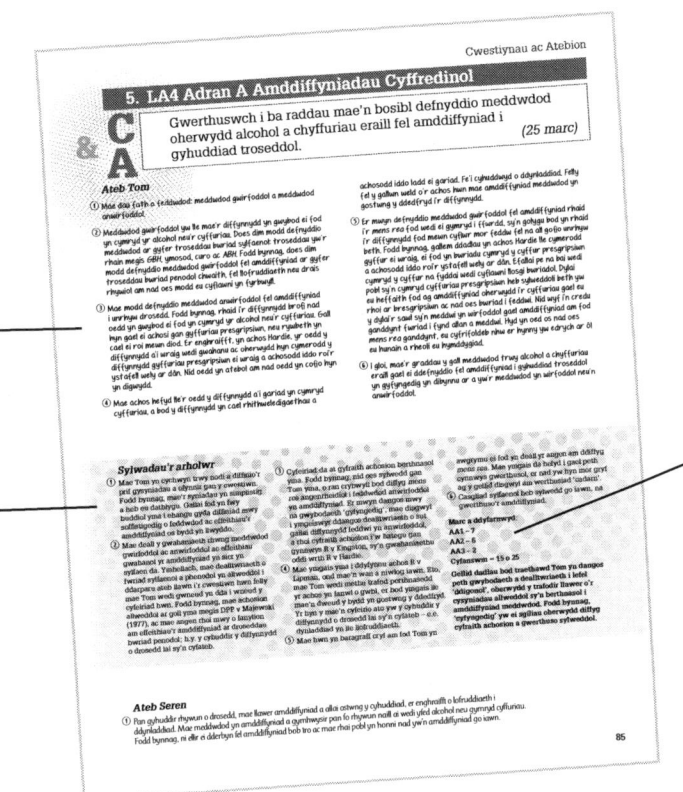

Marciau

Mae'r marciau y byddai'r ymgeisydd hwn wedi'u hennill wedi eu rhannu i'r Amcanion Asesu, fel y gallwch chi weld sut cafodd yr ateb ei farcio.

Rhestr wirio adolygu

Mae'r tabl isod yn rhoi amlinelliad o'r testunau y gallwch ddisgwyl eu gweld ar bob papur. Byddwch chi'n sylwi bod yno rai testunau a all ymddangos ar y naill bapur neu'r llall. Mae hyn yn golygu bod yn rhaid i chi allu cymhwyso'r testun naill ai i senario problem neu gwestiwn traethawd yn ymateb i symbyliad.

	LA3	LA4
Amddiffyniadau	✓	✓
Lladdiad	✓	
Troseddau nad ydynt yn farwol	✓	✓
Pwerau'r Heddlu	✓	
Atebolrwydd Caeth		✓
Y Broses Droseddol ac Apeliadau	✓ (synoptig)	✓
Mechnïaeth	✓ (synoptig)	✓
Gwasanaeth Erlyn y Goron	✓ (synoptig)	✓
Dedfrydu – oedolion		✓
Dedfrydu – pobl ifanc		✓

Gwybodaeth a Dealltwriaeth

LA3 ac LA4: Cyfraith Trosedd a Chyfiawnder

Mae LA3 yn canolbwyntio ar ddatblygu dealltwriaeth y myfyrwyr o gyfraith trosedd gadarnhaol. Mae'r uned yn ymchwilio i elfennau trosedd – *actus reus* a *mens rea* ac yna'n cymhwyso'r cysyniadau hyn i droseddau llofruddiaeth, dynladdiad a throseddau nad ydynt yn farwol megis ymosod, curo, gwir niwed corfforol (*ABH: actual bodily harm*), niwed corfforol difrifol (*GBH: grievous bodily harm*) a *GBH* gyda bwriad. Mae hefyd yn ymchwilio i sut y gall amddiffyniadau negyddu atebolrwydd troseddol. Byddwn yn edrych ar elfennau amddiffyniadau meddwdod, cydsyniad, gwallgofrwydd, hunanamddiffyniad, angenrheidrwydd a chamgymeriad, ac yn eu cymhwyso i senarios achosion er mwyn dod i gasgliad. Bydd amddiffyniadau arbennig fel colli rheolaeth a pheidio â bod yn llawn gyfrifol yn cael eu trafod mewn perthynas â llofruddiaeth a dynladdiad gwirfoddol. Yna, bydd y myfyrwyr yn edrych ar bwerau'r heddlu ym meysydd atal, chwilio, arestio, cadw, holi a derbynioldeb tystiolaeth, cyn ystyried y drefn o wneud cwyn yn erbyn yr heddlu, a rôl Comisiwn Annibynnol Cwynion yr Heddlu. Mae LA3 yn datblygu sgiliau cymhwyso'r gyfraith i ffeithiau senario achos er mwyn cyrraedd casgliad, wedi'i ategu gan awdurdod cyfreithiol. Mae LA3 yn synoptig ac felly mae pwyslais ar y cysylltiadau pwysig â rhai testunau a astudiwyd ar lefel UG.

Mae LA4 yn canolbwyntio ar ddatblygu dealltwriaeth y myfyrwyr o elfennau trosedd – *actus reus* a *mens rea*. Mae hefyd yn edrych ar elfennau amddiffyniadau cyffredinol meddwdod oherwydd alcohol a chyffuriau eraill, colli rheolaeth, peidio â bod yn llawn gyfrifol, camgymeriad, hunanamddiffyniad, gorfodaeth, angenrheidrwydd, awtomatedd, cydsyniad a gwallgofrwydd. Mae hefyd yn mynnu bod y myfyrwyr yn deall atebolrwydd caeth – manteision hyn a'r beirniadaethau a fu ohono. Bydd y myfyrwyr wedyn yn edrych ar y broses droseddol, apeliadau a rôl Gwasanaeth Erlyn y Goron (*CPS: Crown Prosecution Service*), y Cyfarwyddwr Erlyniadau Cyhoeddus (*DPP: Director of Public Prosecutions*) a'r Twrnai Cyffredinol. Bydd myfyrwyr yn ymchwilio i rôl ynadon a barnwyr mewn dedfrydu, ac egwyddorion cyffredinol dedfrydu oedolion a throseddwyr ifanc. Nod LA4 yw datblygu sgiliau ysgrifennu traethodau a hefyd gwestiynau sy'n ymateb i symbyliad. Mae LA4 hefyd yn synoptig, ac felly mae pwyslais ar y cysylltiadau pwysig â thestunau UG.

Rhestr wirio adolygu

Ticiwch golofn 1 pan fyddwch chi wedi gwneud nodiadau adolygu cryno.
Ticiwch golofn 2 pan fyddwch chi'n meddwl eich bod yn deall y testun yn dda.
Ticiwch golofn 3 yn ystod yr adolygu terfynol pan fyddwch chi'n teimlo eich bod wedi meistroli'r testun.

			1	2	3
Elfennau Trosedd	t8	*Actus reus*			
	t10	*Mens rea*			
Lladdiad	t14	Llofruddiaeth			
	t17	Dynladdiad gwirfoddol			
	t21	Dynladdiad anwirfoddol			
Troseddau nad ydynt yn farwol yn erbyn person	t24	Hierarchaeth troseddau			
	t25	Ymosod			
	t26	Curo			
	t26	A.47 – Gwir niwed corfforol			
	t28	A.20 – Niwed corfforol difrifol			
	t29	A.18 – *GBH* gyda bwriad			

Amddiffyniadau Cyffredinol	t31	Gwallgofrwydd
	t32	Awtomatedd
	t33	Meddwdod
	t35	Hunanamddiffyniad
	t37	Gorfodaeth
	t39	Cydsyniad
	t41	Gwerthuso amddiffyniadau
Troseddau Atebolrwydd Caeth	t44	Elfennau trosedd atebolrwydd caeth
	t45	Y pedwar ffactor
	t46	Manteision ac anfanteision atebolrwydd caeth
Dedfrydu	t47	Damcaniaethau dedfrydu
	t49	Troseddwyr ifanc
	t51	Troseddwyr sy'n oedolion
	t53	Y Cyngor Dedfrydu
Pwerau'r Heddlu	t54	Atal a chwilio pobl a cherbydau
	t55	Chwilio eiddo ac adeiladau
	t55	Pwerau arestio
	t57	Cadw a holi
	t58	Tystiolaeth a derbynioldeb
Cwynion yn erbyn yr Heddlu	t59	Y drefn gwyno
	t60	Comisiwn Annibynnol Cwynion yr Heddlu
	t61	Camau sifil yn erbyn yr heddlu
	t61	Rhwymedïau am dorri pwerau'r heddlu
Gorgyffwrdd Deunydd UG ac U2	t63	Rôl y Twrnai Cyffredinol
	t64	Troseddwyr ifanc

U2 Y Gyfraith: Cyfraith Trosedd a Chyfiawnder – Canllaw Astudio ac Adolygu

Termau allweddol

Achosiaeth = '*cadwyn achosiaeth*' yw'r enw ar hyn yn aml: mae'n cysylltu'r *actus reus* a'r canlyniad cyfatebol. Er mwyn cael atebolrwydd troseddol, rhaid cael cadwyn achosiaeth ddi-dor.

Rhagdybiaeth = man cychwyn i'r llysoedd yw rhagdybiaeth. Maent yn rhagdybio bod rhai ffeithiau yn wir oni bai bod mwy o dystiolaeth i'r gwrthwyneb sy'n gwrthbrofi'r rhagdybiaeth.

Elfennau Trosedd

Fel arfer, mae angen dwy elfen er mwyn i drosedd gael ei chyflawni – **actus reus** (y weithred euog) a **mens rea** (y meddwl euog). Y **rhagdybiaeth** gyffredinol yw bod yn rhaid i ddiffynnydd fod wedi cyflawni gweithred euog a bod â chyflwr meddwl euog ar yr un pryd. Mae hyn yn cefnogi'r gosodiad Lladin, *actus non facit reum nisi mens sit rea*, sy'n golygu nad yw'r weithred yn gwneud rhywun yn euog oni bai bod y meddwl hefyd yn euog (byddwn yn edrych ar eithriadau i hyn yn y bennod ar Atebolrwydd Caeth). Ar ôl sefydlu bod gweithred euog a chyflwr meddwl euog yn rhan o'r drosedd, mae angen profi **achosiaeth**, sy'n edrych ar y cyswllt rhwng y canlyniad ac ymddygiad y diffynnydd.

Bydd yr uned hon yn ystyried:

- *Actus reus* ac anweithiau
- *Mens rea*
- Achosiaeth ffeithiol
- Achosiaeth gyfreithiol.

Actus reus

'Gweithred euog' yn Lladin, sy'n cynnwys holl elfennau trosedd ac eithrio *mens rea*. Gall *actus reus* gynnwys y canlynol:

- **Ymddygiad** – mae angen ymddygiad penodol er mwyn cyflawni'r weithred. Fodd bynnag, nid yw canlyniad yr ymddygiad hwnnw yn arwyddocaol, e.e. cyflawni anudon (*perjury*), pan fydd rhywun yn dweud celwydd o dan lw. Nid yw'n berthnasol os yw'r anwiredd yn cael ei gredu neu beidio, nac os yw'n effeithio ar yr achos – mae'r ymddygiad o ddweud celwydd yn ddigonol fel yr *actus reus*.
- **Canlyniad** – mae angen canlyniad penodol yn y pen draw ar y weithred hon, e.e. llofruddiaeth, pan fydd y dioddefwr yn marw. Mae angen profi achosiaeth hefyd.
- **Sefyllfa** (*state of affairs*) – *actus reus* y troseddau hyn yw 'bod' yn hytrach na 'gwneud', e.e. 'bod' â cherbyd o dan eich gofal tra eich bod o dan ddylanwad alcohol neu gyffuriau. Mae cyswllt ag atebolrwydd caeth (byddwn yn edrych ar hyn yn nes ymlaen). Dangosir hyn yn achos **R v Larsonneur (1933)**. Cafodd Mrs Larsonneur, dinesydd Ffrengig, ei dwyn o Iwerddon i'r DU yng nghadwraeth yr heddlu. Gwnaethpwyd hyn yn erbyn ei hewyllys a doedd ganddi ddim awydd i ddod i'r DU. Cafodd ei harestio y munud iddi gyrraedd y DU am fod yn estron a oedd yn y DU yn anghyfreithlon. Roedd y ffaith nad oedd hi eisiau dod i'r DU, ac nad oedd ganddi unrhyw rym dros ei throsglwyddo, yn amherthnasol am ei bod wedi ei 'chael' neu'n 'bod' yn anghyfreithlon yn y DU. Fe'i cafwyd yn euog. Enw arall ar y troseddau hyn yw troseddau **atebolrwydd llwyr** ac fe'u hystyrir yn y bennod ar Atebolrwydd Caeth.
- **Anwaith** (*omission*) – 'methiant i weithredu'. Y rheol gyffredinol yw nad yw'n drosedd i fethu â gweithredu, oni bai bod rhywun o dan **ddyletswydd i weithredu**. Gallai person gerdded heibio i rywun ar hap a oedd yn boddi mewn ffynnon a pheidio â bod o dan unrhyw reidrwydd cyfreithiol i'w helpu. Byddwn yn ystyried isod pryd mae gan rywun ddyletswydd i weithredu.

Awgrym

Achos arall sy'n dangos trosedd 'sefyllfa' yw **Winzar v Chief Constable of Kent (1983)**. Yn yr achos hwn, daethpwyd o hyd i'r diffynnydd yn feddw mewn ysbyty ac yn llipa mewn cadair. Galwyd yr heddlu a symudwyd ef i'r stryd, lle gwnaethant ei gyhuddo o 'fod yn feddw ar y briffordd' yn groes i Ddeddf Trwyddedu 1872.

Elfennau Trosedd

Dyletswydd i Weithredu

Gall rhywun fod yn atebol yn droseddol os methodd â gweithredu pan oedd o dan ddyletswydd gyfreithiol i wneud hynny a bod modd cyflawni'r drosedd trwy anwaith. Mae sefyllfaoedd cydnabyddedig lle **mae** rhywun o dan ddyletswydd i weithredu:

Statud – Os oes gweithred yn ofynnol, mae'n anghyfreithlon peidio â gwneud hynny. Er enghraifft, o dan a.6 **Deddf Traffig y Ffyrdd 1988**, mae methu rhoi sampl o anadl neu sbesimen i'w ddadansoddi yn drosedd.

Contract – Gall rhywun fod o dan gontract i weithredu mewn ffordd arbennig ac os yw'n methu â gweithredu pan fydd o dan ddyletswydd gontractol i wneud hynny, gall fod yn atebol am drosedd. Mae achos **R v Pitwood (1902)** yn enghraifft o hyn.

Dyletswydd yn deillio o berthynas arbennig – Mae rhai mathau o berthynas deuluol yn arwain at ddyletswydd i weithredu, megis y berthynas rhwng rhiant a phlentyn a rhwng gŵr a gwraig. Mae achos **R v Gibbins and Proctor (1918)** yn enghraifft o'r pwynt hwn.

Dyletswydd yn deillio o rywun yn ymgymryd â chyfrifoldeb am un arall – Os bydd rhywun yn dewis gofalu am berson arall sy'n fethedig neu nad yw'n gallu gofalu amdano'i hun, mae o dan ddyletswydd i wneud hyn heb esgeulustod. Mae achos **R v Stone and Dobinson (1977)** yn enghraifft o hyn. Yn fwy diweddar, yn achos **Evans (2009)** roedd merch wedi cymryd gorddos o heroin, a chafwyd ei mam a'i chwaer yn euog o ddynladdiad oherwydd eu methiant i alw am help.

Mae'r diffynnydd wedi creu sefyllfa beryglus yn ddiofal, yn dod yn ymwybodol ohoni, ond yn methu cymryd camau i'w hunioni – Yn achos **Miller (1983)** yr oedd y diffynnydd yn sgwatio mewn fflat. Syrthiodd i gysgu, ond methodd â diffodd ei sigarét. Pan ddeffrodd, sylweddolodd fod y fatres ar dân ond y cyfan a wnaeth oedd symud i'r ystafell nesaf a mynd yn ôl i gysgu. Achosodd ei fethiant i weithredu a galw am help werth cannoedd o bunnoedd o ddifrod. Fe'i cafwyd yn euog o losgi bwriadol.

Y gwahaniaeth rhwng 'gweithred bositif' ac 'anwaith'

Fel y dywedwyd uchod, yn gyffredinol nid yw'n drosedd methu â gweithredu, oni bai bod rhywun o dan ddyletswydd i wneud hynny. Er enghraifft, mae gwneud dim tra bod rhywun yn boddi yn anwaith, ond mae dal pen y person o dan y dŵr fel y mae'n boddi, yn weithred bositif. Yn achos **Airedale NHS v Bland (1993)**, barnwyd mai anwaith oedd symud tiwb bwydo oddi wrth glaf er mwyn caniatáu iddo farw yn naturiol ac nad oedd felly yn weithred droseddol. Nid oedd dyletswydd gofal yn berthnasol yn yr achos hwn oherwydd nad oedd triniaeth o fudd i'r claf. Gellir cyferbynnu hyn ag ewthanasia lle byddai gweithred fel rhoi gorddos yn fwriadol er mwyn rhoi terfyn ar fywyd rhywun yn weithred bositif ac o'r herwydd yn drosedd.

Mae **Santana-Bermudez (2003)** yn achos arall pan oedd y diffynnydd yn gwybod bod y sefyllfa'n beryglus ond methodd â gweithredu.

Achos allweddol

1. R v Pitwood (1902). Yn yr achos hwn, cafodd gyrrwr cert ei ladd wrth yrru trwy groesfan wastad, wedi i Pitwood, ceidwad y groesfan, fethu â chau'r glwyd pan aeth i ginio. Roedd ganddo ddyletswydd gontractol i ofalu bod clwyd y groesfan wedi cau ac arweiniodd ei fethiant i weithredu at farwolaeth y gyrrwr.

Achos allweddol

2. Gibbins and Proctor (1918). Roedd y diffynnydd yn byw gyda'i ferch a'i gariad (nad oedd yn fam i'r ferch). Methodd ef a'i gariad fwydo'r ferch a bu farw hi o newyn. Roedd ei gariad yn byw ar yr un aelwyd ac wedi cymryd arian y diffynnydd i fwydo'r plentyn. Roedd felly o dan ddyletswydd i weithredu (i fwydo'r plentyn a gofalu amdani). Cafwyd y ddau yn euog o lofruddiaeth.

Achos allweddol

3. R v Stone and Dobinson (1977). Daeth Fanny, chwaer ifancach Stone, i fyw gyda Stone a Dobinson. Roedd Fanny yn dioddef o anorecsia, ac er gwaethaf rhai ymdrechion gwan gan Stone a Dobinson i gael help iddi, yn y pen draw bu farw. Canfu'r rheithgor fod dyletswydd wedi ei rhagdybio oherwydd eu bod wedi dewis gofalu am oedolyn bregus ac agored i niwed. Dylent fod wedi gwneud mwy o ymdrech i gael help iddi ac fe'u cafwyd yn euog o ddynladdiad.

U2 Y Gyfraith: Cyfraith Trosedd a Chyfiawnder – Canllaw Astudio ac Adolygu

Termau allweddol

Atebolrwydd caeth = grŵp o droseddau, rheoleiddiol eu natur fel arfer, sydd ond yn gofyn am brawf o *actus reus*. Gweler y bennod ar Atebolrwydd Caeth.

Malais trosglwyddedig = o dan athrawiaeth malais trosglwyddedig, gall *mens rea* gael ei drosglwyddo o ddioddefwr arfaethedig i un na fwriadwyd iddo ddioddef. Dangosir hyn yn achos **Latimer**, lle tarodd y diffynnydd ddioddefwr gyda'i wregys, ond aeth y gwregys oddi arno gan anafu rhywun arall, a oedd yn sefyll yn ddiniwed gerllaw. Roedd y diffynnydd wedi cyflawni *actus reus* y drosedd gyda'r *mens rea* angenrheidiol. Gallai'r *mens rea* (bwriad i niweidio'r person yr anelodd ato) gael ei drosglwyddo i'r un a ddioddefodd mewn gwirionedd.

⇑ Gwella gradd

Mae'n bwysig diffinio *actus reus* a *mens rea* pob trosedd gydag awdurdod cyfreithiol i ategu eich diffiniad. Os yw'n gwestiwn problem o fath LA3, bydd angen i chi gymhwyso *actus reus* a *mens rea* pob trosedd i'r ffeithiau gydag awdurdod i'w hategu, ac yna dod i gasgliad. Cofiwch y gall fod angen i chi hefyd ymgorffori amddiffyniad os yw'n gymwys. Ar lefel U2, mae testunau yn cyd-fynd â thestunau eraill yn fwy o lawer nag ar lefel UG.

Mens rea

Fel y dywedwyd uchod, y rhagdybiaeth gyffredinol yw bod yn rhaid i ddiffynnydd fod wedi cyflawni gweithred euog tra bod cyflwr ei feddwl yn euog. Mae **mens rea** yn cyfeirio at yr elfen feddyliol wrth ddiffinio trosedd. Bydd y Senedd yn aml yn cynnwys geiriau *mens rea* mewn statud megis 'yn fwriadol', 'yn fyrbwyll' ac 'yn esgeulus'. Os gadawodd y Senedd 'air *mens rea*' allan yn fwriadol, yna gall y drosedd gael ei hystyried yn un **atebolrwydd caeth**.

Mae'r *mens rea* yn amrywio yn ôl y drosedd. Er enghraifft, *mens rea* **llofruddiaeth** yw **malais bwriadus** (*malice aforethought*), sydd wedi dod i olygu **bwriad i ladd neu achosi GBH**. Ar y llaw arall, *mens rea* ymosod yw **achosi i'r dioddefwr, yn fwriadol neu yn fyrbwyll, ofni y defnyddir grym anghyfreithlon yn ddi-oed**.

Cyd-ddigwydd *actus reus* a *mens rea*

Y rheol gyffredinol yw bod yn rhaid i'r cyhuddedig feddu ar y *mens rea* angenrheidiol pan fydd yn gwneud yr *actus reus* er mwyn bod yn euog o drosedd sy'n mynnu *mens rea*, a rhaid iddo ymwneud â'r weithred neu'r anwaith penodol hwnnw. Enw arall ar hyn yw'r **Rheol Cyfoesedd**. Er enghraifft, mae Bob yn cynllunio i ladd ei gydweithiwr yfory, ond yn ddamweiniol, mae'n ei ladd heddiw. Nid yw hyn yn gwneud Bob yn euog o lofruddiaeth.

Mae'r llysoedd wedi cymryd ymagwedd hyblyg at y cwestiwn hwn mewn dwy ffordd:

1. **Gweithredoedd parhaus** – Nid oes rhaid i *mens rea* fod yn bresennol ar gychwyn yr *actus reus*, ond rhaid bod *mens rea* yn ymddangos ar ryw bwynt mewn gweithred barhaus. Mae achos **Fagan v Metropolitan Police Commissioner (1969)** yn dangos y pwynt hwn. Parciodd Fagan ei gar yn ddamweiniol ar droed heddwas pan ofynnodd yr heddwas iddo barcio'r car ger y cyrb. Nid oedd Fagan yn bwriadu gyrru ei gar dros droed yr heddwas. Fodd bynnag, pan ofynnwyd iddo symud, gwrthododd. Ar y pwynt hwn y ffurfiwyd y *mens rea* ac yr oedd gyrru ar droed yr heddwas ac aros yno yn weithred barhaus.

2. **Un gyfres** (*single transaction*) **o ddigwyddiadau** – Mae'r llysoedd wedi dweud nad oes rhaid i *actus reus* a *mens rea* ddigwydd ar yr un pryd, os oes un gyfres ddi-dor o ddigwyddiadau. Er enghraifft, os bydd Rhidian yn ceisio llofruddio Trystan trwy ei guro i farwolaeth ond nad yw'n llwyddo, a'i fod wedyn *yn* lladd Trystan trwy daflu'r hyn mae'n tybio yw ei gorff dros ymyl clogwyn, bydd Rhidian er hynny yn euog o lofruddiaeth. Yn achos **Thabo Meli (1954)**, digwyddodd sefyllfa debyg. Roedd y diffynyddion wedi ceisio lladd y dioddefwr trwy ei guro, ond nid oedd yn farw. Gwnaethant wedyn gael gwared â'r hyn yr oeddent yn tybio oedd ei gorff dros ymyl clogwyn. Bu'r dioddefwr farw o ganlyniad i'r oerfel ar ôl y cwymp. Barnodd y llys mai un gyfres o ddigwyddiadau a fu a chyhyd â bod gan y diffynyddion y *mens rea* perthnasol ar ddechrau'r gyfres, y gallai gyd-ddigwydd gyda'r *actus reus* pan ddigwyddodd hynny.

Elfennau Trosedd

Mathau o *mens rea*

Mae gwahanol fathau o *mens rea* a byddwn yn ystyried **Bwriad, Byrbwylltra** ac **Esgeulustod**. Mae'n bwysig sylweddoli y bydd y *mens rea* penodol yn dibynnu ar y drosedd dan sylw. Er enghraifft, **malais bwriadus** yw *mens rea* llofruddiaeth, sef bwriad i ladd neu achosi *GBH*. Ar y llaw arall, bwriad neu fyrbwylltra i ddefnyddio grym anghyfreithlon yw *mens rea* curo. Mae'r *mens rea* naill ai yn cael ei ddiffinio yn y statud berthnasol, fel yn achos a.47 ymosod gan achosi gwir niwed corfforol, neu drwy gyfraith achosion, fel yn achos bwriad anuniongyrchol.

Bwriad

Mae bwriad wastad yn **oddrychol**. Hynny yw, er mwyn canfod a oedd gan ddiffynnydd fwriad, mae'n rhaid i'r llys gredu bod y diffynnydd penodol sy'n sefyll ei brawf eisiau i ganlyniad penodol ddigwydd oherwydd ei weithred. Er mwyn deall bwriad, bydd yn cael ei ystyried mewn perthynas â throsedd llofruddiaeth. **Malais bwriadus** yw *mens rea* llofruddiaeth. Er gwaethaf y term 'malais', nid oes angen i falais fod yn bresennol. Er enghraifft, gall llofruddiaeth gael ei chyflawni oherwydd cariad neu drugaredd, fel yn achos helpu perthynas sy'n derfynol wael ac mewn poen i farw. Hefyd, nid oes angen i'r weithred fod yn 'fwriadus' chwaith. Mae'n bosibl cyflawni llofruddiaeth yng ngwres y funud heb unrhyw gynllunio ymlaen llaw. Yn ôl **Vickers (1957)**, gall *mens rea* llofruddiaeth fod yn ymhlyg o fwriad i achosi niwed corfforol difrifol. Does dim rhaid i ddiffynnydd fod wedi bwriadu lladd. Mae'r diffiniad felly wedi ei ddehongli fel **bwriad i ladd neu i achosi GBH**. Byddwn yn ymchwilio ymhellach i hyn yn yr adran ar Lofruddiaeth.

Mae dau fath o fwriad: **uniongyrchol** ac **anuniongyrchol** (*oblique*).

Bwriad Uniongyrchol yw lle mae diffynnydd yn rhagweld yn glir ganlyniad ei weithred ac yn dymuno'r canlyniad hwnnw yn benodol. Er enghraifft, mae David yn trywanu James am ei fod yn dymuno'r canlyniad bod James yn marw.

Nid yw **Bwriad Anuniongyrchol** mor glir â bwriad uniongyrchol. Yma, efallai nad yw'r diffynnydd yn dymuno canlyniad y weithred mewn gwirionedd (e.e. marwolaeth), ond os yw'n sylweddoli y bydd y canlyniad **bron yn sicr** o ddigwydd, gellir dweud bod ganddo fwriad anuniongyrchol. Datblygodd y maes cyfraith hwn trwy gyfraith achosion. Daw'r cyfarwyddyd cyfredol ar fwriad anuniongyrchol o achos **Nedrick (1986)** fel y'i cadarnhawyd yn **Woollin (1998)**: '...dylid cyfarwyddo'r rheithgor nad oedd hawl ganddynt i ganfod y bwriad angenrheidiol am euogfarn o lofruddiaeth onid oeddent yn teimlo'n sicr y byddai marwolaeth neu niwed corfforol difrifol wedi bod bron yn sicr o ganlyniad i weithred y diffynnydd (ac eithrio am ryw ymyriad nas rhagwelwyd) a bod y diffynnydd wedi sylweddoli mai dyna fyddai'n digwydd, a bod y penderfyniad yn un y dylent ddod iddo wedi ystyried yr holl dystiolaeth'.

Mae dyfarniad **Woollin (1998)** wedi cael ei egluro ymhellach yn achos diweddarach **Matthews and Alleyne (2003)**. Yn ôl y barnwr, roedd prawf **Woollin** yn rheol tystiolaeth ac felly gall y rheithgor benderfynu ar sail y ffeithiau os ydynt yn credu bod y diffynnydd wedi rhagweld canlyniad marwolaeth neu niwed difrifol fel bron yn sicr, ond nid oes rhaid iddynt wneud hynny.

Termau allweddol

Goddrychol = yn perthyn i'r unigolyn dan sylw (y goddrych). Mae bwriad wastad yn oddrychol, sy'n golygu bod angen credu bod gan y diffynnydd penodol y bwriad angenrheidiol er mwyn ei gael yn euog o'r drosedd.

Gwrthrychol = yn seiliedig ar yr hyn y byddai **person rhesymol** yn ei wneud neu'n ei feddwl yn yr un sefyllfa. Mewn cyfraith, mae prawf gwrthrychol yn ystyried beth fyddai person cyffredin, rhesymol arall wedi ei wneud neu ei feddwl o'i osod yn yr un sefyllfa â'r diffynnydd. Mae adegau pan fydd modd ystyried rhai o nodweddion goddrychol y diffynnydd gyda phrawf gwrthrychol (megis oedran a rhyw) a allai gael effaith ar y ffordd yr ymatebodd.

Ymestyn a herio

Datblygodd maes bwriad anuniongyrchol trwy gyfraith achosion nes dod at y cyfarwyddyd cyfredol a welir ar y dudalen hon. Ymchwiliwch i'r achosion canlynol ac ystyried eu ffeithiau, sut y newidiodd y gyfraith a pham. Mae'r achosion canlynol yn nhrefn y modd y datblygodd y gyfraith:

- *Adran 8 Deddf Cyfiawnder Troseddol 1967* – 'canlyniad naturiol a thebygol'.
- *R v Maloney (1985)* – 'canlyniad naturiol y weithred'.
- *Hancock and Shankland (1986)* – 'graddau tebygolrwydd'.
- *Nedrick (1986)*.
- *Woollin (1998)*.

11

U2 Y Gyfraith: Cyfraith Trosedd a Chyfiawnder – Canllaw Astudio ac Adolygu

Termau allweddol

Novus actus interveniens = gweithred newydd ymyrrol yw hon sydd mor annibynnol ar weithred wreiddiol y diffynnydd fel y llwydda i dorri'r gadwyn achosiaeth.

Ymestyn a herio

Ymchwiliwch i achosion **Cunningham (1957)** a **Caldwell (1982)**. Beth oedd ffeithiau'r achos a beth oedd eu dyfarniad o ran esgeulustod?

Ymestyn a herio

Mae safon y prawf mewn achos sifil 'yn ôl pwysau tebygolrwydd', ac ar yr hawliwr y mae baich y prawf.

Achos allweddol

R v G and another (2003). Yn yr achos hwn, rhoddodd dau fachgen 11 a 12 oed bapurau newydd ar dân mewn bin olwynion a oedd y tu allan i siop. Lledaenodd y tân i'r siop ac adeiladau eraill gan achosi gwerth miliwn o bunnoedd o ddifrod. Fe'u cafwyd yn euog gan reithgor o losgi bwriadol oherwydd bod y drosedd honno'n mynnu safon wrthrychol o fyrbwylltra ar y pryd (**byrbwylltra Caldwell**) a byddai'r risg wedi bod yn amlwg i berson rhesymol, hyd yn oed os nad oedd i fechgyn ifanc. Ar apêl, penderfynwyd nad oedd y safon wrthrychol yn briodol ac y dylai'r llysoedd ystyried nodweddion goddrychol y bechgyn fel eu hoedran a'u hanaeddfedrwydd. O ganlyniad, trechwyd byrbwylltra gwrthrychol Caldwell a defnyddiwyd byrbwylltra goddrychol yn ei le.

Byrbwylltra

Mae'r math hwn o *mens rea* yn ymwneud â chymryd risg heb gyfiawnhad. Yn dilyn achos **R v G and another (2003)** y mae erbyn hyn yn gysyniad bron yn gyfan gwbl oddrychol, sy'n golygu bod yn rhaid i'r erlyniad brofi bod y diffynnydd yn sylweddoli ei fod yn cymryd risg.

Defnyddiwyd yr ymadrodd 'byrbwylltra goddrychol' am y tro cyntaf yn achos **Cunningham (1957)** a chyfeirir ato weithiau fel **byrbwylltra Cunningham** lle mae'r llys yn gofyn y cwestiwn: '*a oedd y risg ym meddwl y diffynnydd adeg cyflawni'r drosedd?*'

Esgeulustod

Mae esgeulustod yn golygu cwympo islaw safon y person cyffredin rhesymol. Mae'r prawf yn wrthrychol a bu'n draddodiadol yn gysylltiedig â chyfraith sifil. Mae ganddo beth perthnasedd yn awr mewn cyfraith trosedd gyda **dynladdiad trwy esgeulustod difrifol** – ymchwilir i hyn yn nes ymlaen yn y llyfr hwn ar dudalen 23.

Baich y prawf a safon y prawf

Mewn achos troseddol, ar yr erlyniad y mae'r baich o brofi euogrwydd. Y safon y mae'n rhaid iddynt brofi'r euogrwydd hwn yw '*y tu hwnt i amheuaeth resymol*'. Mae safon y prawf yn uwch mewn achos troseddol nag un sifil am fod effaith cael rhywun yn euog o drosedd gymaint yn fwy. Mae hefyd yn cynnal yr egwyddor bod rhywun yn '*ddieuog nes y caiff ei brofi'n euog*'.

Achosiaeth

Mae achosiaeth yn ymwneud â'r berthynas achosol rhwng ymddygiad a chanlyniad, ac y mae'n agwedd bwysig o *actus reus* trosedd. Rhaid cael **cadwyn achosiaeth** ddi-dor ac uniongyrchol rhwng gweithred y diffynnydd a chanlyniadau'r weithred honno. Ni ddylid cael **novus actus interveniens** sy'n torri'r gadwyn achosiaeth neu ni fydd atebolrwydd troseddol am y canlyniad a ddaw yn sgil hynny.

Gall fod atebolrwydd am y weithred gychwynnol. Fel yn achos *mens rea* uchod, byddwn yn ystyried y cysyniad hwn mewn perthynas â lladdiad.

Elfennau Trosedd

Mae dau fath o achosiaeth: **ffeithiol** a **cyfreithiol.**

Achosiaeth ffeithiol

1. Prawf '*pe na bai*' ('*but for*' test).

Mae'r prawf hwn yn gofyn 'pe na bai' am ymddygiad y diffynnydd, a fyddai'r dioddefwr wedi marw pan ac fel y gwnaeth? Os mai na yw'r ateb, yna bydd y diffynnydd yn atebol am y farwolaeth.

ACHOS: <u>R v White (1910)</u>. Yn yr achos hwn, gwenwynodd White ei fam ond bu hi farw o drawiad ar y galon cyn i'r gwenwyn allu cael amser i weithio. Nid oedd yn atebol am ei marwolaeth.

2. Rheol *de minimis*.

Ystyr hyn yw ansylweddol, mân, dibwys. Mae'r prawf hwn yn mynnu bod yn rhaid i'r anaf gwreiddiol a achoswyd gan weithred y diffynnydd fod yn fwy na mân achos marwolaeth. Gweler achos allweddol <u>**Pagett**</u>.

Achosiaeth gyfreithiol

1. Rhaid i'r anaf fod yn **achos gweithredol a sylweddol y farwolaeth**.

Mae'r prawf hwn yn ystyried ai'r anaf gwreiddiol a wnaed gan y diffynnydd yw, adeg y farwolaeth, achos gweithredol a sylweddol y farwolaeth o hyd.

ACHOS: *R v Smith (1959)*. Yma, yr oedd milwr wedi ei drywanu ac yna ei ollwng ddwywaith ar y ffordd i'r ysbyty. Bu oedi cyn iddo weld meddyg ac ar ôl hynny cafodd driniaeth feddygol wael. Barnodd y llys nad oedd y ffactorau eraill hyn yn ddigon i dorri'r gadwyn achosiaeth. Adeg y farwolaeth, y clwyf gwreiddiol oedd 'achos gweithredol a sylweddol y farwolaeth' o hyd.

ACHOS: *R v Jordan (1956)*. Cymerodd yr achos hwn safbwynt gwahanol i achos **Smith** uchod. Yn yr achos hwn, trywanodd y diffynnydd y dioddefwr. Tra ei fod yn yr ysbyty, rhoddwyd gwrthfiotig i'r dioddefwr; yr oedd ganddo alergedd iddo, a bu farw. Cafwyd y diffynnydd yn ddieuog o lofruddiaeth oherwydd bod y clwyf gwreiddiol o'r trywanu bron wedi gwella adeg y farwolaeth ac alergedd i'r gwrthfiotig achosodd y farwolaeth. Dywedodd y llysoedd y gallai triniaeth feddygol esgeulus dorri cadwyn achosiaeth lle mae'n '**amlwg yn anghywir**' yn unig.

2. Prawf y '*penglog tenau*'.

Rhaid i ddiffynnydd gymryd ei ddioddefwr fel y mae'n ei ganfod, felly os yw'r dioddefwr yn marw o ganlyniad i ryw gyflwr corfforol anarferol neu gyflwr annisgwyl arall, y diffynnydd er hynny sy'n dal yn gyfrifol am ei farwolaeth. Er enghraifft, wrth iddynt ymladd â'i gilydd, os bydd y diffynnydd yn taro ei ddioddefwr gyda dyrnod na fyddai fel arfer yn achosi dim mwy na llid a chleisiau, ond y tro hwn mae'r dioddefwr yn marw oherwydd bod ganddo benglog anarferol o denau, y diffynnydd er hynny sy'n dal yn atebol am y farwolaeth.

ACHOS: *R v Blaue (1975)*. Yn yr achos hwn, trywanodd y diffynnydd fenyw a oedd yn digwydd bod yn Dyst Jehofa. O ganlyniad i'w chred, gwrthododd drallwysiad gwaed a fyddai wedi achub ei bywyd. Dadleuodd y diffynnydd na ddylai fod yn gyfrifol am ei marwolaeth gan y gallai'r trallwysiad fod wedi achub ei bywyd ac mai hi a'i gwrthododd. Anghytunodd y llys, gan ddweud bod yn rhaid iddo gymryd ei ddioddefwr fel y mae'n ei chanfod.

3. *Novus actus interveniens* – Gweithred newydd ymyrrol.

Er mwyn i weithred ymyrrol dorri cadwyn achosiaeth, rhaid nad oedd modd ei rhagweld a rhaid iddi ddigwydd ar hap. Mae'n cael ei chymharu weithiau â 'gweithred Duw'. Mae achos <u>**Jordan**</u> uchod yn enghraifft o *novus actus interveniens*.

Termau allweddol

Yn amlwg yn anghywir = Yn y cyd-destun hwn, golyga 'yn amlwg yn anghywir' yn ddifrifol anghywir ac mor annibynnol ar y weithred wreiddiol fel ei bod yn bosibl torri cadwyn achosiaeth. Yn achos Jordan, fe'i gwelwyd fel *novus actus interveniens* ac nid y clwyf gwreiddiol o'r trywanu bellach oedd achos 'gweithredol a sylweddol' y farwolaeth.

Achos allweddol

Achos arall sy'n egluro'r prawf 'pe na bai' a '*rheol de minimis*' yw achos **Pagett (1983)**. Yn yr achos hwn, yr oedd diffynnydd arfog yn ceisio gwrthwynebu cael ei arestio a daliodd ei gariad o'i flaen fel tarian ddynol. Saethodd at yr heddlu a saethont hwythau yn ôl, gan ladd y ferch. Barnwyd 'pe na bai' ef wedi'i dal fel tarian ddynol, na fyddai wedi marw pan ac fel y gwnaeth. Hefyd, cyfrannodd ei weithred yn sylweddol at ei marwolaeth. Roedd hyn er gwaethaf y ffaith nad ef a'i saethodd.

Ymestyn a herio

Achos mwy diweddar sy'n edrych ar y mater dan sylw yw **Cheshire (1991)**. Dysgwch am yr achos hwn a beth ddywedodd y llys o ran achosiaeth.

Gwella gradd

Bydd angen y cysyniadau y soniwyd amdanynt yn y bennod hon ar gyfer pob un o'r troseddau a astudiwyd ar lefel U2. Bydd angen i chi ddod yn ôl at y bennod hon wrth astudio lladdiad a throseddau nad ydynt yn farwol ac ystyried sut mae'n berthnasol.

U2 Y Gyfraith: Cyfraith Trosedd a Chyfiawnder – Canllaw Astudio ac Adolygu

Termau allweddol

Achosiaeth = elfen hanfodol y mae'n rhaid ei phrofi mewn achosion o lofruddiaeth, am ei bod yn drosedd **canlyniad**. Felly rhaid profi i'r diffynnydd **achosi** marwolaeth y dioddefwr MEWN FFAITH ac MEWN CYFRAITH.

Ymestyn a herio

Edrychwch ar achos *R v Cheshire (1991)*. Roedd yr achos hwn hefyd yn cynnwys y cwestiwn a oedd triniaeth feddygol wael yn ddigon i dorri cadwyn achosiaeth. A wnaeth y llys gytuno ag *R v Smith* neu *R v Jordan*?

Achosion allweddol

R v Woollin (1998) – tad oedd y diffynnydd a gollodd ei dymer gyda'i fab teirblwydd oed pan dagodd ar ei fwyd. Mynnodd y diffynnydd nad oedd wedi bwriadu i'r plentyn farw, ond barnodd y llys fod y farwolaeth yn ganlyniad i'w weithredoedd yr oedd yn rhesymol ei ragweld.

R v Matthews and Alleyne (2003) – yr oedd yr achos hwn yn ymwneud â dau ddyn ifanc a wnaeth ladrata oddi ar ddyn 18 oed a'i daflu dros bont. Roedd y dyn wedi dweud wrth y ddau arall nad oedd yn gallu nofio cyn iddynt ei daflu. Fe foddodd, a barnodd y llys fod hyn yn ganlyniad i weithredoedd y ddau ddyn ifanc yr oedd yn rhesymol ei ragweld.

Gweler hefyd yr achosion ar dudalen 15.

Cyswllt synoptig

Mae cysylltiadau synoptig blaenorol i Lofruddiaeth wedi cynnwys Cyllid Cyfreithiol a Llwybrau Apêl.

Lladdiad

Llofruddiaeth

Dyma'r drosedd fwyaf difrifol o holl droseddau lladdiad. Nid yw'r diffiniad o lofruddiaeth wedi'i gynnwys mewn statud. Yn wir, trosedd cyfraith gwlad ydyw, a rhoddwyd diffiniad ohono gan yr **Arglwydd Ustus Coke** yn yr ail ganrif ar bymtheg:

Lladd yn anghyfreithlon unigolyn rhesymol sy'n bodoli, o dan Heddwch y Brenin (neu'r Frenhines), gyda malais bwriadus, datganedig neu ymhlyg.

Felly, dyma'r elfennau mewn termau mwy eglur:

Actus reus

1. Mae bod dynol yn farw.
2. Achosodd y diffynnydd y farwolaeth MEWN FFAITH.
3. Achosodd y diffynnydd y farwolaeth MEWN CYFRAITH.

Mens rea

Bwriad i ladd neu i achosi niwed corfforol difrifol.
Gall bwriad fod yn UNIONGYRCHOL neu'n ANUNIONGYRCHOL.

Actus reus

1. Mae bod dynol yn farw.

Mae person yn fod dynol pan all fodoli yn annibynnol ar ei fam. Felly, gall rhywun sy'n lladd plentyn yn y groth fod yn atebol yn droseddol o dan y gyfraith, ond nid am laddiad. Mae llawer o ddadlau ynghylch beth yw ystyr 'marw' ond mae'n edrych fel petai'r llysoedd yn ffafrio'r diffiniad bod 'yr ymennydd yn farw', a chadarnhawyd hyn yn achos *R v Malcherek and Steel (1981)*.

2. Achosodd y diffynnydd y farwolaeth MEWN FFAITH.
3. Achosodd y diffynnydd y farwolaeth MEWN CYFRAITH.

Lladdiad

Mens rea

> **BWRIAD I LADD *NEU*
> FWRIAD I ACHOSI NIWED CORFFOROL DIFRIFOL**
> e.e. *DPP v Smith (1961)*:
> - Ystyr y gair 'grievous' yw 'difrifol'.
> - Mae'r prawf bwriad yn **oddrychol**, sy'n golygu mai dyma oedd bwriad y diffynnydd, nid beth fyddai bwriad dyn rhesymol.

Bwriad uniongyrchol
Mae'r diffynnydd mewn gwirionedd eisiau i farwolaeth y dioddefwr ddigwydd ac mae'n gwneud yr hyn sy'n angenrheidiol er mwyn achosi hynny.

Bwriad anuniongyrchol
Dyma lle'r oedd y diffynnydd yn rhagweld y canlyniadau, er nad oedd eisiau i'r canlyniadau ddigwydd.
ACHOS: *R v Moloney (1985)*. Yn yr achos hwn, yr oedd y diffynnydd a'i lystad yn chwarae o gwmpas gyda dryll. Gwasgodd Moloney driger y gwn mewn ymateb i her, gan ladd ei lystad.

Yn amlwg, nid oedd wedi bwriadu lladd ei lystad, ond byddai wedi rhagweld y gallai rhyw niwed difrifol neu farwolaeth ddigwydd o ganlyniad i wasgu'r triger, ac yr oedd hyn yn ddigon i ddangos tystiolaeth o fwriad.

O ran bwriad, bu'r llysoedd yn gyndyn o ddyfeisio rheol ddiffiniol, ond y mae cyfres o achosion wedi dangos po fwyaf rhagweladwy y canlyniad, y mwyaf tebygol ydyw y byddai'r diffynnydd wedi bwriadu'r canlyniad.

Hyam v DPP (1975) – lle mae'n bosibl rhagweld canlyniad, mae bwriad wastad yn bresennol.

R v Hancock and Shankland (1986) – po fwyaf tebygol y canlyniad, y mwyaf tebygol yw bod y canlyniad wedi ei ragweld, ac felly hefyd wedi ei fwriadu.

R v Nedrick (1986) – cyfarwyddodd y barnwr y gall rheithgor **gasglu** bwriad lle mae marwolaeth neu niwed corfforol difrifol **bron yn sicr** o ddigwydd o ganlyniad i weithredoedd y diffynnydd.

R v Woollin (1998) – newidiodd y geiriad, fel bod gan reithgor hawl i **ganfod** bwriad lle mae marwolaeth neu niwed corfforol difrifol **bron yn sicr** o ddigwydd o ganlyniad i weithredoedd y diffynnydd. Mater o dystiolaeth, nid o gyfraith, yw hyn.

R v Matthews and Alleyne (2003) – dilynodd y cyfarwyddyd yn *Woollin* ac ymddengys yn awr mai dyma'r ymagwedd gywir i'w chymryd.

Achosion allweddol

R v Hancock and Shankland (1986) – glowyr a oedd ar streic oedd y diffynyddion a daflodd flocyn concrit oddi ar bont, gan ladd gyrrwr tacsi a oedd yn mynd o dan y bont.

R v Nedrick (1986) – cafwyd y diffynnydd yn euog o lofruddiaeth wedi iddo daflu paraffin trwy flwch llythyrau menyw yr oedd yn dal dig yn ei herbyn. Bu farw mab 12 oed y fenyw yn yr ymosodiad. Caniatawyd apêl a chafwyd Nedrick yn euog o ddynladdiad yn lle llofruddiaeth. Barnodd y llys y dylai'r rheithgor ystyried pa mor debygol yr oedd y canlyniad ac a oedd y diffynnydd wedi'i ragweld. Gall y rheithgor wedyn **gasglu** bwriad os ydynt yn hyderus bod y diffynnydd wedi sylweddoli bod y canlyniad **bron yn sicr**. Gweler hefyd yr achosion ar dudalen 14.

Ymestyn a herio

Os yw'r llysoedd yn hapus i ddod i'r casgliad bod bwriad anuniongyrchol yn dal yn fwriad, meddyliwch am achosion o gynorthwyo hunanladdiad. Yma, mae person yn rhagweld y bydd ei weithredoedd yn achosi marwolaeth rhywun, er nad dyna'r canlyniad y byddai'n ei ddymuno. Edrychwch ar achosion *Diane Pretty* a *Debbie Purdy*. Ydych chi'n cytuno gyda phenderfyniadau'r llysoedd yn yr achosion hyn?

Ymchwiliwch i achos *Re A (Children) (Conjoined Twins: Surgical Separation) (2001)*. Yn yr achos hwn, byddai llawdriniaeth a fyddai'n achub bywyd un o'r efeilliaid cydgysylltiedig yn golygu marwolaeth y llall. A yw hyn yn llofruddiaeth yn eich barn chi?

Gwella gradd

Wrth gymhwyso'r gyfraith i gwestiwn problem, cymerwch bob elfen o'r drosedd a'i chymhwyso at y cwestiwn problem. Gweithiwch eich ffordd yn drefnus trwy'r rhestr hon o 'gynhwysion', gan eu cymhwyso i'r senario a gan gofio defnyddio awdurdod cyfreithiol bob tro.

Wrth asesu a oes bwriad neu beidio, cadwch mewn cof y cynigion yn adroddiad Comisiwn y Gyfraith, *A New Homicide Act for England and Wales?*. Dylech chi asesu a fyddai eich casgliad yn wahanol neu beidio ar sail y diffiniad newydd o fwriad.

Mae'n rhaid gwybod am y diwygiadau hyn rhag i gwestiwn godi yn Adran B y papur LA4.

Diwygiadau a beirniadaeth o gyfraith llofruddiaeth

Cyhoeddodd Comisiwn y Gyfraith bapur ymgynghorol yn 2005 o dan y teitl *A New Homicide Act for England and Wales?* i adolygu cyfraith llofruddiaeth. Cafodd y cynigion eu hystyried gan y Swyddfa Gartref ond ni chafodd argymhellion y papur ymgynghorol eu mabwysiadu. Dywedodd y llywodraeth ei bod wedi ymrwymo i ddedfrydau gorfodol o garchar am oes am lofruddiaeth.

1. Roedd y papur ymgynghorol wedi cynnig cael tair haen o laddiad:

Llofruddiaeth y radd gyntaf	Llofruddiaeth yr ail radd	Dynladdiad
Dedfryd orfodol o garchar am oes	**Dedfryd ddewisol o garchar am oes**	
<ul><li>Bwriad i ladd.</li><li>Bwriad i achosi niwed difrifol.</li><li>Mae'r diffynnydd yn ymwybodol bod ei ymddygiad yn cynnwys risg o achosi marwolaeth.</li></ul>	<ul><li>Bwriad i achosi niwed difrifol.</li><li>Bwriad i achosi peth anaf gydag ymwybyddiaeth o'r risg o farwolaeth.</li><li>Bwriad i ladd gydag amddiffyniad rhannol o gythruddiad (*provocation*), peidio â bod yn llawn gyfrifol (*diminished responsibility*) neu orfodaeth (*duress*).</li></ul>	<ul><li>*Mens rea* esgeulustod difrifol.</li><li>Gweithred droseddol, lle'r oedd y diffynnydd yn bwriadu niwed yn unig, nid niwed difrifol.</li><li>Mae'r diffynnydd yn sylweddoli risg y weithred ac yn rhagweld risg difrifol o achosi anaf.</li></ul>

2. Roedd y papur ymgynghorol wedi cynnig rhoi diffiniad statudol yn lle ymagwedd cyfraith gwlad tuag at **fwriad**. Byddai hyn yn newid y gyfraith ychydig o ***R v Woollin*** oherwydd y byddai'r rheithgor yn gallu defnyddio bwriad fel rhan o gyfraith gadarnhaol, ac nid rhan o'r dystiolaeth yn unig.

Cynigiodd Comisiwn y Gyfraith ddiffiniad statudol a fyddai'n darllen fel a ganlyn:

Mae person yn gweithredu yn fwriadol o safbwynt canlyniad pan fydd ef neu hi yn gweithredu naill ai:

   a) Er mwyn i hyn ddigwydd; *neu*
   b) Gan wybod y bydd bron yn sicr o ddigwydd; *neu*
   c) Gan wybod y byddai bron yn sicr o ddigwydd petai'n llwyddo yn ei ddiben o achosi rhyw ganlyniad arall.

O dan y cynigion hyn felly, gallwn ddod i'r casgliad bod 'bron â bod yn sicr' yn fwriad, tra bod 'rhagweld llai' yn fyrbwylltra.

3. Roedd y papur ymgynghorol hefyd wedi cynnig dileu'r ddedfryd orfodol o garchar am oes. Byddai hyn yn cael ei ddefnyddio wrth ymdrin ag achosion lle'r oedd yr amddiffyniadau yn cael eu cymhwyso yn rhy drugarog, er mwyn rhoi disgresiwn i'r barnwr wrth ddedfrydu'r diffynnydd.

Lladdiad

Dynladdiad gwirfoddol

```
        Dynladdiad gwirfoddol
                  =
         Pob elfen o lofruddiaeth
                  +
         Amddiffyniad arbennig:
         • Colli rheolaeth; neu
         • Peidio â bod yn llawn gyfrifol; neu
         • Cytundeb hunanladdiad.
```

Dynladdiad gwirfoddol yw sefyllfa lle mae'r diffynnydd wedi cyflawni llofruddiaeth ond yn dibynnu ar **amddiffyniad arbennig** sydd yn ***Neddf Lladdiadau 1957*** a ***Deddf Crwneriaid a Chyfiawnder 2009***. Os profir yr amddiffyniad arbennig, caiff y cyhuddiad o lofruddiaeth ei ostwng i ddynladdiad, a bydd gan y barnwr ddisgresiwn o ran dedfrydu'r diffynnydd. Mae **baich y prawf** ar yr **amddiffyniad** i brofi bod yr amddiffyniad yn gymwys iddynt.

Termau allweddol

Amddiffyniad arbennig = defnydd yw hyn o amddiffyniad nad yw'n cael y diffynnydd yn gyfan gwbl ddieuog ond sy'n caniatáu gostyngiad yn y ddedfryd a roddir i'r diffynnydd.

Colli rheolaeth

Mae'n bwysig tynnu cymhariaeth yma rhwng yr amddiffyniad newydd hwn sydd yn ***Neddf Crwneriaid a Chyfiawnder 2009*** a hen amddiffyniad cythruddiad yn ***Neddf Lladdiadau 1957***.

	Cythruddiad a.3 Deddf Lladdiadau 1957	**Colli rheolaeth** a.54–56 Deddf Crwneriaid a Chyfiawnder 2009
Beirniadaeth	Y dybiaeth oedd bod yr amddiffyniad hwn yn galed ar ddioddefwyr cyson trais yn y cartref. O dan yr amddiffyniad newydd, gall ofn trais gyfiawnhau lladd, a gellir ei ddefnyddio gan ddioddefwyr cyson trais yn y cartref. Profwyd bod menywod yn ymateb yn arafach i ymosodiad na dynion, felly yr oedd yn haws i ddynion ddibynnu ar yr amddiffyniad hwn, oherwydd y gofyniad am golli rheolaeth 'yn sydyn'.	O dan yr amddiffyniad newydd, gall ofn trais gyfiawnhau lladd, a gellir ei ddefnyddio gan ddioddefwyr cyson trais yn y cartref. Mae gadael y gair 'sydyn' allan o'r amddiffyniad yn ei gwneud yn haws i fenywod ddibynnu ar yr amddiffyniad lle maent wedi ymateb yn arafach nag y byddai dyn wedi gwneud.

U2 Y Gyfraith: Cyfraith Trosedd a Chyfiawnder – Canllaw Astudio ac Adolygu

Ymestyn a herio

Ystyriwch achosion **R v Doughty (1986)** ac **R v Pearson (1992)**, a benderfynwyd o dan hen amddiffyniad cythruddiad. Sut ydych chi'n meddwl y byddent yn cael eu penderfynu o dan yr amddiffyniad newydd?

R v Doughty (1986) – o dan yr amddiffyniad newydd, nid yw baban yn crio'n ddi-baid yn cyfateb i amgylchiadau o natur hynod ddwys ar gyfer sbardun (ii).

R v Pearson (1992) – byddai gweithredoedd trydydd parti yn amherthnasol ar gyfer sbardun (i), ond gallant fod yn berthnasol i sbardun (ii).

Mae goblygiadau o wahaniaethu yn erbyn menywod o ran defnyddio'r amddiffyniad hwn. Cyfeiriwyd at y *syndrom menywod sy'n cael eu curo*, fel y'i gelwid, yn achosion **Thornton** ac **Ahluwalia**, y ddau yn achosion o fenywod a laddodd eu gwŷr wedi dioddef blynyddoedd o gamdriniaeth. Yn y naill achos a'r llall, yr oedd yn ymddangos bod yno 'gyfnod o ymdawelu' – sy'n golygu na fodlonwyd yr elfen o golli rheolaeth yn 'sydyn'. Codwyd yn yr achosion hyn mai ymateb gwrywaidd yw colli rheolaeth yn sydyn, ac nad yw'n ystyried y ffaith bod menywod yn ymateb i gythruddiad mewn ffyrdd gwahanol.

Parhad ar y dudalen nesaf.

	Cythruddiad a.3 Deddf Lladdiadau 1957	**Colli rheolaeth** a. 54–56 Deddf Crwneriaid a Chyfiawnder 2009
Elfennau'r amddiffyniad	**1. Colli rheolaeth yn sydyn a dros dro** • Roedd colli rheolaeth yn cyfateb i golli tymer – **R v Cocker (1989)**. • Mae sydyn a dros dro yn awgrymu na chaniateir cyfnod o "ymdawelu" – **R v Duffy (1949)** ac **R v Ibrams (1982)**. • Roedd y llys yn drugarog yn caniatáu i amser fynd heibio rhwng y cythruddiad a'r lladd yn achos **R v Thornton (1996)**, ond nid aeth mor bell â chaniatáu gweithredoedd o ddial yn achos **R v Baillie (1995)**.	**1. Colli rheolaeth** Nid oes rhaid i'r colli rheolaeth yma fod yn sydyn, sy'n golygu na fydd menywod gydag ymateb 'arafach' (*slow burn*) yn cael eu trin yn llai teg.
Elfennau'r amddiffyniad	**2. Trwy bethau a wnaed neu bethau a ddywedwyd** • Barnwyd bod baban yn crio'n ddi-baid yn cyfateb i gythruddiad yn achos **R v Doughty (1986)**. • Cafodd tad a oedd wedi cam-drin brawd y diffynnydd am flynyddoedd ei ladd gan y diffynnydd yn achos **R v Pearson (1992)**, sy'n dangos nad oes rhaid cyfeirio'r cythruddiad at y diffynnydd. • Yn achos **R v Brown (1972)** roedd y diffynnydd a'i wraig wedi ymladd yn dreisgar ar ôl iddo ei chyhuddo o fod yn anffyddlon. Honnodd y diffynnydd ei fod wedi llewygu yn fuan cyn torri ei gwddf hi gyda rasel, gan ei lladd. Barnwyd bod y ffordd mae'r diffynnydd yn ymateb i'r cythruddiad yn berthnasol wrth bennu rhesymolrwydd gweithredoedd y diffynnydd.	**2. Trwy sbardun perthnasol** Mae **a.55 Deddf Crwneriaid a Chyfiawnder 2009** yn awgrymu y gall hyn fod oherwydd: (i) Ofn trais difrifol ar ran y dioddefwr. Mae hyn yn gysyniad newydd sy'n amddiffyn menywod a ddioddefodd drais yn y cartref yn gyson gan bartneriaid treisgar, neu berchennog tŷ a amddiffynnodd ei eiddo trwy ladd byrgler. Mae'r prawf yn **oddrychol**, sy'n golygu mai sut mae'r diffynnydd yn ofni'r trais difrifol sy'n cael ei ystyried, nid sut y byddai'r dyn rhesymol neu rywun arall yn ei sefyllfa yn ymateb. Fodd bynnag, awgryma a.55(3) fod yn rhaid i'r dioddefwr fod yn ffynhonnell y trais, a rhaid i'r diffynnydd ofni bod y trais wedi ei anelu tuag ato neu rywun arall penodedig.

Lladdiad

	Cythruddiad **a.3 Deddf Lladdiadau 1957**	**Colli rheolaeth** **a.54–56 Deddf Crwneriaid a Chyfiawnder 2009**
		(ii) Pethau a ddywedwyd neu a wnaed o natur hynod ddwys, gan achosi i'r diffynnydd deimlo gyda chyfiawnhad ei fod wedi cael cam difrifol. Ymagwedd gul yw hon oherwydd, er bod yr ymdeimlad o gael cam yn oddrychol, rhaid cyfiawnhau hyn, sef prawf gwrthrychol ac un y gall rheithgor yn unig ei bennu.
Elfennau'r amddiffyniad	**3. A fyddai person rhesymol wedi ei gythruddo yn yr un modd?** • Barnodd achos **DPP v Camplin (1978)** mai'r unig nodweddion perthnasol i'w cymharu â'r person rhesymol yw rhai oedran a rhyw a'r rheini o nodweddion y cyhuddedig a fyddai'n effeithio ar ddifrifoldeb y cythruddiad ym marn y rheithgor. • Yn achos **R v Smith (Morgan) (2000)**, barnodd Tŷ'r Arglwyddi y gall y rheithgor ystyried nodweddion annormal y diffynnydd, megis iselder, lle mae'r nodweddion yn effeithio ar safon ei reolaeth. • Mae achos **A-G for Jersey v Holley (2005)** yn gwrthgyferbynnu â'r achos hwn oherwydd i'r llys wrthod ystyried clefyd alcoholiaeth fel 'nodwedd annormal'. Y canllaw a roddwyd yn yr achos hwn oedd bod yn rhaid i'r person rhesymol arfer pŵer hunanreolaeth a ddisgwylir o rywun cyffredin o'r un rhyw ac oedran.	**3. A fyddai person rhesymol wedi gweithredu yn yr un modd?** Mae'r amddiffyniad newydd fel petai wedi dilyn achos **A-G for Jersey v Holley (2005)** gan fod y canllaw yn **a.54(1)(c)** yn awgrymu bod yr amddiffyniad ar gael yn unig os gallai person o oedran a rhyw y diffynnydd, gyda graddfa normal o oddefgarwch a than yr un amgylchiadau â'r diffynnydd, fod wedi ymateb yn yr un modd â'r diffynnydd. Lle mae nodweddion annormal yn bresennol, y dybiaeth yw ei bod yn fwy tebygol y bydd y diffynnydd yn dibynnu ar amddiffyniad peidio â bod yn llawn gyfrifol.
Baich y prawf	Gadawodd y barnwr i'r rheithgor ddehongli'r amddiffyniad.	Rhaid i'r erlyniad wrthbrofi amddiffyniad colli rheolaeth y tu hwnt i amheuaeth resymol.

Ymestyn a herio

Disgrifiodd Helena Kennedy, Cwnsler y Frenhines (CF/*QC: Queen's Counsel*), yr ymateb benywaidd fel 'snapio ara-deg, yn debyg i elastig treuliedig yn ildio o'r diwedd'. Yr oedd y llysoedd fel petaent yn dod yn fwy trugarog yn sgil y feirniadaeth hon. Caniatawyd apêl a derbyniwyd amddiffyniad peidio â bod yn llawn gyfrifol yn achos **Ahluwalia**. Roedd ymagwedd y barnwr yn apêl **Thornton** yn fwy calonogol, lle derbyniwyd cysyniad 'syndrom menywod sy'n cael eu curo' ac yr oedd modd ei ystyried wrth benderfynu a gollwyd rheolaeth dros dro ac yn sydyn. O dan yr amddiffyniad newydd, mae hyn yn dal yn berthnasol, oherwydd bod oedi mewn amser yn berthnasol wrth benderfynu a gollwyd rheolaeth, er nad oes rhaid i'r colli rheolaeth fod yn sydyn.

Gwella gradd

Gofalwch eich bod yn dangos ymwybyddiaeth o **Ddeddf Crwneriaid a Chyfiawnder 2009** trwy gydol eich ateb – byddwch chi'n colli marciau os mai cyfeirio at **Ddeddf Lladdiadau 1957** yn unig a wnewch.

U2 Y Gyfraith: Cyfraith Trosedd a Chyfiawnder – Canllaw Astudio ac Adolygu

Termau allweddol

Cytundeb hunanladdiad = amddiffyniad rhannol i lofruddiaeth sydd yn **a.4 Deddf Lladdiadau 1957** lle, os yw dau berson wedi gwneud cytundeb i'r ddau ohonynt farw, ac mae un yn goroesi, os gall brofi bod y ddau yn bwriadu marw, gostyngir y cyhuddiad i ddynladdiad gwirfoddol.

Ymestyn a herio

Amddiffyniad arbennig arall i lofruddiaeth yw'r **cytundeb hunanladdiad**. Mater i'r amddiffyniad yw profi yn ôl pwysau tebygolrwydd bod yr amddiffyniad hwn yn gymwys. Edrychwch ar achos **R v H (2003)** – ydych chi'n meddwl bod gwrthdroi baich y prawf yn rhoi'r diffynnydd o dan anfantais, ac yntau eisoes yn debyg o fod yn dioddef gofid, neu a oes ei angen er mwyn atal cytundeb hunanladdiad cudd, er enghraifft, rhywun sy'n helpu person arall i farw er mwyn elwa ar y farwolaeth?

Gwella gradd

Rhaid i chi fod yn barod am gwestiwn traethawd ar LA4 ar y testun hwn yn ogystal â chwestiwn problem ar LA3. Mae natur gyfoes y testun hwn yn ei wneud yn addas iawn i arholiad a rhaid i chi ddangos eich bod yn ymwybodol o'r newidiadau a sut y byddant yn effeithio ar ddiffynyddion sy'n dibynnu ar yr amddiffyniadau hyn.

Peidio â bod yn llawn gyfrifol

	Peidio â bod yn llawn gyfrifol a.2 Deddf Lladdiadau 1957	Peidio â bod yn llawn gyfrifol fel y'i diwygiwyd gan a.52 Deddf Crwneriaid a Chyfiawnder 2009
Beirniadaeth	Nid oedd yr hen amddiffyniad yn caniatáu rhai anhwylderau meddwl meddygol cydnabyddedig.	Mae diffiniad newydd yr amddiffyniad yn golygu mai un o elfennau hanfodol yr amddiffyniad yw cyflwr meddygol cydnabyddedig.
Elfennau'r amddiffyniad	**1a.** Roedd y diffynnydd yn dioddef o annormaledd y meddwl Gallai hyn fod yn iselder, 'lladd trugarog', syndrom cyn-mislif, ac yn achos **R v Hobson (1997)**, barnwyd ei fod yn cyfateb i 'syndrom menywod sy'n cael eu curo'. **1b.** Roedd yr annormaledd: • yn deillio o gyflwr yn ymwneud â datblygiad ataliedig neu araf (*arrested or retarded*) yr unigolyn; neu • unrhyw achosion cynhenid (*inherent*); neu • wedi ei beri gan salwch neu anaf.	**1.** Mae'r diffynnydd yn dioddef o annormaledd gweithredu meddyliol sy'n deillio o gyflwr meddygol cydnabyddedig. Diffiniad cul yw hwn ond y mae'n ymagwedd fwy modern o lawer sy'n ystyried dealltwriaeth o faterion iechyd meddwl. Tybir na fydd rhai o annormaleddau'r meddwl o dan y gyfraith flaenorol yn llwyddo o dan yr amddiffyniad newydd oherwydd nad ydynt yn gyflyrau meddygol cydnabyddedig. **ACHOS: R v Anthony Martin (2001).** Mae'n debyg y byddai wedi llwyddo o dan yr amddiffyniad hwn oherwydd bod y diffynnydd yn dioddef o anhwylder personoliaeth paranoid pan laddodd rywun a dorrodd i mewn i'w gartref.
Elfennau'r amddiffyniad	**2.** Roedd yr annormaledd yn achos sylweddol gweithred y diffynnydd o ladd. Yma, rhaid i annormaledd y diffynnydd fod yn achos sylweddol y lladd, ond nid yr unig achos o raid. Mae **ACHOS: R v Dietschmann (2003)** yn enghraifft o hyn oherwydd bod y diffynnydd yn dioddef o iselder, ond ei fod hefyd yn feddw pan laddodd y dioddefwr. Er mai'r iselder oedd yr annormaledd, derbyniodd y llys beidio â bod yn llawn gyfrifol yn yr achos hwn, oherwydd bod yr iselder yn achos sylweddol, er na fyddai, efallai, wedi lladd petai'n sobr.	**2.** Rhaid i'r annormaledd gweithredu meddyliol fod yn ffactor sylweddol a gyfrannodd at y lladd. Mae hyn yn golygu bod yn rhaid i'r annormaledd achosi'r lladd, neu o leiaf fod yn ffactor sylweddol a gyfrannodd ato. Petai achos **R v Dietschmann (2003)** yn cael ei benderfynu o dan yr amddiffyniad newydd, nid yw'n glir a fyddai'r achos wedi mynd heibio'r rhwystr cyntaf o gydnabod iselder fel cyflwr meddygol. Fodd bynnag, mae'n ymddangos nad oes gwahaniaeth a yw diod neu gyffuriau yn rhan o'r mater: y cwestiwn allweddol yw a yw'r cyflwr meddygol yn cyfrannu'n sylweddol at y lladd.

Lladdiad

	Peidio â bod yn llawn gyfrifol a.2 Deddf Lladdiadau 1957	Peidio â bod yn llawn gyfrifol fel y'i diwygiwyd gan a.52 Deddf Crwneriaid a Chyfiawnder 2009
Elfennau'r amddiffyniad	3. Roedd yr annormaledd yn amharu'n sylweddol ar gyfrifoldeb meddyliol y diffynnydd am ei weithredoedd.	3. Rhaid i annormaledd gweithredu meddyliol fod wedi amharu'n sylweddol ar allu'r diffynnydd i wneud y canlynol: a) deall natur ei ymddygiad; *neu* b) dod i farn resymegol; *neu* c) arfer hunanreolaeth Mae hon yn elfen llawer mwy penodol o'r drosedd ac mae'n gwneud yn glir pa agweddau o'r gweithredu meddyliol y mae'n rhaid effeithio arnynt.
Baich y prawf		Rhaid i'r amddiffyniad brofi nad oedd y diffynnydd yn llawn gyfrifol adeg y drosedd yn ôl pwysau tebygolrwydd. Mae angen tystiolaeth arbenigol gan ddau dyst o leiaf.

Achos allweddol
Wood (2008)

Yn yr achos hwn, barnwyd y gallai'r rheithgor ystyried syndrom dibyniaeth alcohol, ac effaith hyn ar y diffynnydd, fel annormaledd y meddwl (annormaledd gweithredu meddyliol erbyn hyn).

Dynladdiad anwirfoddol

Dynladdiad anwirfoddol

=

Actus reus llofruddiaeth yn unig

+

1) Gweithred anghyfreithlon a pheryglus
   NEU
2) Esgeulustod difrifol

Dynladdiad anwirfoddol yw sefyllfa pan fo diffynnydd wedi cyflawni *actus reus* llofruddiaeth ond nid y *mens rea*.

Ymestyn a herio

Ystyriwch achos **R v Lamb (1967)**, lle pwyntiodd y diffynnydd wn at ei ffrind fel jôc. Doedd gan y diffynnydd ddim bwriad i frifo'r dioddefwr, ond llithrodd un o'r bwledi allan a lladd ei ffrind. Ydych chi'n gallu adnabod: a) y weithred anghyfreithlon a b) *mens rea* y weithred honno? Ar sail hyn, a yw'r diffynnydd yn euog o ddynladdiad trwy ddehongliad?

Dynladdiad trwy weithred anghyfreithlon a pheryglus sydd hefyd yn cael ei alw'n ddynladdiad trwy ddehongliad.

Actus reus	**Holl elfennau cyffredin llofruddiaeth** **Gweithred anghyfreithlon** • Rhaid iddi fod yn weithred; nid yn anwaith. **ACHOS: R v Lowe (1973)**. Achos oedd hwn o gyflawni trosedd trwy esgeuluso plentyn, a'r esgeulustod a achosodd farwolaeth y plentyn. • Rhaid i'r weithred fod yn 'droseddol'; nid yn sifil. Barnwyd hyn yn achos **R v Franklin (1883)**. **ACHOS: R v D (2006)**. Roedd y dioddefwr wedi cyflawni hunanladdiad, ar ôl dioddef blynyddoedd o gael ei cham-drin yn y cartref gan ei gŵr. Cyn yr hunanladdiad, roedd ei gŵr wedi achosi clwyf ar ei thalcen pan drawodd hi â'i freichled. Barnwyd bod hyn yn ddigon o weithred droseddol anghyfreithlon am ei fod yn drosedd o dan **a.20 Deddf Troseddau Corfforol 1861**. **Gweithred beryglus** • Y prawf yw a fyddai person rhesymol yn rhagweld y byddai'r weithred yn peri niwed. **ACHOS:** Barnodd **R v Church (1966)** fod yn rhaid i'r prawf fod a fyddai 'person sobr a rhesymol' yn sylweddoli bod ei weithred yn achosi risg o anaf neu niwed. • Rhaid i'r diffynnydd feddu ar yr un wybodaeth â'r person sobr a rhesymol. **ACHOS: R v Dawson (1985)**. Gŵr 60 oed gyda chyflwr difrifol ar ei galon oedd y dioddefwr. Nid oedd modd i'r diffynyddion wybod hyn; nid oedd disgwyl i berson sobr a rhesymol wybod hynny chwaith. Felly ni all y weithred fod yn beryglus. **ACHOS: R v Watson (1989)**. Yn yr achos hwn, dyn 87 oed oedd y dioddefwr. Barnodd y llys y dylid yn rhesymol ddisgwyl i'r diffynyddion wybod y byddai'r dyn yn fregus ac yn hawdd ei ddychryn, felly yr oedd y weithred yn beryglus.
Achosiaeth	• Rhaid sefydlu mai'r weithred anghyfreithlon a pheryglus oedd achos y farwolaeth. **ACHOS: R v Johnstone (2007)** – Cafodd y dioddefwr ei wawdio am amser, trwy: • boeri a gweiddi (tybiwyd nad oedd hyn yn weithred beryglus) • taflu cerrig a phren ato (tybiwyd bod hyn yn weithred beryglus) Cafodd y dioddefwr drawiad ar ei galon wedyn oherwydd straen. Nid oedd modd cael y diffynyddion yn euog o ddynladdiad trwy ddehongliad oherwydd nad oedd yn glir ai'r weithred beryglus a barodd y trawiad ar y galon, a thrwy hynny achosi marwolaeth y dioddefwr. • Os bydd y dioddefwr ei hun yn ymyrryd yn y gadwyn achosiaeth trwy weithred wirfoddol, yna bydd hyn yn ddigon i dorri'r gadwyn achosiaeth. **ACHOS: R v Kennedy (No 2) (2007)** – yn yr achos hwn, barnodd y llys na all gwerthwr cyffuriau fyth gael ei ddal yn gyfrifol am farwolaeth defnyddiwr cyffuriau. Gwrthgyferbynnwch yr achos hwn: **ACHOS: R v Cato (1976)** – mae hwn yn achos gwrthgyferbyniol oherwydd bod y gwerthwr wedi chwistrellu'r heroin i mewn i'r dioddefwr. Yn yr achos hwn, byddai'r diffynnydd yn gyfrifol am ddynladdiad y dioddefwr.

Lladdiad

Dynladdiad trwy weithred anghyfreithlon a pheryglus sydd hefyd yn cael ei alw'n ddynladdiad trwy ddehongliad

Mens rea

Y *mens rea* ar gyfer y drosedd hon yw *mens rea* y weithred anghyfreithlon.

Er enghraifft, os mai'r weithred anghyfreithlon oedd **a.47 Deddf Troseddau Corfforol 1861**, yna y *mens rea* fyddai byrbwylltra neu fwriad i naill ai achosi i'r dioddefwr ofni defnyddio grym anghyfreithlon yn ddi-oed neu ddefnyddio grym anghyfreithlon.

Dynladdiad trwy esgeulustod difrifol

Gosodwyd y prawf i lawr yn achos *R v Adomako* (1994)

Holl elfennau cyffredin llofruddiaeth

Dyletswydd gofal

- Sefydlir dyletswydd gofal o dan yr 'egwyddor cymdogaeth' sydd yn **Donoghue v Stevenson (1932)**.
- Mater i'r rheithgor yw penderfynu a oes dyletswydd gofal yn ddyledus gan ddefnyddio'r 'egwyddor cymdogaeth'.
- Cododd rhai eithriadau allweddol yn **R v Willoughby (2004)** lle barnwyd y bydd dyletswydd gofal bron yn ddieithriad rhwng meddyg a chlaf.

Torri'r ddyletswydd honno trwy esgeulustod difrifol

- Mater i'r rheithgor yw penderfynu a yw torri'r ddyletswydd yn gyfystyr ag esgeulustod difrifol, er yn achos **R v Bateman (1925)**, awgrymodd yr Arglwydd Hewart, yr Arglwydd Brif Ustus, ei fod yn '*dangos y fath ddifaterwch tuag at fywyd a diogelwch eraill i fod yn gyfystyr â throsedd yn erbyn y Wladwriaeth ac ymddygiad sy'n haeddu cosb*'.

Risg o farwolaeth

Yn ogystal â chael ei fynegi yn **R v Adomako (1994)**, cadarnhawyd yr agwedd hon ymhellach yn **R v Misra and Srivastava (2005)** lle methodd meddygon â gwneud diagnosis o heintiad yn dilyn triniaeth a arweiniodd at farwolaeth y claf. Barnwyd bod y diffyg diagnosis a'r diffyg triniaeth yn sgil hynny yn gyfystyr â risg o farwolaeth.

Termau allweddol

Dynladdiad trwy ddehongliad (*constructive manslaughter*) = pan achosir marwolaeth rhywun trwy weithred droseddol anghyfreithlon a pheryglus.

Dynladdiad trwy esgeulustod difrifol (*gross negligence manslaughter*) = pan achosir marwolaeth rhywun trwy esgeulustod sifil.

Achos allweddol

***R v Adomako* (1994)**. Meddyg oedd y diffynnydd a oedd wedi gosod tiwb peiriant anadlu yng ngheg claf, a fu farw o ganlyniad i ddiffyg ocsigen pan ddaeth y tiwb yn rhydd o'r peiriant. Nid oedd Adomako wedi sylweddoli'n ddigon buan bod ei glaf yn marw, ac apeliodd i Dŷ'r Arglwyddi yn erbyn ei euogfarn o ddynladdiad trwy esgeulustod difrifol.

Barnodd yr Arglwydd Mackay yn Nhŷ'r Arglwyddi fod sawl elfen yr oedd yn rhaid eu bodloni er mwyn cadarnhau'r euogfarn:

- dyletswydd gofal
- torri'r ddyletswydd honno trwy esgeulustod difrifol
- risg o farwolaeth.

Troseddau nad ydynt yn farwol yn erbyn person

Hierarchaeth troseddau

Nid yw'r rhan fwyaf o droseddau yn arwain at farwolaeth. Mae pump o droseddau nad ydynt yn farwol yn erbyn person y mae angen eu hystyried ar gyfer CBAC U2 Y Gyfraith: Cyfraith Trosedd a Chyfiawnder. Maent yn ffurfio rhan fawr o'r arholiad U2 ac fe'u cyfunir yn aml ag **amddiffyniadau cyffredinol**.

Gallant gael eu harholi yn y ddau bapur LA3 ac LA4. Mae'n bwysig bod yn ymwybodol o *actus reus* a *mens rea* pob trosedd a rhoi cyfraith achosion i'w cefnogi.

Mae'n bwysig sylweddoli hierarchaeth troseddau, gan y gall **bargeinio ple** ddigwydd rhwng troseddau. Cytundeb rhwng yr erlyniad a'r amddiffyniad mewn achos troseddol yw bargeinio ple. Cytunir y caiff y cyhuddiad ei ostwng os bydd y diffynnydd yn pledio'n euog. Er enghraifft, bydd diffynnydd a gyhuddir o drosedd a.20 yn cael cynnig cyfle i bledio'n euog i drosedd a.47 lai. Ar yr wyneb, mae hyn yn edrych yn annheg ac nid er budd cyfiawnder, ond mae'r llysoedd yn dibynnu ar ddiffynyddion yn pledio'n euog.

Troseddau, o'r lleiaf difrifol i'r mwyaf difrifol:

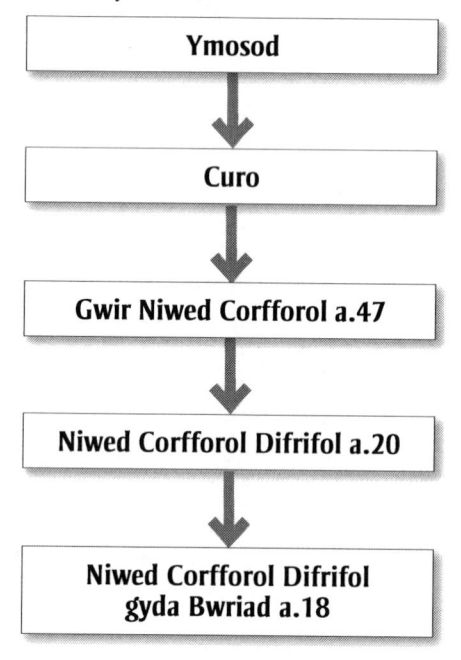

Ymosod
↓
Curo
↓
Gwir Niwed Corfforol a.47
↓
Niwed Corfforol Difrifol a.20
↓
Niwed Corfforol Difrifol gyda Bwriad a.18

Mae **Safonau Cyhuddo'r** *CPS* yn rhoi canllawiau i erlynwyr ynghylch pa anafiadau sy'n cyfateb i ba droseddau nad ydynt yn farwol. Fodd bynnag, nid oes unrhyw arwyddocâd cyfreithiol iddynt: canllawiau yn unig ydynt.

Byddwn yn awr yn ystyried pob un o'r troseddau yn eu tro.

Termau allweddol

Amddiffyniadau cyffredinol = amddiffyniadau yw'r rhain a all fod yn gymwys i unrhyw drosedd (gyda rhai eithriadau). Mae hyn yn wahanol i 'amddiffyniadau arbennig' a all fod yn gymwys i rai troseddau yn unig, e.e. dim ond ar gyfer llofruddiaeth y mae peidio â bod yn llawn gyfrifol ar gael. Gweler y bennod ar Amddiffyniadau Cyffredinol.

Ymestyn a herio

Ar gyfer cwestiwn problem LA3, mae'n bwysig ystyried troseddau ac amddiffyniadau wrth ystyried **atebolrwydd troseddol** person.

Cyswllt synoptig

Mae'r testun hwn yn cael ei arholi yn aml ar bapur LA3 fel senario problem. Mae'n debyg y bydd rhan a) yn gofyn i chi ystyried atebolrwydd troseddol y partïon dan sylw, a bydd rhan b) yn rhywbeth o'r Gyfraith UG. Mae testunau UG a gaiff eu harholi gyda throseddau nad ydynt yn farwol yn cynnwys: apeliadau, mechnïaeth, y *CPS*, y broses droseddol, rheithgorau a chyllid cyfreithiol, ond nid ydynt wedi eu cyfyngu i hynny. Edrychwch hefyd ar *CBAC UG Y Gyfraith: Canllaw Astudio ac Adolygu*.

Ymosod

Nid yw ymosod (*assault*) wedi ei ddiffinio mewn Deddf Seneddol, gan mai trosedd **cyfraith gwlad** ydyw. Yn ôl a.39 **Deddf Cyfiawnder Troseddol 1988** mae ymosod yn **drosedd ynadol** gyda'r ddedfryd uchaf o chwe mis o garchar neu ddirwy, o ddyfarnu rhywun yn euog.

Actus reus

Actus reus ymosod yw unrhyw weithred sy'n peri i'r dioddefwr ofni y bydd yn dioddef trais anghyfreithlon yn ddi-oed, e.e. codi dwrn, anelu gwn neu fygwth rhywun. Yn achos **Logdon v DPP (1976)**, fel jôc, anelodd y diffynnydd wn at y dioddefwr. Roedd wedi dychryn nes iddo ddweud wrthi mai gwn ffug ydoedd. Barnodd y llys fod y dioddefwr wedi ofni trais corfforol yn ddi-oed, a bod y diffynnydd o leiaf wedi bod yn fyrbwyll ynglŷn ag a fyddai hyn yn digwydd neu beidio.

Gall geiriau fod yn ymosod; felly hefyd alwadau ffôn distaw. Yn achos **R v Ireland (1997)** gwnaeth y diffynnydd alwadau ffôn distaw i dair o fenywod a barnwyd bod y rhain yn ddigon i beri i'r dioddefwr ofni y byddai grym anghyfreithlon yn cael ei ddefnyddio yn ddi-oed. Yn **Constanza (1997)** barnwyd bod llythyrau bygythiol yn gyfystyr ag ymosod. Gall geiriau hefyd olygu nad yw rhywun yn atebol am ymosod, fel yn achos **Tuberville v Savage (1669)**. Yn yr achos hwn, rhoddodd y cyhuddedig ei law ar ei gleddyf a dweud 'Pe na bai'n amser y **brawdlys** ni fyddwn yn goddef y fath iaith gennych'. Y bygythiad oedd rhoi'r llaw ar y cleddyf a allai gyfateb i ymosod. Fodd bynnag, oherwydd iddo gyplysu hyn â'r gosodiad na fyddai'n defnyddio ei gleddyf am ei bod yn amser y brawdlys, golygodd hyn nad oedd yn atebol am ymosod.

Rhaid i'r bygythiad fod 'yn ddi-oed' er bod hyn wedi ei ddehongli yn llac gan y llysoedd, fel y gwelir yn achosion **Ireland** a **Constanza** uchod. Yn achos **Smith v Chief Superintendent of Woking Police Station (1983)**, yr oedd y ddioddefwraig yn ei chartref a gwelodd y diffynnydd, a dresmasodd ar ei heiddo, yn syllu arni trwy'r ffenestr. Er bod y drws wedi'i gloi a'i bod y tu ôl i'r ffenestr, yr oedd yn ddigon 'di-oed' i fod yn ymosod.

Mens rea

Mens rea ymosod fel y'i diffinnir yn achos **R v Savage, Parmenter (1991)** yw bod y diffynnydd naill ai wedi bwriadu peri i'r dioddefwr ofni grym anghyfreithlon yn ddi-oed, neu wedi rhagweld y risg y byddai ofn o'r fath wedi ei greu (**byrbwylltra goddrychol**).

Termau allweddol

Brawdlys = adeg achos *Tuberville*, byddai llysoedd troseddol achlysurol yn cael eu cynnal ar hyd a lled y DU a byddai barnwyr yn teithio i wahanol ardaloedd i drio achosion. Yn yr achos hwn, roedd yn golygu bod y barnwyr yn y dref.

Cyfraith gwlad = cyfraith achosion neu gynsail yw enw arall ar hyn. Cyfraith ydyw a ddatblygwyd gan farnwyr trwy benderfyniadau yn y llys.

Goddrychol = yn perthyn i'r unigolyn dan sylw (y goddrych). Mae byrbwylltra yn awr yn gyffredinol yn oddrychol. Rhaid credu bod y diffynnydd penodol wedi rhagweld canlyniad ei weithred ond wedi cymryd y risg beth bynnag. Mae hyn hefyd yn cael ei alw yn fyrbwylltra Cunningham o achos **R v Cunnningham (1957)**. Mae byrbwylltra Caldwell (gwrthrychol) wedi ei ddileu fwy neu lai yn dilyn y penderfyniad yn **R v G and another (2003)**. Gweler y bennod ar Elfennau Trosedd am fwy o ddyfnder ar hyn.

Trosedd ynadol = y troseddau lleiaf difrifol sy'n dreiadwy yn y Llys Ynadon yn unig. Y ddau gategori arall o drosedd yw: *troseddau neillffordd* profadwy a *throseddau ditiadwy*.

U2 Y Gyfraith: Cyfraith Trosedd a Chyfiawnder – Canllaw Astudio ac Adolygu

Termau allweddol

Achosi (*occasioning*) = peri i rywbeth ddigwydd.

Anwaith = methiant i weithredu a all osod atebolrwydd troseddol pan fyddwch o dan ddyletswydd i weithredu.

Troseddau neillffordd profadwy = troseddau canolig a all fynd i dreial naill ai yn y Llys Ynadon neu Lys y Goron, yn dibynnu ar ddifrifoldeb y drosedd a phle'r diffynnydd.

Ymestyn a herio

Er bod ymosod a churo yn ddwy drosedd ar wahân, gallant weithiau fod gyda'i gilydd yn yr un cyhuddiad fel 'ymosod cyffredin'.

Ymestyn a herio

Ymchwiliwch i achos **Wood (Fraser) v DPP (2008)**. Cymhwyswch *actus reus* a *mens rea* curo i'r ffeithiau.

Curo

Yn debyg i ymosod, nid yw curo (*battery*) wedi ei ddiffinio mewn Deddf Seneddol; trosedd **cyfraith gwlad** ydyw. Yn ôl a.39 **Deddf Cyfiawnder Troseddol 1988** mae curo yn **drosedd ynadol** gyda'r ddedfryd uchaf o chwe mis o garchar neu ddirwy, neu'r ddau, o ddyfarnu rhywun yn euog.

Actus reus

Actus reus curo yw cymhwyso grym corfforol anghyfreithlon ar rywun arall. Mae'n cael ei dderbyn bod peth grym corfforol yn digwydd mewn bywyd bob dydd (***Collins v Wilcock (1984)***, megis cerdded i lawr stryd brysur lle gall pobl daro i mewn i'w gilydd. Er mwyn bod yn guro, rhaid i'r grym fod yn anghyfreithlon. Nid oes rhaid i'r cymhwyso fod yn uniongyrchol fel yn achos **Haystead v DPP (2000)** lle dyrnodd y diffynnydd fenyw gan beri iddi ollwng ei phlentyn. Barnwyd mai curo'r plentyn yn anuniongyrchol oedd hyn. Yn yr un modd, yn achos **Fagan v Metropolitan Police Commissioner (1969)**, parciodd Fagan ei gar yn ddamweiniol ar droed heddwas pan ofynnodd yr heddwas iddo barcio'r car ger y cyrb. Nid oedd Fagan yn bwriadu gyrru ei gar dros droed yr heddwas. Fodd bynnag, pan ofynnwyd iddo symud, gwrthododd. Cafodd y grym ei gymhwyso yn anuniongyrchol gan y car trwy yrru ar droed yr heddwas ac yr oedd yn anghyfreithlon pan wrthododd symud.

Mae'r term 'grym corfforol' yn awgrymu bod angen cymhwyso lefel uchel o rym, ond nid yw hyn yn wir. Yn achos **Thomas (1985)** barnwyd bod cyffwrdd â hem sgert merch a hithau'n ei gwisgo yn gyfystyr â chyffwrdd â'r ferch ei hun. Nid oes rhaid i'r dioddefwr chwaith fod yn ymwybodol ei fod ar fin cael ei daro; felly, os caiff rhywun ei daro o'r tu ôl, bydd hyn yn dal i fod yn guro. Cyferbynnwch hyn ag ymosod lle mae'n rhaid i'r diffynnydd ofni y bydd grym anghyfreithlon yn cael ei gymhwyso ac felly mae'n rhaid iddo fod yn ymwybodol ohono.

Yn wahanol i ymosod, gall curo gael ei gyflawni trwy **anwaith** lle mae dyletswydd i weithredu.

Yn achos **DPP v Santana-Bermudez (2003)**, gofynnwyd i'r diffynnydd gan heddwas a oedd yn ei archwilio a oedd ganddo unrhyw 'nodwyddau neu bethau miniog' arno. Methodd roi gwybod iddi, a phan chwiliodd hi ef, pigodd ei bys ar nodwydd hypodermig a oedd yn ei boced. Barnwyd bod ei fethiant ef i roi gwybod iddi am bresenoldeb y nodwydd yn ddigon i fodloni'r *actus reus*.

Mens rea

Mens rea curo yw bwriad neu fyrbwylltra goddrychol i gymhwyso grym anghyfreithlon ar rywun arall fel y cadarnhawyd yn **R v Venna (1976)**.

A.47 – Gwir niwed corfforol

Mae trosedd statudol gwir niwed corfforol (*ABH: actual bodily harm*) yn cael ei gosod allan yn **a.47 Deddf Troseddau Corfforol 1861** sy'n dweud ei bod yn drosedd cyflawni ymosodiad gan **achosi** gwir niwed corfforol.

Er mai cyfeirio at ymosod yn unig y mae'r statud, gall y drosedd gael ei chyflawni hefyd trwy guro. Mewn gwirionedd, mae'n fwy cyffredin i droseddau o dan a.47 gael eu cyflawni trwy guro yn hytrach na thrwy ymosod. Mae gwir niwed corfforol yn **drosedd neillffordd brofadwy**. Y ddedfryd uchaf am *ABH* yw pum mlynedd o garchar.

Troseddau nad ydynt yn farwol yn erbyn person

Actus reus

Mae tair elfen i *actus reus* ABH:

1. Ymosod neu guro
2. Achosi
3. Gwir niwed corfforol

1. **Ymosod neu guro** – Mae elfen gyntaf *ABH* yn mynnu prawf o *actus reus* naill ai ymosod neu guro fel y'i diffiniwyd uchod.

2. **Achosi** – Rhaid i'r ymosod neu'r curo *achosi* gwir niwed corfforol. Felly mae angen sefydlu'r **gadwyn achosiaeth** rhwng gweithred y diffynnydd a'r niwed a achoswyd. Mae hyn fel arfer yn hawdd ei phrofi, ond yn achos **R v Roberts (1971)**, neidiodd merch o gar a oedd yn symud, gan ei hanafu ei hun, a gofynnwyd y cwestiwn a oedd y ffaith iddi ddewis neidio o'r car pan oedd yn symud wedi torri cadwyn achosiaeth. Gwnaeth hyn oherwydd bod y diffynnydd yn gwneud awgrymiadau rhywiol tuag ati, gan gynnwys cyffwrdd â'i dillad. Barnwyd bod y diffynnydd wedi curo trwy gyffwrdd â dillad y ferch ac mai hynny oedd wedi achosi iddi neidio allan o'r car pan oedd yn symud, ac anafu ei hun trwy wneud hynny. Dywedwyd yn yr achos nad oedd ymateb y dioddefwr (neidio o'r car) yn torri cadwyn achosiaeth os oedd yn rhesymol ei ragweld, ar yr amod nad oedd **mor** '*wirion neu mor annisgwyl fel na ellid disgwyl i unrhyw ddyn rhesymol ei ragweld*'. Os felly, gallai wedyn fod yn **novus actus interveniens**.

3. **Gwir niwed corfforol** – Gall hyn fod yn niwed corfforol neu seicolegol fel y barnwyd yn achos **Miller (1954)**. Gall gynnwys torri gwallt rhywun heb ganiatâd fel yn **DPP v Smith (2006)** a oedd yn cadarnhau'r weithred hon fel 'gwir niwed corfforol'. Eglurwyd y diffiniad o'r hyn yw *ABH* yn achos **Miller (1954)** fel '*dolur neu anaf a fwriadwyd i ymyrryd ag iechyd neu gysur*'. Mae achos **Chan Fook (1994)** hefyd yn gwneud y pwynt bod angen i'r anaf fod yn fwy na 'diflanedig neu ddibwys'. Golyga'r gair 'gwir' yn y cyd-destun hwn, er nad oes angen i'r anaf fod yn barhaol, ni ddylai fod mor ddibwys ag i fod yn ansylweddol.

Termau allweddol

Cadwyn achosiaeth = yn cysylltu'r *actus reus* a'r canlyniad cyfatebol. I gael atebolrwydd troseddol, rhaid bod cadwyn achosiaeth ddi-dor.

Novus actus interveniens = gweithred newydd ymyrrol sydd mor annibynnol ar weithred wreiddiol y diffynnydd fel y llwydda i dorri'r gadwyn achosiaeth.

Mens rea

Mae'r *mens rea* yr un fath ag ar gyfer ymosod neu guro. Does dim gofyniad i brofi unrhyw *mens rea* ychwanegol am y gwir niwed corfforol fel yn achos **Roberts (1971)**. Cadarnhaodd achos **R v Savage (1991)** hyn.

Achos allweddol

R v Savage (1991) – Yn yr achos pwysig hwn aeth menyw i far lle gwelodd gariad newydd ei chyn-gariad. Aeth i fyny ati a dweud 'Neis cwrdd â ti, cariad' a thaflu cwrw o'i gwydryn drosti. Wrth wneud hynny, llithrodd y gwydr yn ddamweiniol; malodd, a thorri arddwrn y cariad newydd. Dadleuodd mai *mens rea* curo yn unig oedd ganddi (taflu'r cwrw) ond barnodd y llys nad oedd hyn yn berthnasol. Nid oedd angen *mens rea* ychwanegol am y gwir niwed corfforol (y gwydr yn torri arddwrn y fenyw). Cyhyd â bod ganddi'r *mens rea* am guro, yna bodlonwyd y *mens rea* am *ABH*.

Gwella gradd

Yma, gallech chi ddweud beth yn union yw *mens rea* ymosod neu guro:

Ymosod – Bwriad neu fyrbwylltra goddrychol i beri i'r dioddefwr ofni yr achosir trais anghyfreithlon yn ddi-oed.

Curo – Bwriad neu fyrbwylltra goddrychol i achosi trais anghyfreithlon i'r dioddefwr.

A.20 – Niwed corfforol difrifol

Mae trosedd statudol niwed corfforol difrifol (*GBH: grievous bodily harm*) yn cael ei gosod allan yn **a.20 Deddf Troseddau Corfforol 1861** sy'n dweud ei bod yn drosedd **yn faleisus** i beri niwed corfforol **difrifol** neu i **glwyfo'r** dioddefwr.

Trosedd neillffordd brofadwy yw niwed corfforol difrifol. Y ddedfryd uchaf am *GBH* yw pum mlynedd o garchar, yr un gosb am drosedd lai *ABH*, a bu hyn yn destun beirniadaeth.

Termau allweddol

Clwyfo = lle torrir dwy haen y croen, gan arwain fel arfer at waedu.

Difrifol (*grievous*) = diffiniwyd hyn yn **DPP v Smith (1961)** fel 'niwed gwirioneddol ddifrifol'. Cadarnhawyd hyn yn **Saunders (1985)**. Yn achos **R v Brown and Stratton (1998)** barnwyd bod anafiadau fel cleisio, torri trwyn, colli dannedd a chyfergyd yn niwed corfforol difrifol.

Yn faleisus = fe'i dehonglir i olygu gyda bwriad neu fyrbwylltra goddrychol.

Actus reus

Gellir profi *GBH* naill ai trwy ddangos **peri** niwed corfforol difrifol neu **glwyfo'r** dioddefwr. Mae'n bwysig dewis y cyhuddiad yn ofalus sef naill ai peri *GBH* neu glwyf.

1. **Peri *GBH*** – Mae'r term peri (*inflict*) wedi achosi anhawster yn y llysoedd dros y blynyddoedd. Yn achos **Clarence (1888)** rhoddwyd ystyr cyfyngedig iawn i'r term, ond yn fwy diweddar yn **Dica (2004)** ehangwyd yr ystyr i gynnwys trosglwyddo HIV yn fyrbwyll i ddioddefwr diarwybod fel 'peri' *GBH*. Ceir ymagwedd eang debyg yn **R v Halliday (1889)** lle dychrynodd gŵr ei wraig i'r graddau iddi neidio allan o ffenestr eu hystafell wely i ddianc. Barnodd y llys fod ei hanafiadau wedi eu peri yn uniongyrchol gan y diffynnydd er mai hi oedd wedi neidio o'i gwirfodd trwy'r ffenestr. Sefydlodd achos **R v Bollom (2003)** fod oedran a nodweddion y dioddefwr yn berthnasol i faint yr anafiadau a gafwyd.

2. **Clwyfo** – Mae clwyf yn mynnu torri cyfanrwydd y croen a fydd fel arfer yn arwain at waedu. Yn achos **Moriarty v Brooks (1834)** barnwyd bod yn rhaid torri'r dermis a'r epidermis. Fodd bynnag, yn achos **JCC (A Minor) v Eisenhower (1984)** barnwyd nad oedd torri pibellau gwaed mewnol yn llygad y dioddefwr o ganlyniad i gael ei saethu â gwn haels (*pellet gun*) yn gyfystyr â chlwyfo o dan a.20.

Ymestyn a herio

Trafodir achosion **Clarence** a **Dica** hefyd yn y bennod ar Amddiffyniadau Cyffredinol. Ystyriwch sut y gall mater cydsyniad fod yn berthnasol yma.

Achos allweddol

Clarence (1888) – Yn yr achos hwn, dyfarnwyd bod 'peri' yn gofyn am ymosod neu guro ac am ei bod wedi cydsynio i gyfathrach rywiol, nid oedd y naill na'r llall yn bresennol. Ystyrir hyn bellach yn gyfraith ddrwg.

Achos allweddol

Nid yw crafiad neu doriad i'r croen allanol yn ddigonol os bydd y croen mewnol yn parhau yn gyfan, yn ôl **M'Loughlin (1838)**.

Mens rea

Diffinnir y *mens rea* ar gyfer *GBH* gan y geiriau **yn faleisus.**

Penderfynwyd trwy achos **Mowatt (1967)** nad oes angen sefydlu a oedd y diffynnydd yn bwriadu peri *GBH* neu glwyf neu yn fyrbwyll ynghylch hynny, cyhyd â bod modd profi ei fod yn bwriadu peri *rhyw niwed corfforol* neu ei fod yn fyrbwyll ynghylch hynny. Eglurwyd hyn ymhellach yn achos **DPP v A (2000)** lle barnwyd ei bod yn ddigon i brofi bod y diffynnydd yn bwriadu y byddai rhyw niwed yn digwydd neu wedi rhagweld hynny.

Troseddau nad ydynt yn farwol yn erbyn person

A.18 – *GBH* gyda bwriad

Mae trosedd statudol niwed corfforol difrifol gyda bwriad yn cael ei gosod allan yn **a.18 Deddf Troseddau Corfforol 1861** sy'n dweud ei bod yn drosedd **bwriadu** yn faleisus i glwyfo neu i achosi niwed corfforol difrifol. Mae a.18 yn drosedd **dditiadwy**.

Y ddedfryd uchaf am a.18 yw carchar am oes, sy'n adlewyrchu difrifoldeb a.18 o'i chymharu ag a.20.

Actus reus

Yn debyg i'r *actus reus* am a.20, yr *actus reus* am a.18 yw naill ai clwyfo maleisus neu achosi niwed corfforol difrifol. Mae'n cyfeirio at y term 'achosi' yn hytrach na 'peri' ac er nad ydynt yr un fath (**R v Ireland, Burstow (1997)**) cymerwyd eu bod yn golygu bod angen achosiaeth. Mae ystyr 'clwyfo' ac achosi 'niwed corfforol difrifol' yr un ag ar gyfer a.20 uchod.

Mens rea

Y gwahaniaeth allweddol rhwng a.20 ac a.18 yw y gellir profi a.18 gyda bwriad yn unig (uniongyrchol neu anuniongyrchol) ond gellir profi a.20 gyda byrbwylltra neu fwriad i achosi *peth* niwed. Mae dwy agwedd i'r *mens rea*. Yn gyntaf, rhaid i'r diffynnydd 'yn faleisus' glwyfo neu achosi niwed corfforol difrifol. Yn ail, rhaid i'r diffynnydd fod â bwriad penodol i naill ai: a) achosi niwed corfforol difrifol i'r dioddefwr, neu b) gwrthsefyll neu atal dal neu gadw unrhyw berson yn gyfreithlon.

Mae a.18 yn **drosedd bwriad penodol** (yn ôl gofyniad **R v Belfon (1976)**) ac mae angen bwriad i achosi niwed corfforol *difrifol* **yn faleisus**, a thrwy hynny adlewyrchu difrifoldeb yr anafiadau a beiusrwydd y diffynnydd.

Safonau Cyhuddo

Cyhoeddodd y *CPS* ganllawiau o'r enw 'Safonau Cyhuddo' am y troseddau yn erbyn person er mwyn sicrhau gwell cysondeb. Mae'n rhoi manylion am y mathau o anafiadau (e.e. chwydd, crafu, llygad du, etc.) a'r cyhuddiad a ddylai ddilyn petai anafiadau o'r fath yn bresennol.

Termau allweddol

Ditiadwy = y troseddau mwyaf difrifol sy'n dreiadwy yn Llys y Goron yn unig.

Ymestyn a herio

Mae a.18 yn drosedd **bwriad penodol**, sy'n golygu y gellir ei brofi gyda bwriad yn unig. Mae *mens rea* a.47 ac a.20 fel ei gilydd yn droseddau **bwriad sylfaenol** gan y gellir eu profi gyda naill ai bwriad neu fyrbwylltra.

Ymestyn a herio

Edrychwch ar y Safonau Cyhuddo ar wefan y *CPS* a rhestru'r anafiadau tebygol ar gyfer pob un o'r troseddau a grybwyllir yn y bennod hon.

U2 Y Gyfraith: Cyfraith Trosedd a Chyfiawnder – Canllaw Astudio ac Adolygu

Amddiffyniadau Cyffredinol

Termau allweddol

Amddiffyniad cyflawn = canlyniad defnyddio'r amddiffyniad hwn yn llwyddiannus yw cael y diffynnydd yn gyfan gwbl ddieuog o'r drosedd. Mae hunanamddiffyniad neu wallgofrwydd yn rhai enghreifftiau.

Amddiffyniad rhannol = canlyniad defnyddio'r amddiffyniad hwn yn llwyddiannus yw euogfarn am drosedd lai. Er enghraifft, mae defnydd llwyddiannus o beidio â bod yn llawn gyfrifol yn gostwng cyhuddiad o lofruddiaeth i ddynladdiad.

⬆ Gwella gradd

Mae hwn yn destun pwysig iawn gan y gall ymddangos ar LA3 ac LA4. Felly, rhaid i chi allu cymhwyso'r gyfraith i senario problem NEU roi eglurhad a dadansoddiad manwl fel rhan o gwestiwn traethawd.

Lle mae diffynnydd yn sefyll ei brawf am drosedd, gall ddibynnu ar amddiffyniad i'r drosedd. Effaith hyn fydd lleihau'r drosedd, gan leihau'r ddedfryd, neu mewn rhai achosion, cael y diffynnydd yn hollol ddieuog o'r holl gyhuddiadau.

Fel rheol gyffredinol, mewn achosion troseddol, ar yr erlyniad y mae baich y prawf i brofi y tu hwnt i amheuaeth resymol mai'r diffynnydd a gyflawnodd y drosedd. Fodd bynnag, lle codir amddiffyniad, mae baich y prawf yn aml yn cael ei wrthdroi ac mae gofyn i'r amddiffyniad roi rhyw brawf tystiolaethol y gall y diffynnydd ddibynnu ar yr amddiffyniad. Unwaith i'r dystiolaeth gael ei chynhyrchu i brofi bodolaeth yr amddiffyniad, mae baich y prawf yn mynd yn ôl wedyn i'r erlyniad i wrthbrofi'r dystiolaeth ac argyhoeddi'r rheithgor nad yw'r amddiffyniad yn gymwys i'r diffynnydd.

Mae'n bosibl crynhoi'r mathau o amddiffyniadau, baich y prawf a chanlyniad yr amddiffyniad fel a ganlyn:

Amddiffyniad	Baich y prawf	Canlyniad i'r diffynnydd lle mae'n llwyddo
Awtomatedd heb fod yn wallgof (*non-insane automatism*)	Rhaid i'r amddiffyniad ddangos tystiolaeth i gefnogi'r amddiffyniad a rhaid i'r erlyniad wedyn wrthbrofi'r dystiolaeth.	• Amddiffyniad cyflawn i droseddau bwriad penodol; ac • Amddiffyniad cyflawn i droseddau bwriad sylfaenol lle nad yw'n awtomatedd trwy hunan-gymhelliad
Meddwdod		Gall fod yn amddiffyniad cyflawn; ar yr amod na ffurfiwyd y *mens rea* angenrheidiol.
Hunanamddiffyniad		Amddiffyniad cyflawn
Gorfodaeth		Amddiffyniad cyflawn
Gwallgofrwydd	Rhaid i'r amddiffyniad ddangos tystiolaeth i gefnogi'r amddiffyniad **A** phrofi i'r rheithgor bod yr amddiffyniad wedi bodoli.	Amddiffyniad cyflawn • O dan **Ddeddf Trefniadaeth Droseddol (Gwallgofrwydd ac Anffitrwydd i Bledio) 1991**, gall y llys wneud: a) Gorchymyn Ysbyty b) Gorchymyn Goruchwylio c) Rhyddhad Diamod
Cydsyniad	Rhaid i'r erlyniad brofi na chydsyniodd y diffynnydd i'r niwed.	Amddiffyniad cyflawn

Amddiffyniadau Cyffredinol

Gwallgofrwydd

Rhaid nodi bod rhagdybiaeth bod pawb yn ei iawn bwyll. Pan fo diffynnydd yn pledio gwallgofrwydd, mae'n golygu ei fod yn credu ei fod yn wallgof adeg cyflawni'r drosedd, nid adeg y treial. Tair elfen yn eu hanfod sydd i'r amddiffyniad, a gosodwyd yr elfennau hynny i lawr yn achos *M'Naghten (1843)*:

1. Rheswm diffygiol	Mae hyn yn golygu eich bod yn ddiffygiol o'r pŵer i resymu, yn hytrach na dim ond yn methu defnyddio'r pŵer hwn. **ACHOS: *R v Clarke (1972)*** – yma, cyhuddwyd y diffynnydd o ddwyn nwyddau o siop, ond dadleuodd ei bod hi'n gweithredu heb feddwl oherwydd ei hiselder. Barnodd y llys nad oedd dryswch na bod yn anghofus yn cyfateb i wallgofrwydd.
2. Salwch meddwl	Rhaid i'r rheswm diffygiol gael ei achosi gan salwch meddwl, a rhaid i'r salwch fod yn achos MEWNOL. Term cyfreithiol yw hwn, nid un meddygol, felly nid yw nodi salwch seiciatrig yn ddigon. Dyma enghreifftiau o salwch meddwl – cyferbynnwch y ddau achos hyn:
Diabetes	**ACHOS: *R v Quick (1973)*** – diabetig oedd y diffynnydd a oedd wedi cymryd ei inswlin, ond nad oedd wedi bwyta digon wedyn. Llys – NID GWALLGOFRWYDD yw hyn gan mai'r achos oedd yr inswlin sy'n ffactor ALLANOL. **ACHOS: *R v Hennessy (1989)*** – diabetig oedd y diffynnydd nad oedd wedi cymryd ei inswlin a arweiniodd at hyperglycaemia. Llys – GWALLGOFRWYDD yw hyn am nad oedd ffactorau allanol yn gymwys; mae'r clefyd, diabetes, yn ffactor mewnol.
Cerdded yn eich cwsg	Mae hwn hefyd yn achos mewnol, a chafwyd llawer o achosion o ddiffynyddion a fu'n cerdded yn eu cwsg ac a bleidiodd wallgofrwydd yn llwyddiannus. **ACHOS: *R v Burgess (1991)*** – bu'r diffynnydd a'i gariad yn gwylio fideos, ac yn ei gwsg, lladdodd Burgess y ferch. Unwaith eto, nid oedd tystiolaeth o ffactorau allanol, felly pleidiodd wallgofrwydd yn llwyddiannus oherwydd achos mewnol: yr anhwylder cwsg.
Epilepsi	**ACHOS: *R v Sullivan (1984)*** – bu'r diffynnydd yn dioddef o epilepsi ers yn blentyn, ac yn ystod ffit arbennig o ffyrnig, ymosododd ar ŵr 80 oed a'i ladd. Defnyddiodd amddiffyniad gwallgofrwydd yn llwyddiannus.
3a. Peidio â gwybod beth oedd natur ac ansawdd ei weithred NEU	Gall hyn olygu bod y diffynnydd yn anymwybodol neu nad oedd yn gwybod natur ac ansawdd ffisegol ei weithred. **ACHOS: *R v Codere (1916)*** – torrodd y diffynnydd wddf y dioddefwr o dan yr argraff mai torth o fara ydoedd.
3b. Heb fod yn gwybod bod y weithred yn anghywir	Mae'r diffiniad hwn eto yn ymdrin â drwg cyfreithiol yn hytrach na drwg moesol. **ACHOS: *R v Windle (1952)*** – lladdodd y diffynnydd yn yr achos hwn ei wraig, a datgan wedyn 'Mae'n debyg y byddan nhw'n fy nghrogi am hyn'. Er ei fod yn dioddef o salwch meddwl, yr oedd yn gwybod er hynny fod ei weithredoedd yn gyfreithiol anghywir felly methodd ei amddiffyniad o wallgofrwydd.

Achos allweddol

M'Naghten (1843) – yn yr achos hwn, yr oedd gan y diffynnydd obsesiwn gyda Phrif Weinidog y dydd, Syr Robert Peel. Ceisiodd ladd Peel, ond lladdodd ei ysgrifennydd yn lle hynny. Safodd ei brawf am lofruddio'r ysgrifennydd ond fe'i cafwyd yn ddieuog oherwydd gwallgofrwydd.

Gwella gradd

Cofiwch fod yn rhaid i ffactor mewnol achosi gwallgofrwydd. Mae hyn yn bwysig, am fod pobl yn aml yn drysu rhwng 'gwallgofrwydd' ac 'awtomatedd heb fod yn wallgof' a achosir gan ffactor allanol.

Ymestyn a herio

Ymchwiliwch i achos *R v Thomas (2009)*, sef achos dyn o Gastell Nedd a laddodd ei wraig yn ei gwsg oherwydd anhwylder cwsg prin. Ydych chi'n meddwl ei bod hi'n anghywir i'r bobl hyn gael eu labelu â gwarth 'salwch meddwl' a 'gwallgof', pan fo modd rheoli'r cyflwr fel arfer trwy feddyginiaeth? Meddyliwch am rai beirniadaethau eraill o'r amddiffyniad hwn.

Ymestyn a herio

Ymchwiliwch i achos *Johnstone (2007)* lle dilynwyd penderfyniad achos *Windle*.

U2 Y Gyfraith: Cyfraith Trosedd a Chyfiawnder – Canllaw Astudio ac Adolygu

Termau allweddol

Bwriad penodol = lle mae *mens rea* trosedd yn un o fwriad. Mae enghreifftiau yn cynnwys llofruddiaeth ac **a.18 Deddf Troseddau Corfforol 1861** sef niwed corfforol difrifol gyda bwriad, ac y bydd awtomatedd yn amddiffyniad cyflawn.

Bwriad sylfaenol = lle mae *mens rea* trosedd yn fyrbwylltra neu esgeulustod, neu drosedd atebolrwydd caeth. Mae enghreifftiau yn cynnwys pob trosedd o dan **Ddeddf Troseddau Corfforol 1861**, ac eithrio am **a.18**, ac y bydd awtomatedd yn amddiffyniad cyflawn ar yr amod nad oedd trwy hunan-gymhelliad.

Ymestyn a herio

Edrychwch eto ar achosion **R v Quick (1973)** ac **R v Hennessy (1989)**. A allai Quick fod wedi defnyddio amddiffyniad awtomatedd? Rhowch resymau dros eich ateb.

Awtomatedd

Rhaid i awtomatedd heb fod yn wallgof gael ei hachosi gan ffactor ALLANOL nad oes gan y diffynnydd reolaeth drosto.

Bratty v Attorney-General for Northern Ireland (1963)

'Gweithred a wneir gan y cyhyrau heb unrhyw reolaeth gan y meddwl, megis gwingiad (spasm), gweithred atgyrch (reflex action) neu gonfylsiwn; neu weithred a wneir gan rywun nad yw'n ymwybodol o'r hyn mae'n ei wneud megis gweithred a wneir wrth ddioddef cyfergyd (concussion) neu wrth gerdded yn ei gwsg.'

Mae rhai ffactorau allanol a all ddod o dan y diffiniad hwn yn cynnwys tisian, hypnotiaeth, awtomatedd ac effeithiau anhysbys cyffur neu ergyd i'r pen. Yn achos **Kay v Butterworth (1945)** a ddyfynnwyd yn **Hill v Baxter (1958)**, cyfeiriodd y barnwr at sefyllfa ddamcaniaethol ple o awtomatedd pan ymosodwyd ar y diffynnydd gan haid o wenyn ac yntau'n gyrru.

Mae'n wir hefyd y gall straen eithriadol gyfateb i awtomatedd. Dangoswyd hyn yn achos **R v T (1990)**, lle trywanodd y diffynnydd y dioddefwr tra oedd yn dioddef o anhwylder pryder ôl-drawmatig a oedd yn ddifrifol. Er i'r barnwr ganiatáu'r amddiffyniad, ni chafodd aelodau'r rheithgor eu hargyhoeddi, a chawsant y diffynnydd yn euog.

Fodd bynnag, mae'r amddiffyniad hwn wedi ei gymhwyso'n llym ar adegau:

ACHOS: Broome v Perkins (1987) Yn yr achos hwn, yr oedd y diffynnydd mewn cyflwr hyperglycaemia, a gyrrodd adref o'r gwaith yn afreolaidd gan achosi difrod sylweddol i'w gar. Ni allai gofio dim am y daith, ond barnodd y llys, am ei bod yn daith gyfarwydd, y dylai rhywun yn ei gyflwr fod wedi gallu cyrraedd adref yn ddiogel, oherwydd bod tystiolaeth y gallai rhai o'i weithredoedd fod wedi eu rheoli yn wirfoddol. Felly, nid oedd amddiffyniad awtomatedd ar gael.

Er mwyn defnyddio'r amddiffyniad hwn yn llwyddiannus, rhaid darganfod yn gyntaf a yw'r drosedd dan sylw yn un o **fwriad penodol** neu **fwriad sylfaenol**. Os profir yr amddiffyniad, yna y mae'n amddiffyniad cyflawn a bydd y diffynnydd yn rhydd i fynd.

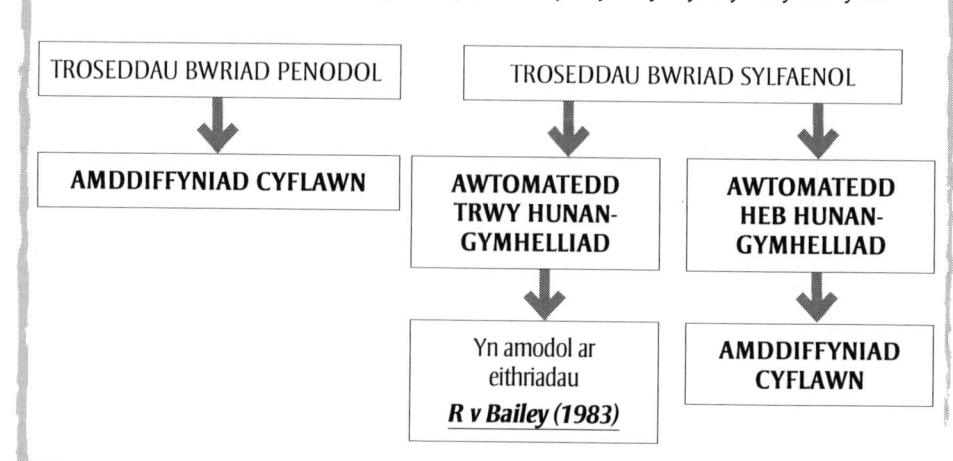

TROSEDDAU BWRIAD PENODOL	TROSEDDAU BWRIAD SYLFAENOL
↓	↓
AMDDIFFYNIAD CYFLAWN	AWTOMATEDD TRWY HUNAN-GYMHELLIAD / AWTOMATEDD HEB HUNAN-GYMHELLIAD
	↓ Yn amodol ar eithriadau **R v Bailey (1983)** / ↓ AMDDIFFYNIAD CYFLAWN

Amddiffyniadau Cyffredinol

Awtomatedd trwy hunan-gymhelliad

Mae'r rheolau ychydig yn wahanol lle mae person yn dod yn awtomaton ac yn gwybod hynny. Hynny yw, mae person yn gwybod bod ei weithredoedd yn debyg o achosi cyflwr awtomatig ac mae'n cyflawni trosedd **bwriad sylfaenol**. Bydd yr amddiffyniad wastad ar gael ar gyfer troseddau **bwriad penodol** oherwydd y byddai'n annheg euogfarnu diffynnydd nad yw'n meddu ar y *mens rea* angenrheidiol am drosedd.

Gosodwyd y rheolau i lawr yn ***R v Bailey (1983)*** ar gyfer awtomatedd trwy hunan-gymhelliad, lle caiff trosedd bwriad sylfaenol ei chyflawni. Amlinellodd yr achos hwn na all awtomatedd fod yn amddiffyniad, lle:

a) Y bu'r diffynnydd yn fyrbwyll wrth ddod yn awtomaton; neu

b) Yr achoswyd yr awtomatedd gan ddiod neu gyffuriau anghyfreithlon.

Fodd bynnag, gwnaeth y barnwr yn yr achos ddweud BOD MODD DEFNYDDIO amddiffyniad awtomatedd lle:

c) Nad yw'r diffynnydd yn gwybod bod ei weithredoedd yn debyg o arwain at gyflwr awtomatig. Y rheswm am hyn yw na ellir dweud bod y diffynnydd wedi bod yn fyrbwyll wrth ddod yn awtomaton.

ACHOS: *R v Hardie (1985)* – yr oedd y diffynnydd yn dioddef iselder oherwydd tor-perthynas, a chymerodd Valium a oedd wedi ei ragnodi i'w gyn-gariad. Anogodd hi ef i'w cymryd er mwyn ei dawelu, ond heb yn wybod iddo ef, yr oedd yr effaith yn hollol wahanol a gwnaeth osod cwpwrdd dillad ar dân. Caniataodd y barnwr amddiffyniad awtomatedd am na fu'n fyrbwyll wrth fynd i'r cyflwr hwnnw.

Meddwdod

Mae'r amddiffyniad hwn yn ymdrin â sefyllfaoedd lle cyflawnodd y diffynnydd drosedd pan ei fod o dan ddylanwad alcohol neu gyffuriau. Mae dau gwestiwn i'w gofyn er mwyn asesu a yw'r amddiffyniad yn gymwys:

A oedd y meddwdod yn **wirfoddol** neu yn **anwirfoddol**?

A oedd y drosedd yn un o **fwriad sylfaenol** neu **fwriad penodol**?

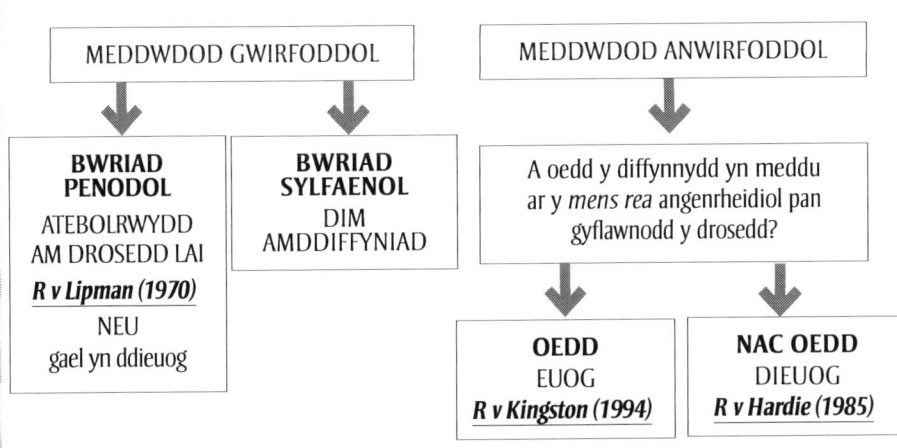

```
MEDDWDOD GWIRFODDOL
   ↓                    ↓
BWRIAD              BWRIAD
PENODOL             SYLFAENOL
ATEBOLRWYDD         DIM
AM DROSEDD LAI      AMDDIFFYNIAD
R v Lipman (1970)
NEU
gael yn ddieuog
```

```
MEDDWDOD ANWIRFODDOL
         ↓
A oedd y diffynnydd yn meddu
ar y mens rea angenrheidiol pan
gyflawnodd y drosedd?
    ↓                    ↓
  OEDD              NAC OEDD
  EUOG              DIEUOG
R v Kingston (1994)  R v Hardie (1985)
```

Termau allweddol

Meddwdod anwirfoddol = dyma lle mae'r diffynnydd yn meddwi yn ddiarwybod. Er enghraifft, mae rhywun wedi rhoi rhywbeth yn ei ddiod, neu mae'n dioddef sgil-effeithiau anhysbys cyffur a roddwyd ar bresgripsiwn. O dan yr amgylchiadau hyn, rhaid i'r llys ganfod a oedd y diffynnydd yn meddu ar y *mens rea* angenrheidiol ar gyfer y drosedd dan sylw.

Meddwdod gwirfoddol = dyma lle mae'r diffynnydd yn dymuno meddwi ac yn gwneud hynny gan wybod. Mae hyn yn cael ei weld fel ymddygiad byrbwyll a bydd yn effeithio ar ddefnydd y diffynnydd o'r amddiffyniad os yw'r drosedd a gyflawnwyd yn un o fwriad sylfaenol.

Achos allweddol

R v Bailey (1983) – yr oedd y diffynnydd yn ddiabetig nad oedd wedi bwyta digon ar ôl cymryd ei inswlin. Daeth yn ymosodol a tharo rhywun ar ei ben gyda bar haearn. Barnodd y llys nad oedd amddiffyniad awtomatedd ar gael oherwydd bod y diffynnydd yn fyrbwyll wrth ddod yn awtomaton.

⌅ Gwella gradd

Wrth drin meddwdod mewn cwestiwn problem, mae wastad yn syniad da nodi:

Y math o drosedd a gyflawnwyd yn y senario (bwriad sylfaenol neu fwriad penodol).

A oedd y meddwdod yn **wirfoddol** neu yn **anwirfoddol**.

33

Termau allweddol

Troseddau bwriad penodol = troseddau sydd angen bwriad fel eu *mens rea*; er enghraifft, llofruddiaeth. Lle bo meddwdod gwirfoddol yn cael ei ddefnyddio fel amddiffyniad i'r troseddau hyn, mae'n debyg y caiff y diffynnydd ei gyhuddo o'r drosedd lai sy'n cyfateb.

Troseddau bwriad sylfaenol = troseddau sydd angen unrhyw beth ac eithrio bwriad fel *mens rea*, er enghraifft, dynladdiad anwirfoddol, pob un o'r troseddau nad ydynt yn farwol yn erbyn person, ac eithrio **a. 18 Deddf Troseddau Corfforol 1861**.

Achos allweddol

R v Lipman (1970) – roedd y diffynnydd a'i gariad wedi cymryd LSD cyn cwympo i gysgu. O ganlyniad i rithweledigaethau a achoswyd gan y cyffur, tybiodd y diffynnydd ei fod yng nghanol y ddaear a bod nadroedd yn ymosod arno. Pan ddeffrodd, canfu ei gariad yn farw am ei fod wedi ei thagu ac wedi stwffio cynfas yn ei cheg, gan gredu ei bod hi'n un o'r nadroedd a oedd yn ymosod arno.

Meddwdod gwirfoddol a throseddau bwriad sylfaenol

Ar gyfer troseddau bwriad sylfaenol, nid yw amddiffyniad meddwdod gwirfoddol ar gael, oherwydd bod y llys yn cymryd yr ymagwedd bod meddwi ei hun yn ymddygiad byrbwyll, a bod hyn felly yn ddigon i ffurfio *mens rea* angenrheidiol unrhyw drosedd bwriad sylfaenol.

ACHOS: <u>DPP v Majewski (1977)</u> – roedd y diffynyddion wedi treulio dros 24 awr yn yfed alcohol ac yn cymryd cyffuriau, ac yna achosi difrod troseddol difrifol, ac ymosod ar heddwas. Dadleuwyd na allai Majewski, oherwydd ei gyflwr meddw, gofio cyflawni'r gweithredoedd troseddol. Barnodd y llys na allai ddibynnu ar yr amddiffyniad, oherwydd bod ei droseddau yn rhai bwriad sylfaenol.

Meddwdod gwirfoddol a throseddau bwriad penodol

Gyda'r rhan fwyaf o droseddau, mae trosedd lai sy'n cyfateb. Felly, lle bo diffynnydd yn defnyddio amddiffyniad meddwdod am drosedd bwriad penodol, ni fydd ganddo amddiffyniad cyflawn, ond caiff ei gyhuddo o'r drosedd lai, sef trosedd bwriad sylfaenol.

Er enghraifft:

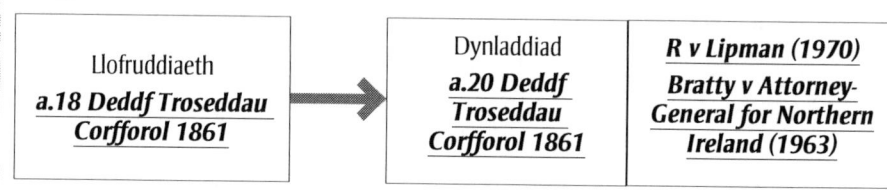

Llofruddiaeth a.18 Deddf Troseddau Corfforol 1861	→	Dynladdiad a.20 Deddf Troseddau Corfforol 1861	**R v Lipman (1970) Bratty v Attorney-General for Northern Ireland (1963)**

Lle nad oes unrhyw drosedd bwriad sylfaenol sy'n cyfateb, gall y diffynnydd ddibynnu ar feddwdod fel amddiffyniad cyflawn, gan y bydd y llys yn cymryd yr ymagwedd na allai'r diffynnydd fod wedi ffurfio'r *mens rea* cywir am y drosedd bwriad penodol, ac os nad oes dewis arall, does dim y gellir cael y diffynnydd yn euog ohono.

Yr achos arweiniol yma yw **DPP v Beard (1920)**, lle cyhuddwyd y diffynnydd o lofruddiaeth ac y cododd amddiffyniad meddwdod i gefnogi'r ffaith na allai ffurfio'r *mens rea* am y drosedd. Wrth ganiatáu'r amddiffyniad, ffurfiodd yr Arglwydd Birkenhead y safbwynt a gymerwyd ar gyfer troseddau bwriad penodol ers hynny:

'Os oedd mor feddw fel na allai ffurfio'r bwriad angenrheidiol, **ni** ellid ei gael yn euog o drosedd a gyflawnwyd os profwyd bwriad yn unig.'

Fodd bynnag, er y gall meddwdod fod yn amddiffyniad i drosedd bwriad penodol, yr hyn sy'n hollbwysig yw na fydd yr amddiffyniad ar gael iddo os oes modd profi bod gan y diffynnydd y bwriad angenrheidiol, er gwaethaf ei gyflwr meddw. Felly **mae bwriad meddw yn dal yn fwriad**. Cysyniad 'dewrder potel gwrw' yw'r enw ar hyn. Unwaith eto, dyma enghraifft o'r llysoedd yn cymhwyso canllawiau llym fel na all pobl ddefnyddio meddwdod fel esgus dros ymddygiad troseddol.

ACHOS: <u>Attorney-General for Northern Ireland v Gallagher (1963)</u> – prynodd y diffynnydd gyllell i ladd ei wraig, a photel o wisgi. Cyn cyflawni'r drosedd, yfodd y wisgi a defnyddio'r gyllell i'w thrywanu. Cadarnhawyd ei euogfarn am lofruddiaeth, oherwydd bod y llys yn fodlon bod y bwriad angenrheidiol am lofruddiaeth ganddo o hyd.

Amddiffyniadau Cyffredinol

Meddwdod anwirfoddol

Meddwdod anwirfoddol yw lle mae'r diffynnydd yn meddwi heb iddo ef wybod na bod ar fai. Yma, bydd yn amddiffyniad cyflawn cyhyd ag y profir nad oedd gan y diffynnydd y *mens rea* i gyflawni'r drosedd. Mae hyn yn wir beth bynnag yw'r drosedd, oherwydd os nad oes ganddo *mens rea*, yna ni all ffurfio'r bwriad i gyflawni trosedd bwriad penodol. Ni fu'n fyrbwyll wrth feddwi oherwydd iddo feddwi yn anwirfoddol, ac nid yw felly wedi ffurfio'r *mens rea* am drosedd bwriad sylfaenol.

Rhoi rhywbeth mewn diodydd:

ACHOS: *R v Kingston (1994)* – yr oedd gan y diffynnydd hanes o gael ei ddenu'n rhywiol at fechgyn ifanc. Rhoddodd rhywun a oedd am ei flacmelio gyffur yn ei goffi cyn dangos bachgen 15 oed yn cysgu iddo a'i wahodd i'w gam-drin. Tynnodd y blacmeliwr luniau ohono yn cyflawni ymosodiad anweddus. Cadarnhaodd Tŷ'r Arglwyddi'r euogfarn oherwydd y byddai'r diffynnydd wedi ffurfio'r *mens rea* angenrheidiol am y drosedd, er gwaethaf ei gyflwr meddw.

Sgil-effeithiau anhysbys cyffuriau presgripsiwn:

ACHOS: *R v Hardie (1985)* – cymerodd y diffynnydd Valium a ragnodwyd i'w gyngariad, er mwyn ei dawelu wedi i'r berthynas chwalu. Yna dechreuodd dân yn eu cartref. Derbyniodd y llys nad oedd hyn yn sgil-effaith arferol i gyffur tawelu, felly gallai Hardie ddefnyddio amddiffyniad meddwdod.

Ymestyn a herio

Mae'r llysoedd yn awyddus i sicrhau nad yw diffynyddion yn defnyddio meddwdod fel esgus am gyflawni trosedd. Fel polisi cyhoeddus mae hyn yn arbennig o bwysig, yn enwedig mewn achosion o drais yn y cartref. Ewch at wefan y Swyddfa Gartref ar **www.homeoffice.gov.uk**, ac ymchwilio i nifer y digwyddiadau treisgar a gyflawnwyd o dan ddylanwad diod a/neu gyffuriau.

Yn achos *R v Sheehan and Moore (1975)*, yr oedd y diffynyddion yn feddw pan osodon nhw drempyn (*a tramp*) ar dân trwy daflu petrol drosto. Roeddent yn rhy feddw i fod wedi ffurfio unrhyw fwriad i ladd nac i achosi niwed corfforol difrifol. Fodd bynnag, fe'u cafwyd yn euog er hynny o drosedd. O ba drosedd fe'u cafwyd yn euog a pham?

Hunanamddiffyniad

Yn ei hanfod, mae dau amddiffyniad yn dod o dan y pennawd hwn, un wedi ei seilio ar gyfraith gwlad a'r llall sydd â'i wreiddiau mewn statud.

CYFRAITH GWLAD lle bo person yn defnyddio trais i'w amddiffyn ei hun neu rywun arall

STATUD **a.3 Deddf Cyfraith Trosedd 1967** – lle bo rhywun yn defnyddio grym rhesymol i atal cyflawni trosedd neu i wneud arestiad cyfreithlon.

Rhoddwyd canllawiau pellach ar gyfer yr amddiffyniadau hyn o dan **a.76 Deddf Cyfiawnder Troseddol a Mewnfudo 2008**. Nid yw hyn yn newid y gyfraith, ond yn hytrach yn rhoi canllawiau ar elfennau'r amddiffyniad.

Yr un meini prawf sydd i'r ddau amddiffyniad a gellir eu defnyddio gyda'i gilydd. Er enghraifft, lle mae deiliad tŷ yn amddiffyn ei hun rhag rhywun sy'n torri i mewn, gall ddibynnu ar yr amddiffyniad cyfraith gwlad oherwydd ei fod yn amddiffyn ei hun. Gall ddibynnu ar yr amddiffyniad statudol hefyd oherwydd ei fod yn atal trosedd byrgleriaeth rhag cael ei chyflawni yn erbyn ei eiddo.

35

Ymestyn a herio

Denodd achos **R v Anthony Martin (2001)** sylw enfawr yn y cyfryngau am mai ffermwr oedd Mr Martin a garcharwyd am lofruddio rhywun a dorrodd i mewn i'w eiddo. Cododd hyn ddadlau mawr ynglŷn â pha mor bell y mae gan ddeiliad tŷ hawl i ddefnyddio grym rhesymol i amddiffyn ei gartref. Yn 2013, cyhoeddodd y *CPS* a Chymdeithas Prif Swyddogion yr Heddlu ddatganiad cyhoeddus ar y cyd, *Householders and the use of force against intruders* a nododd, 'Gall unrhyw un ddefnyddio grym rhesymol i amddiffyn ei hun'.

Ymchwiliwch i'r achosion canlynol, sydd hefyd yn rhai lle'r amddiffynnodd deiliaid tai eu heiddo:

- *Peter Flanagan (2011)*
- *Munir Hussain (2010)*
- *David Fullard (2009)*

Meddyliwch am saethu **Jean Charles de Menezes** yn 2005 – yma camgymerodd yr heddlu Menezes am hunan-fomiwr. Ni chafodd yr un heddwas ei erlyn am y drosedd hon am i'r llys dderbyn y ffeithiau fel y'u gwelwyd gan yr heddlu ar y pryd. Ydych chi'n cytuno â'r ymagwedd hon, neu a ddylai gwasanaethau cyhoeddus fel yr heddlu ddod o dan ganllawiau gwahanol?

Gwella gradd

Er gwaethaf achos **R v Anthony Martin (2001)**, rhwng 1990 a 2005, dygodd Gwasanaeth Erlyn y Goron 7 erlyniad yn unig yn erbyn deiliaid tai a oedd wedi amddiffyn eu heiddo yn erbyn byrgleriaid. Mae hyn yn awgrymu bod y gyfraith ar ochr y diffynnydd sy'n defnyddio grym rhesymol.

Angenrheidiol – Golyga hyn y gall diffynnydd ddefnyddio'r amddiffyniad os oedd ei weithredoedd yn angenrheidiol o dan yr amgylchiadau yn unig. Hynny yw, gall ei ddefnyddio os oes bygythiad o niwed iddo ef neu i rywun arall, neu os yw'n angenrheidiol i atal trosedd rhag cael ei chyflawni.

A oedd gan y diffynnydd gyfle i gilio'n ôl (*retreat*) o'r bygythiad?	Daeth hyn yn llai perthnasol erbyn hyn ers achos **R v McInnes (1971)**, lle'r awgrymodd y llys os cafodd y diffynnydd gyfle i gilio'n ôl o'r bygythiad, y gall hyn fod yn dystiolaeth i'r rheithgor nad oedd y grym yn angenrheidiol nac yn wir yn rhesymol.
A oedd y bygythiad ar fin digwydd?	Mae hyn yn golygu bod yn rhaid i'r bygythiad fod yn ddi-oed. Does dim rhaid i'r diffynnydd aros i gael ei daro yn gyntaf, ond rhaid bod elfen o frys a'i fod yn anorfod. **ACHOS: *Attorney-General's Reference (No. 2 of 1983)*** – cafwyd terfysg eithafol mewn ardal arbennig a gwnaeth siopwr yno fomiau petrol a'u storio yn barod i amddiffyn ei eiddo petai'r angen yn codi. Barnodd y llys fod y bygythiad yn ddigon agos i gyfiawnhau'r amddiffyniad. **ACHOS: *Malnik v DPP (1989)*** – yn yr achos hwn, barnodd y llys nad oedd cario arf i dŷ person sydd â hanes treisgar yn fygythiad a oedd ar fin digwydd gan i'r diffynnydd ei roi ei hun yn y sefyllfa i rywun ymosod arno.
Os gwnaed camgymeriad ynghylch maint y bygythiad, bydd y llys yn ystyried yr hyn oedd y bygythiad **ym meddwl y diffynnydd ar y pryd**.	Cadarnhaodd **a.76(4) Deddf Cyfiawnder Troseddol a Mewnfudo 2008** y sefyllfa, gan awgrymu bod yn rhaid i'r graddau y mae'r diffynnydd yn credu bod y bygythiad yn bodoli fod yn **rhesymol**. **ACHOS: *R v Williams (Gladstone) (1987)*** – os bydd y diffynnydd yn gwneud camgymeriad ac yn credu ei fod yn dioddef ymosodiad pan nad ydyw, caiff ei farnu ar y ffeithiau fel y'u gwelwyd ganddo ar y pryd, cyhyd â bod y camgymeriad yn un dilys a rhesymol o dan yr amgylchiadau.

Rhesymol – Mae beth yw grym rhesymol yn fater i'r rheithgor benderfynu arno; rhaid cadw cydbwysedd rhwng y grym a ddefnyddiwyd a'r bygythiad a oedd yn cael ei atal.

A oedd y grym a ddefnyddiwyd yn rhesymol?	Gweler achos **R v McInnes (1971)** o dan 'Angenrheidiol' uchod, o ran defnyddio grym rhesymol. Mae **a.76(6) Deddf Cyfiawnder Troseddol a Mewnfudo 2008** yn awgrymu bod yn rhaid i'r grym rhesymol fod yn gymesur â'r bygythiad. **ACHOS: *Cross v Kirkby (2000)*** – yma, barnodd y llys y gallai 'rhesymol' gynnwys cymaint â 25% yn fwy o rym yn cael ei ddefnyddio nag oedd yn angenrheidiol. Yn yr achos, yr oedd ffermwr yn amddiffyn ei dir yn ystod gwrthdystiad yn erbyn hela. Tarodd un o'r protestwyr y ffermwr yn ei fraich gyda bat pêl-fas, a tharodd y ffermwr yn ôl, gan gracio penglog y protestiwr, ac achosi niwed parhaol. Mae'r llys yn eithaf trugarog o ran derbyn y ffaith bod y diffynnydd yn gweithredu yng ngwres y funud, ac yn caniatáu felly am y ffaith na all fesur yn fanwl gywir. Felly, yn **Attorney-General for Northern Ireland's Reference (No. 1 of 1975) (1977)**, barnodd y llys fod yn rhaid ystyried y cyfnod amser cyfyngedig sydd gan y diffynnydd i ystyried y bygythiad ac ymateb.

Amddiffyniadau Cyffredinol

Os gwnaed camgymeriad am raddfa'r grym oedd ei angen mewn sefyllfa, bydd y llys yn edrych yn wrthrychol, sef a ddefnyddiodd rym rhesymol **mewn gwirionedd**, nid a oedd yn **credu** iddo ddefnyddio grym rhesymol.	Yn ôl *a.76(3) Deddf Cyfiawnder Troseddol a Mewnfudo 2008* mae'n rhaid iddo fod yn brawf gwrthrychol, ac ni ellir ystyried camgymeriad y diffynnydd. Yma, rhaid i ni edrych eto ar achos ***R v Anthony Martin (2001)***, lle y gwnaeth y diffynnydd gamgymeriad am faint o rym yr oedd ganddo hawl i'w ddefnyddio i amddiffyn ei eiddo. Saethodd y tresmaswr deirgwaith, gan gynnwys un ergyd yn ei gefn. Roedd saethu'r tresmaswr yn y cefn yn awgrymu nad oedd y bygythiad ar fin digwydd bellach oherwydd bod y tresmaswr yn cerdded ymaith. Oherwydd hyn, fe'i cafwyd yn euog o lofruddiaeth, er i hyn gael ei ostwng yn nes ymlaen i ddynladdiad am nad oedd yn llawn gyfrifol.

Achos allweddol

R v Williams (Gladstone) (1987) – Roedd dyn yn dyst i ddyn ifanc yn dwyn oddi ar fenyw yn y stryd. Cydiodd y dyn yn y llanc a bu cwffas (*scuffle*). Roedd y diffynnydd, na fu'n dyst i'r lladrad, yn pasio heibio a meddwl yn ei ddiniweidrwydd bod y dyn yn ymosod ar y llanc. 'Amddiffynnodd' y llanc trwy roi dyrnod i'r dyn, ac fe'i cyhuddwyd o drosedd o dan *a.47 Deddf Troseddau Corfforol 1861*. Derbyniodd y llys yr amddiffyniad oherwydd eu bod yn credu bod y diffynnydd yn ymateb i'r ffeithiau fel yr oedd wedi'u dehongli ar y pryd.

Gorfodaeth

Dyma lle gorfodir person i gyflawni trosedd am ei fod o dan fygythiad o farwolaeth neu anaf personol gan rywun arall. Hon yw'r sefyllfa 'gwna hyn neu...', a gellir ei hachosi trwy fygythiad uniongyrchol neu amgylchiadau. Mae'n aml yn codi mewn sefyllfaoedd gyda gangiau neu asiantaethau troseddau cyfundrefnol (*organised crime*).

Termau allweddol

Gorfodaeth amgylchiadau = dyma lle mae rhywun yn cael ei orfodi i gyflawni trosedd am fod amgylchiadau yn mynnu bod angen cyflawni'r drosedd.

Gorfodaeth trwy fygythiadau = dyma lle mae rhywun yn cael ei orfodi i gyflawni trosedd o dan fygythiad uniongyrchol o farwolaeth neu anaf personol.

Gorfodaeth trwy fygythiadau

Rhaid pasio prawf dwy ran er mwyn dibynnu ar yr amddiffyniad hwn, ac mae'r prawf yn ceisio ymdrin â'r cydbwysedd rhwng difrifoldeb y bygythiad a difrifoldeb yr ymddygiad troseddol a ddeilliodd o hynny.

Rhoddodd ***R v Graham (1982)*** y prawf dwy ran ar waith, ond gosodwyd cyfyngiadau gan achos mwy diweddar ***R v Hasan (2005)***.

Rhan 1 – Prawf Goddrychol

A orfodwyd y diffynnydd i weithredu fel y gwnaeth am ei fod yn ofni y byddai marwolaeth neu anaf personol yn deillio fel arall i'r diffynnydd ei hun neu i rywun arall y tybiai'r diffynnydd ei fod yn gyfrifol amdano yn rhesymol?

A yw'r bygythiadau yn ddigon difrifol?	Dim ond bygythiadau o farwolaeth neu anaf personol a welir fel rhai digon difrifol i fod yn orfodaeth. **ACHOS**: ***R v Valderrama-Vega (1985)*** – yn yr achos hwn cymerodd y diffynnydd ran mewn mewnforio cyffuriau yn anghyfreithlon o Golumbia. Dywedodd ei fod yn gweithredu fel rhan o grŵp tebyg i'r Maffia, a oedd wedi bygwth ei ladd a datgelu ei fod yn gyfunrywiol pe na bai'n cymryd rhan yn y drosedd. **ACHOS**: ***R v Hasan (2005)*** – cadarnhaodd y llys y safbwynt bod yn rhaid cael bygythiad o farwolaeth neu anaf personol difrifol.

U2 Y Gyfraith: Cyfraith Trosedd a Chyfiawnder – Canllaw Astudio ac Adolygu

> **Achos allweddol**
>
> **R v Graham (1982)** – yr oedd y diffynnydd yn ddyn cyfunrywiol a oedd yn byw gyda'i wraig a'i gariad, King, a oedd â thueddiadau treisgar. O dan fygythiad gan King, tagodd y diffynnydd ei wraig gyda fflecs trydanol. Methodd amddiffyniad gorfodaeth oherwydd nad oedd y llys yn credu bod unrhyw fygythiad yn bodoli.
>
> **R v Hasan (2005)** – yma yr oedd gan y diffynnydd gysylltiadau â gwerthwr cyffuriau. Dywedodd y gwerthwr wrth y diffynnydd am fwrglera tŷ a dwyn arian. Os na fyddai'n ufuddhau, dywedodd y gwerthwr wrth y diffynnydd y byddai ei deulu yn cael ei niweidio. Ni allai ddibynnu ar yr amddiffyniad oherwydd iddo gysylltu ei hun yn wirfoddol â'r 'gangiau' troseddol hyn.

A oes modd osgoi'r bygythiadau?	Mae'r rhan hon o'r prawf yn caniatáu i'r diffynnydd fod wedi dianc neu sôn wrth yr heddlu am y bygythiad. Mewn geiriau eraill, bydd yr amddiffyniad yn llwyddo lle mae'r bygythiad yn anochel ac ar fin digwydd yn unig. Cadarnhawyd hyn yn **R v Hasan (2005)**. Dangosodd yr achos hwn gymhwyso'r prawf yn ddifrifol ac yn llym, yn groes i achosion blaenorol lle dehonglwyd 'yn ddi-oed' ac 'ar fin digwydd' fel y bygythiad i dyst mewn llys lle'r eisteddai aelod o'r gang yn yr oriel gyhoeddus.
Nid yw'r amddiffyniad ar gael i'r sawl sydd wedi dod o dan orfodaeth yn wirfoddol.	Unwaith eto, rhoddodd **R v Hasan (2005)** ganllaw a mynnu nad yw amddiffyniad gorfodaeth ar gael lle: *'o ganlyniad i ymwneud gwirfoddol y cyhuddedig ag eraill sy'n ymwneud â gweithgaredd troseddol, y rhagwelodd neu y dylai yn rhesymol fod wedi rhagweld y perygl o fod yn destun unrhyw orfodaeth trwy fygythiadau o drais'.*

Rhan 2 – Prawf gwrthrychol

A fyddai person sobr o gadernid rhesymol, yn rhannu nodweddion y diffynnydd, wedi ymateb i'r sefyllfa honno trwy ymddwyn fel y gwnaeth y diffynnydd?

Gellir ystyried nodweddion personol lle maent yn berthnasol i ddehongliad y diffynnydd o'r bygythiad yn unig.	Dywedodd achos arweiniol **R v Bowen (1996)** pryd y gellid ystyried nodweddion personol wrth benderfynu ar weithredoedd y dyn rhesymol. Oedran a rhyw – **R v Bowen (1996)** Beichiogrwydd Anabledd corfforol difrifol Salwch meddwl cydnabyddedig – **R v Anthony Martin (2001)**

Ymestyn a herio

O ran y prawf goddrychol, sef bod yn rhaid i'r bygythiadau i'r diffynnydd fod yn anorfod, ymchwiliwch i'r achosion canlynol a thrafod a oedd y llysoedd yn tybio 'nad oedd modd osgoi' y bygythiad:

R v Hudson and Taylor (1971)

R v Abdul-Hussain (1999)

Ydych chi'n meddwl y byddai'r achosion hyn wedi eu penderfynu yn wahanol wedi *Hasan*?

Gorfodaeth amgylchiadau

Mae'r rheolau ar gyfer gorfodaeth amgylchiadau yn debyg i rai gorfodaeth trwy fygythiadau. Fodd bynnag, yn achos gorfodaeth amgylchiadau bydd marwolaeth neu anaf personol yn deillio oni chyflawnir y drosedd, yn hytrach na phwysau yn cael eu rhoi ar y diffynnydd gan rywun arall (fel yn achos gorfodaeth trwy fygythiadau). Mae'r rhan fwyaf o achosion yn y categori hwn yn gysylltiedig â throseddau traffig y ffyrdd, lle gorfodir rhywun i yrru mewn modd anghyfreithlon oherwydd yr amgylchiadau.

Mae'r prawf yr un fath ag un gorfodaeth trwy fygythiadau, i'r graddau bod yn rhaid pasio prawf gwrthrychol a goddrychol.

ACHOS: R v Willer (1986) – yma, cyhuddwyd y diffynnydd o yrru'n fyrbwyll, ond honnodd ei fod wedi ei orfodi i yrru felly am fod gang o ryw 30 o bobl yn ei ymlid. Pan amgylchynodd y gang y car, fe'i gorfodwyd i yrru ar y palmant mewn ardal i gerddwyr. Roedd yn amlwg bod Willer yn cael ei fygwth, doedd dim posibilrwydd y gallai osgoi'r bygythiad a byddai unrhyw un yn ei sefyllfa wedi ymateb yn yr un modd.

ACHOS: R v Conway (1989) – Roedd Conway mewn car gyda theithiwr a oedd wedi cael ei ymlid yn gynharach pan oedd yn teithio mewn car lle saethwyd rhywun. Ar yr achlysur hwn, yr oedd dau ddyn mewn car arall yn dod atynt, ac yn ddiarwybod i'r diffynnydd a'i deithiwr, heddweisiom yn eu dillad eu hunain oeddent. Gan ofni eu bod yn mynd i ymosod ar y car, gyrrodd y diffynnydd ymaith mewn dull byrbwyll. Unwaith eto, caniatawyd amddiffyniad gorfodaeth amgylchiadau, oherwydd o safbwynt gwrthrychol, gweithredodd y diffynnydd yn rhesymol i osgoi bygythiad marwolaeth neu anaf personol difrifol.

Nid troseddau traffig y ffyrdd yn unig a nodwyd fel rhai gorfodaeth amgylchiadau; yn wir, ac eithrio am lofruddiaeth, mae'r amddiffyniad ar gael ar draws holl gyfraith trosedd.

Cydsyniad

Dyma lle mae'r dioddefwr wedi cydsynio i gael ei anafu gan y diffynnydd. Mae'n amddiffyniad cyfraith gwlad, ac mae llawer o gyfraith achosion cyferbyniol yn y maes hwn. Mae bodolaeth yr amddiffyniad hwn yn cydnabod ein bod yn rhydd i reoli ein bywydau yn annibynnol ym mha ffordd bynnag y gwelwn ni sy'n addas.

Ar y cyfan, gall cydsyniad gael ei ddefnyddio am fân anafiadau yn unig: ymosod a churo yn bennaf. Fodd bynnag, ceir eithriadau y byddwn yn edrych arnynt yn nes ymlaen, lle gellir defnyddio cydsyniad fel amddiffyniad lle gwneir niwed mwy difrifol. Er mwyn i gydsyniad lwyddo, rhaid cael **cydsyniad ar sail gwybodaeth** a rhaid i'r cydsyniad hwnnw ar sail gwybodaeth ymdrin â **natur a graddfa'r niwed** a achoswyd i'r dioddefwr. Ar gyfer niwed mwy difrifol, rhaid i'r gweithgaredd ddod o dan yr eithriadau polisi cyhoeddus a dderbyniwyd. Rhaid cadw cydbwysedd rhwng defnyddioldeb cymdeithasol y gweithgarwch a lefel y niwed a achoswyd.

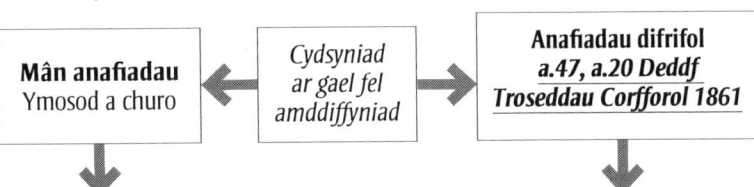

```
              ┌──────────────────┐
              │   Cydsyniad      │
              │ ar gael fel      │
              │ amddiffyniad     │
              └──────────────────┘
               ↙              ↘
┌─────────────────┐      ┌──────────────────────┐
│  Mân anafiadau  │      │ Anafiadau difrifol   │
│ Ymosod a churo  │      │ a.47, a.20 Deddf     │
│                 │      │ Troseddau Corfforol  │
│                 │      │ 1861                 │
└─────────────────┘      └──────────────────────┘
```

Cydsyniad ar sail gwybodaeth

Rhaid i chi fod yn ymwybodol o beth yr ydych yn cydsynio iddo, a rhaid i'r dioddefwr fod yn llawn ymwybodol o'r holl ffeithiau er mwyn gwneud penderfyniad ar sail gwybodaeth.

ACHOS: _R v Dica (2004)_ – yma, yr oedd y diffynnydd yn gwybod ei fod yn HIV positif, ond parhaodd i gael cyfathrach rywiol ddiamddiffyn. Honnodd fod ei bartneriaid rhywiol wedi cydsynio'n ymhlyg i'r rhyw ddiamddiffyn a thrwy hynny'r perygl o heintiad HIV. Gwrthododd y llys hyn, a barnu nad oedd cydsynio i gyfathrach rywiol yn cydsynio i unrhyw anaf na heintiad.

Nid oes modd cael cydsyniad trwy dwyll fel y barnwyd yn achos **_R v Tabassum (2000)_** lle'r archwiliodd meddyg drygionus fronnau menywod, ac fe'i cafwyd yn euog o ymosod anweddus.

Natur a graddfa'r niwed

Mae hyn yn golygu y bydd y llysoedd yn edrych ar natur a graddfa'r niwed y cydsyniodd y diffynnydd iddo. Y rheol gyffredinol yw mai bychan iawn fel arfer yw graddfa'r niwed a dderbynnir, onid yw'r gweithgaredd yn un sy'n dod o dan yr eithriadau polisi cyhoeddus.

ACHOS: _R v Brown (1993)_ – cymerodd grŵp o ddynion cyfunrywiol sadofasocistaidd ran mewn gweithgaredd rhywiol cydsyniol megis chwipio, brandio, defnyddio danadl poethion a rhoi pethau miniog yn yr organau rhywiol. Digwyddodd hyn yn breifat gyda'r holl unigolion yn cydsynio. Fodd bynnag, gwelodd yr heddlu fideo o'r digwyddiad trwy ddamwain, a chyhuddwyd y dynion o droseddau nad ydynt yn farwol o dan **a.47, a.20 Deddf Troseddau Corfforol 1861**. Cadarnhawyd yr euogfarn hon er gwaethaf y dystiolaeth o gydsyniad a diffyg niwed parhaol i'r sawl a gymerodd ran.

Rhaid i'r gweithgaredd fod yn un polisi cyhoeddus neu ddefnyddioldeb cymdeithasol:

- Chwaraeon
- Chwarae gwirion a garw
- Tatŵio
- Cyfathrach rywiol heb fod yn dreisgar
- Llawfeddygaeth
- Tyllu clustiau
- Enwaedu dynion

Ymestyn a herio

Mae cysyniad cydsyniad ar sail gwybodaeth yn bwysig iawn ac os cafwyd y cydsyniad trwy dwyll, yna nid yw'n gydsyniad ar sail gwybodaeth. Nodir isod achosion lle cafwyd cydsyniad yn dwyllodrus:

R v Olugboja (1981) – cydsyniad yn cael ei roi trwy ofn

R v Williams (1923) – cydsyniad yn cael ei roi trwy dric

Burrell v Harmer (1967) – cydsyniad gan blentyn

R v Richardson (1999) – tynnu deintydd oddi ar y rhestr

R v Tabassum (2000) – meddyg drygionus

Gan nad yw amddiffyniad cydsyniad yn cydnabod y gellir cydsynio i niwed difrifol, ymchwiliwch i gysyniad ewthanasia a'i effaith ar gyfraith cydsyniad. Mae achosion megis **Airedale National Health Service Trust v Bland (1993)** a **Pretty v UK (2002)** wedi gwneud llawer i agor y ddadl am hawl person i gydsynio i farw. Gan nad yw hunanladdiad bellach yn drosedd, ydych chi'n meddwl bod y gyfraith yn gwahaniaethu yn erbyn rhywun sy'n gorfforol analluog i gymryd ei fywyd ei hun lle maent yn cydsynio i rywun arall roi diwedd ar ei fywyd?

O edrych ymhellach ar achosion megis **Pretty v UK (2002)** ac **R v Brown (1993)**, beth yw'r goblygiadau hawliau dynol, os oes rhai, o erlyn y bobl hyn yng nghyswllt **Erthygl 8 Y Confensiwn Ewropeaidd ar Hawliau Dynol** (ECHR: European Convention on Human Rights) ac **Erthygl 2 yr ECHR**?

Termau allweddol

'yn gymwys yn ôl Gillick' = y cyfnod pryd y gall plant wneud penderfyniadau drostynt eu hunain am eu lles eu hunain. Nid oes oed ar gyfer cyrraedd y pwynt hwn; rhaid i'r llys fod yn fodlon bod y plentyn penodol yn deall canlyniadau a goblygiadau'r penderfyniad.

Ymestyn a herio

Ymchwiliwch i'r achosion canlynol, sydd oll yn ymwneud ag un o'r eithriadau polisi cyhoeddus o ran cydsyniad:

R v Donovan (1934) – gweithgaredd rhywiol

R v Boyea (1992) – gweithgaredd rhywiol

R v Aitken and others (1992) – chwarae gwirion

R v Lloyd (1989) – chwaraeon (rygbi)

Gwella gradd

Mae'n gwestiwn cyffredin mewn arholiadau i ofyn am werthusiad o gyfraith cydsyniad, ac a yw'r amddiffyniad yn bod mewn gwirionedd yng nghyfraith Cymru a Lloegr.

Eithriadau polisi cyhoeddus

Fel y soniwyd eisoes, mae achlysuron lle gall diffynnydd gydsynio i anaf difrifol – rhaid i hyn fod yn fater defnyddioldeb cymdeithasol. Er enghraifft, yn achos *R v Leach (1969)*, trefnodd y dioddefwr gael ei groeshoelio a'i hoelio i groes bren. Cafwyd y diffynyddion yn atebol o dan **a.18 Deddf Troseddau Corfforol 1861** ac ni chaniatawyd iddynt ddibynnu ar gydsyniad y dioddefwr oherwydd nad oedd y gweithgaredd yn un a fyddai'n cael ei weld fel un llesol yn gymdeithasol.

Dyma rai gweithgareddau y gellid eu hystyried fel rhai llesol yn gymdeithasol:

Chwaraeon

Mae modd defnyddio cydsyniad fel amddiffyniad yn ystod chwaraeon neu gemau ar yr amod bod y chwaraewyr yn gweithredu o fewn rheolau'r gamp. Yn ôl y gyfraith dim ond y grym a fynnir gan y gamp fel arfer a ganiateir. Er enghraifft, mewn pêl-droed, byddai hawl i gicio chwaraewr arall oddi ar y bêl.

ACHOS: *R v Barnes (2004)* – yma, anafodd y diffynnydd goes chwaraewr arall yn ystod gêm. Er mai tacl hwyr ydoedd, yn ddiangen, yn uchel ac yn groes i reolau'r gamp, caniatawyd amddiffyniad cydsyniad. Cyflawnwyd ffowl a allai olygu anfon chwaraewr o'r cae, ond nad oedd hynny yn gyfiawnhad digonol i eithrio amddiffyniad cydsyniad yn ôl y barnwr. Rhaid i'r ymddygiad fynd y tu hwnt i'r hyn a ddisgwylir yn ystod hynt arferol gêm er mwyn i'r amddiffyniad gael ei eithrio.

Gellir gwrthgyferbynnu'r achos hwn ag:

ACHOS: *R v Moss (2000)* – yn yr achos hwn, cafwyd y diffynnydd yn euog oherwydd iddo daro gwrthwynebydd yn ei wyneb yn ystod gêm rygbi, a arweiniodd at dorri soced ei lygad. Fe'i cafwyd yn euog o drosedd o dan **a.20 Deddf Troseddau Corfforol 1861**.

Llawfeddygaeth gyfreithlon

Mae cydsyniad yn amddiffyniad i lawfeddygaeth gyfreithlon gan fod angen y llawdriniaeth er lles y claf. Mae hyn yn wir hefyd am driniaethau defodol, megis enwaedu at ddibenion crefyddol, fel y gwelir yn achos *Re J (Prohibited steps order: circumcision) (1999)*.

Ers achos *Gillick v West Norfolk Area Health Authority (1986)*, gall rhieni gydsynio ar ran eu plant nes y byddant **'yn gymwys yn ôl Gillick'** i wneud y penderfyniad eu hunain.

Tatŵio a thyllu'r corff

Mae statud yn gwneud darpariaeth i bobl dros 18 oed gydsynio i hyn, er mai newid gweddol ddiweddar yn y gyfraith yw hyn.

ACHOS: *Burrell v Harmer (1967)* – achosodd y diffynnydd wir niwed corfforol i'r dioddefwyr trwy eu tatŵio a hwythau yn 12 a 13 oed. Cafwyd y diffynnydd yn euog am nad oedd y dioddefwyr yn sylweddoli natur y weithred yr oeddent yn cydsynio iddi. Wedi **Gillick**, byddid wedi dweud nad oeddent **'yn gymwys yn ôl Gillick'**.

ACHOS: *R v Wilson (1996)* – achos oedd hwn lle'r oedd Wilson, ar gais a gyda chydsyniad ei wraig, wedi brandio ei phriflythrennau ar ei phen-ôl. Fe'i cyhuddwyd o drosedd o dan **a.47 Deddf Troseddau Corfforol 1861**, ond caniatawyd ei apêl, gyda'r Llys Apêl yn cadarnhau bod ymddygiad cydsyniol, anymosodol o'r fath yn dod o dan faes tatŵio a thrwy hynny yn eithriad cydnabyddedig i'r rheol a ddatganwyd yn *R v Brown (1993)*.

Cyfathrach rywiol heb fod yn dreisgar

Mae'r gyfraith yn caniatáu gweithgaredd rhywiol egnïol os nad oedd bwriad i achosi anaf, a bod y gweithgaredd yn gydsyniol.

ACHOS: *R v Slingsby (1995)* – bu farw'r dioddefwr o wenwyn gwaed pan roddodd y diffynnydd ei law ynddi gan achosi clwyfau mewnol gan fodrwy yr oedd yn ei gwisgo. Nid oedd hi'n sylweddoli difrifoldeb ei hanafiadau a bu farw pan aeth y clwyfau'n septig.

Mae'r llys wedi gwahaniaethu rhwng anafiadau a achosir gan weithgaredd rhywiol sy'n fwriadol (*R v Brown (1993)*) a'r hyn sy'n fyrbwyll yn unig (*R v Slingsby (1995)*) wrth benderfynu a fydd amddiffyniad cydsyniad ar gael.

Chwarae gwirion a garw

Mae hwn yn fater dadleuol oherwydd bod y gyfraith yn caniatáu amddiffyniad cydsyniad i chwarae gwirion a garw, ond gall rhai weld hyn fel bwlio, er ei bod yn ymddangos bod y llysoedd wedi mynnu diffyg bwriad i achosi anaf.

ACHOS: *R v Jones (1987)* – cafodd un o'r ddau ddioddefwr anafiadau difrifol pan dorrwyd ei ddueg (*spleen*) wrth iddo gael 'bympiau pen-blwydd' pan daflodd y diffynnydd ac eraill ef yn yr awyr. Doedd dim bwriad i achosi'r niwed, felly gallai'r bechgyn ysgol ddibynnu ar amddiffyniad cydsyniad.

Gwerthuso amddiffyniadau

Gwallgofrwydd/Awtomatedd

- **Diffiniad** – Daw diffiniad gwallgofrwydd o achos hen iawn *M'Naghten (1843)*, yn hytrach na salwch meddygol cydnabyddedig. Mae gwarth cymdeithasol enfawr ynghlwm wrth hyn a bydd pobl yn cael eu labelu yn 'wallgof' pan fyddant yn cerdded yn eu cwsg neu yn dioddef o glefydau y mae modd eu rheoli â meddyginiaeth fel epilepsi neu ddiabetes.
- **Dedfrydu** – Mae gan y llys warediadau (*disposals*) y gall eu gwneud wrth ddedfrydu, sy'n cynnwys anfon rhywun i sefydliad meddwl. Mae hyn yn ymddangos braidd yn galed i rywun nad yw'n wallgof yn feddygol neu hyd yn oed i bobl sy'n dioddef o glefyd meddygol cydnabyddedig.
- **Cymhwyso absŵrd** – Cafwyd achosion lle mae'r diffiniad wedi ei gymhwyso yn absŵrd – er enghraifft, yn achosion gwrthgyferbyniol *R v Quick (1973)* ac *R v Hennessy (1989)*. Mae'n ymddangos bod amddiffyniad gwallgofrwydd yn gymwys mewn achosion pobl â diabetes pan NA CHYMERODD y diffynnydd ei inswlin, ond nad yw ar gael lle mae WEDI cymryd ei inswlin.
- **Cymhwyso cul** (*narrow application*) – Gall diffiniad gwallgofrwydd fod braidd yn gul. Mae rhai diffynyddion sydd mewn gwirionedd wedi eu pennu yn wallgof yn feddygol heb ddod o fewn y diffiniad cyfreithiol ac felly nid yw'r amddiffyniad ar gael. Digwyddodd hyn yn *R v G and J (2008)* lle'r erlynwyd y diffynnydd am droseddau terfysgaeth. Dangosodd tystiolaeth feddygol ei fod yn seicotig ac yn ymateb i leisiau yn ei ben. Barnodd Tŷ'r Arglwyddi nad oedd yn wallgof yn 'gyfreithiol' ac na allai felly ddibynnu ar yr amddiffyniad. Roedd hyn yn wir hefyd yn achos *R v Byrne (1960)*.

Gwella gradd

Mae'n gwestiwn cyffredin mewn arholiadau, yn enwedig ar LA4, cael cais i werthuso un neu fwy o amddiffyniadau. Mae'n bwysig wrth ateb y cwestiynau hyn eich bod yn gallu rhoi rhywfaint o werthusiad ynghylch beirniadaethau o'r amddiffyniad, yn ogystal â gallu disgrifio'r amddiffyniad ac a yw ar gael neu beidio.

U2 Y Gyfraith: Cyfraith Trosedd a Chyfiawnder – Canllaw Astudio ac Adolygu

▲ Gwella gradd

Dylech chi ddangos gwybodaeth am ddiwygiadau lle bo angen. O ran gwallgofrwydd, cafwyd rhai cynigion:

- Argymhellodd Pwyllgor Butler amddiffyniad newydd a fyddai'n cael y diffynnydd 'yn ddieuog ar dystiolaeth o anhwylder meddwl', sy'n osgoi'r label 'gwallgof' sy'n dwyn gwarth cymdeithasol.
- Dileu'r rheolau a osodwyd allan yn **M'Naghten**, neu o leiaf eu diwygio fel eu bod yn cyd-fynd â'r canllawiau meddygol cyfredol.
- Trin clefydau y gellir eu rheoli â chyffuriau; hynny yw, diabetes ac epilepsi, o dan amddiffyniad awtomatedd.

▲ Gwella gradd

Dylech chi ddangos eich bod yn gwybod am ddiwygiadau lle bo angen. O ran meddwdod, cafwyd rhai cynigion:

- Argymhellodd Comisiwn y Gyfraith yn 1993 amddiffyniad newydd o 'feddwdod peryglus', gyda'r ddedfryd uchaf o flwyddyn o garchar am y drosedd gyntaf. Mae hyn yn dileu'r angen am ddefnyddio troseddau llai a'r angen am wahaniaethu rhwng troseddau bwriad penodol a sylfaenol.
- Awgrymwyd hefyd y dylid creu rheithfarn arbennig, lle byddid yn cael diffynnydd yn euog ac yn agored i'r gosb arferol am y drosedd honno, ond byddai'r barnwr yn ystyried meddwdod wrth ddedfrydu.

- **Baich y prawf** – Wrth godi amddiffyniad gwallgofrwydd, mae baich y prawf ar y diffynnydd i brofi ei fod yn wallgof. Mae goblygiadau yma bod hyn yn torri **Erthygl 6 yr ECHR** sy'n gwarantu'r hawl i dreial teg, ac y mae hefyd yn groes i'r egwyddor sylfaenol bod pawb yn ddieuog nes y caiff ei brofi'n euog.
- **Gwarth cymdeithasol** – Mae dadl hefyd bod y gair 'gwallgof' yn awgrymu rhywun sy'n beryglus i'r cyhoedd. Does dim byd peryglus am bobl ddiabetig neu epileptig y gellir rheoli eu salwch â meddyginiaeth ac sydd bron yn ddieithriad yn byw bywydau cyffredin iawn.
- **Cynnydd mewn pledio'n euog** – Er nad yw'n feirniadaeth uniongyrchol, cafwyd bod mwy o ddiffynyddion yn pledio'n euog i drosedd oherwydd bod yn well ganddynt garchar am oes na chael eu hanfon i sefydliad meddwl, sef y canlyniad petaent yn pledio gwallgofrwydd.
- **Cyfyng-gyngor moesol** – Yn dilyn **R v Windle (1952)**, mae'n ymddangos y gall rhywun ddefnyddio amddiffyniad gwallgofrwydd petai'n gwybod bod ei weithred yn **gyfreithiol** anghywir, ond nad oedd yn gwybod ei bod yn **foesol** anghywir.

Meddwdod

- ***Mens rea* byrbwylltra?** – Mae'n rheol sylfaenol cyfraith trosedd bod yn rhaid i *actus reus* a *mens rea* trosedd gyd-ddigwydd – hynny yw, digwydd ar yr un pryd. Fodd bynnag, awgrymodd y penderfyniad yn **DPP v Majewski (1977)** fod meddwi yn ymddygiad byrbwyll ac yn ddigon i fodloni *mens rea* trosedd bwriad sylfaenol. Mae hyn yn groes i'r rheol sylfaenol honno, oherwydd bod diffynnydd yn aml yn meddwi oriau cyn cyflawni *actus reus* trosedd. Golyga hyn fod y diffynnydd wedi cyflawni 'hanner trosedd' dim ond trwy feddwi, heb unrhyw syniad y gall gyflawni trosedd.
- **Troseddau llai** – I rai troseddau, megis dwyn, does dim trosedd lai, felly lle'r oedd diffynnydd yn feddw ar gyfer trosedd bwriad penodol, nad oes iddi drosedd bwriad sylfaenol gyfatebol, ni chaiff ei gyhuddo o unrhyw drosedd.
- **Cymhwyso annheg** – Lle daeth y diffynnydd yn feddw yn anwirfoddol, mae modd ei gael yn euog er hynny os gellir profi ei fod wedi ffurfio'r *mens rea* angenrheidiol – megis yn achos **R v Kingston (1994)**. Gellir dadlau bod hyn yn ffordd annheg o gymhwyso'r gyfraith.
- **Polisi cyhoeddus** – Rhaid cael cydbwysedd rhwng amddiffyn dioddefwyr a chaniatáu'r amddiffyniad ar sail polisi cyhoeddus. Mae nifer enfawr o droseddau yn cael eu cyflawni gan ddiffynyddion meddw, a rhaid ei gwneud yn hollol glir nad oes modd defnyddio meddwdod fel esgus am ymddygiad troseddol.
- **Meddwdod pwrpasol?** – Nid yw'r gyfraith yn gwahaniaethu rhwng diffynyddion sy'n meddwi gyda'r unig bwrpas o gyflawni trosedd a'r rhai nad ydynt ond yn cymryd ychydig o ddiodydd ac yn meddwi yn anfwriadol.
- **Canllaw i'r rheithgor** – Yn achos **R v Lipman (1970)** ac **R v Richardson and Irwin (1999)**, gofynnwyd i'r rheithgor ystyried a fyddai gan y diffynnydd y *mens rea* ar gyfer y drosedd petai'n sobr. Mae hon yn dasg anodd iawn i'r rheithgor sydd i fod i farnu ar ffeithiau, nid tybiaethau.

Amddiffyniadau Cyffredinol

Hunanamddiffyniad

- **Deiliaid tai yn amddiffyn eiddo** – Y feirniadaeth fwyaf o hunanamddiffyniad yw'r dadlau ynghylch deiliaid tai sy'n amddiffyn eu heiddo, a faint o rym y mae modd ei ddefnyddio i yrru tresmaswyr ymaith, fel y gwelwyd yn achos **R v Anthony Martin (2001)**.
- **Defnyddio grym gormodol** – Lle mae'r diffynnydd yn defnyddio grym gormodol, does dim modd defnyddio hunanamddiffyniad fel amddiffyniad. Fodd bynnag, cafwyd awgrymiadau y dylai'r rheithgor ystyried bod 'peth' o'r grym a ddefnyddiwyd yn gyfreithlon, ac y dylid ystyried hyn wrth ddedfrydu. Amlygwyd hyn ers achos **R v Clegg (1995)**.
- **Camgymeriad** – Mae'r gyfraith yn drugarog wrth bobl sy'n gwneud camgymeriad, ond sydd wir yn credu eu bod mewn perygl. Dadleuwyd y gall hyn fod yn groes i **Erthygl 2 yr ECHR** sy'n gwarantu'r hawl i fywyd. Mae darpariaeth hefyd yn **Erthygl 2 yr ECHR** sy'n mynnu cosb droseddol lle bo rhywun wedi lladd ar sail cred afresymol.
- **Gwahaniaethu ar sail rhyw** – Dynion yw'r rhan fwyaf o ddiffynyddion sy'n defnyddio'r amddiffyniad hwn am ei fod yn ymwneud yn bennaf â throseddau nad ydynt yn farwol yn erbyn ei gilydd. Mae diffynyddion benyw yn aml wedi dioddef trais yn y cartref, ac yn aml, nid ydynt yn sôn am hyn. Tybir hefyd fod menywod yn fwy tebyg o ddefnyddio arf i amddiffyn eu hunain, ac felly maent yn eu rhoi eu hunain mewn perygl o fod wedi defnyddio grym gormodol.
- **Graddfa'r grym** – Mae gwneud y gyfraith yn gliriach o ganlyniad i **Ddeddf Cyfiawnder Troseddol a Mewnfudo 2008** yn golygu bod yn rhaid i raddfa'r grym sy'n berthnasol fod yn rhesymol o dan yr amgylchiadau, ond mae rhesymolrwydd yn cael ei farnu yn erbyn yr hyn oedd yr amgylchiadau ym meddwl y diffynnydd.

Cydsyniad

- **Plismona rhyw** – Mae achosion megis **R v Brown (1993)** ac achos gwrthgyferbyniol **R v Wilson (1996)** wedi arwain at ddadlau oherwydd bod rhai yn meddwl na ddylai'r llysoedd fod yn gyfrifol am blismona perthynas rywiol rhwng oedolion cydsyniol.
- **Gwahaniaethu** – Un gwahaniaeth mawr rhwng y ddau achos uchod yw mai dynion cyfunrywiol oedd y diffynyddion yn **R v Brown (1993)**, ond roedd y diffynnydd yn **R v Wilson (1996)** yn heterorywiol. Mae hyn wedi arwain at feddwl bod peth gwahaniaethu rhwng gweithgareddau sadofasocistaidd a wneir rhwng cyplau cyfunrywiol a heterorywiol.
- **Cymhwyso anghyson** – Awgrymodd ymchwil a wnaed gan Feldman (1993) fod caniatáu chwarae gwirion, neu fwlio fel y'i canfuwyd yn **R v Jones (1987)**, yn anghyson gan na all y sawl sy'n cymryd rhan mewn perthynas rywiol gydsyniol ddefnyddio cydsyniad fel amddiffyniad.
- **Cymhwyso cul** – Gellir defnyddio cydsyniad fel amddiffyniad ar gyfer ymosod neu guro yn unig. Awgrymwyd felly y dylid caniatáu'r amddiffyniad am **a.47 Deddf Troseddau Corfforol 1861** gan mai un o elfennau allweddol **a.47** yw prawf naill ai o ymosod neu guro.
- **Ewthanasia** – Mae'r ddadl gyson am ewthanasia wedi arwain at feirniadaeth o'r ffaith nad yw'r amddiffyniad ar gael am helpu pobl i farw. Mae perygl amlwg y gellid camddefnyddio'r amddiffyniad hwn, petai'n cael ei ganiatáu, fel yn achos **Harold Shipman**, a laddodd dros bymtheg o'i gleifion pan oedd yn gweithio fel meddyg teulu. Fodd bynnag, ar y llaw arall, mae achosion megis **Diane Pretty** a **Debbie Purdy** yn amlygu sut y byddai cydsyniad fel amddiffyniad yn briodol.

Ymestyn a herio

Edrychwch ar achos **R v Clegg (1995)** – achos oedd hwn lle lladdodd milwr deithiwr mewn car a basiodd trwy'r man aros lle roedd yn gwirio hunaniaeth pobl. Y bedwaredd ergyd oedd yr un farwol, gan ladd teithiwr yng nghefn y car. Barnwyd bod Clegg wedi defnyddio grym gormodol am fod y car wedi mynd heibio ac am fod y perygl drosodd erbyn hynny. Denodd hyn ddiddordeb mawr yn y cyfryngau ac arweiniodd at ryddhau Clegg yn gynnar. Ydych chi'n meddwl y dylai gweision cyhoeddus gael eu rhoi o dan glo am 'wneud eu gwaith'? Ymchwiliwch i achosion tebyg lle daliwyd gweision cyhoeddus i gyfrif am eu gweithredoedd; ydych chi'n cytuno gyda'r canlyniadau? Beth yw'r dadleuon dros eu carcharu?

Ymestyn a herio

Edrychwch eto ar achos **Jean Charles de Menezes** – ydych chi'n meddwl bod cred afresymol gan yr heddlu pan wnaethant ei saethu?

Ymestyn a herio

Mewn arolwg gan y *Sunday Times*, cytunodd 60% o feddygon y dylai fod ganddynt y pŵer i gynorthwyo marwolaeth heb ofni cael eu herlyn. Ymchwiliwch i'r achosion canlynol a thrafodwch pa ymagwedd sy'n cael ei chymryd yn gyffredinol tuag at feddygon a gweithwyr iechyd proffesiynol sy'n helpu eu cleifion i farw?

- *Dr David Moor (1999)*
- *Dr Cox (1992)*
- *Rachael Heath (1996)*

Gwella gradd

Cynigiodd Comisiwn y Gyfraith ddileu amddiffyniad gorfodaeth yn 1977. Dyma rai o'u dadleuon yn erbyn yr amddiffyniad:

- Ni ellir fyth cyfiawnhau gwneud drwg.
- Parodrwydd i ddibynnu ar orfodaeth fel cymhelliad dros gyflawni troseddi.
- Mae'r amddiffyniad yn helpu aelodau o gangiau, terfysgwyr a grwpiau eraill o droseddwyr.

Gorfodaeth

- **Rhy gul** – Mae beirniadaeth bod achos **R v Hasan (2005)** wedi gosod gormod o gyfyngiadau ar yr amddiffyniad oherwydd bod aelodau gangiau a'r rhai a oedd yn ymwneud â gweithredu troseddol o'u dewis yn dibynnu arno. Awgrymwyd nad oes angen elfen wrthrychol yr amddiffyniad gan ei bod yn cosbi unrhyw un sy'n gysylltiedig â throseddwr. Ymhellach, awgrymwyd na fyddai'r amddiffyniad yn cael ei ddefnyddio yn achos menyw sy'n dioddef trais yn y cartref sydd wedi ei bwlio i gyflawni trosedd, ac y byddid yn ystyried bod yr orfodaeth 'trwy hunan-gymhelliad'.
- **Defnyddio ar gyfer llofruddiaeth** – Nid yw gorfodaeth yn cael ei chaniatáu ar gyfer trosedd llofruddiaeth. Mae hyn yn cael ei weld yn llym, yn enwedig yng nghyd-destun yr hinsawdd o derfysgaeth sydd o'n cwmpas ar hyn o bryd, lle mae pobl yn cael eu gorfodi i gyflawni troseddau oherwydd y bygythiad iddynt neu eu teuluoedd.

Termau allweddol

Rhagdybiaeth = man cychwyn i'r llysoedd yw rhagdybiaeth. Maent yn rhagdybio bod rhai ffeithiau yn wir oni bai bod mwy o dystiolaeth i'r gwrthwyneb sy'n gwrthbrofi'r rhagdybiaeth.

Cyswllt synoptig

Mae barnwyr yn defnyddio dehongliad statudol i ddehongli statudau i bennu a fwriadai'r Senedd i'r drosedd fod yn un atebolrwydd caeth. Testun lefel UG yw hwn ac ymdrinnir ag ef yn *CBAC UG Y Gyfraith: Canllaw Astudio ac Adolygu*. Mae cyswllt synoptig clir ag atebolrwydd caeth am fod yn rhaid i farnwyr ddefnyddio cymhorthion dehongli megis y rheol lythrennol, y rheol euraidd, y rheol drygioni a'r ymagwedd fwriadus, er mwyn pennu a fwriadwyd i drosedd fod yn un atebolrwydd caeth. Mae'n rhaid iddynt hefyd ddefnyddio rheolau iaith a'r rhagdybiaeth bod angen *mens rea*.

Troseddau Atebolrwydd Caeth

Elfennau trosedd atebolrwydd caeth

Mae'r rhan fwyaf o droseddau yn mynnu *actus rea* a *mens rea*. Fodd bynnag, y mae grŵp o droseddau, sef rhai **atebolrwydd caeth** (*strict liability*), lle mae angen profi'r *actus reus* yn unig er mwyn sefydlu atebolrwydd. Gyda'r troseddau hyn, does dim angen profi *mens rea* am o leiaf un elfen o'r *actus reus*. Y diffynnydd sydd ag atebolrwydd am y drosedd ond nid yw 'ar fai'. O ganlyniad i hyn, mae rhai yn teimlo nad yw troseddau atebolrwydd caeth yn deg, ond fe'u derbynnir yn gyffredinol am eu bod yn ymdrin â throseddau cymharol fân, ac mae eu hangen er mwyn i gymdeithas redeg yn llyfn. Tueddu i ymdrin y maent â throseddau rheoleiddiol fel hylendid bwyd, troseddau parcio a llygru'r amgylchedd. Ar gyfer troseddau atebolrwydd caeth, nid yw amddiffyniad camgymeriad ar gael.

Mae grŵp o droseddau hefyd o'r enw troseddau **atebolrwydd llwyr** (*absolute liability*). Mae'r troseddau hyn yn mynnu prawf *actus reus* yn unig ond nid ydynt yn ymwneud â'r cwestiwn a oedd yr *actus reus* yn wirfoddol neu beidio. Mae'r bennod ar Elfennau Trosedd yn cyfeirio at y troseddau hyn fel troseddau 'sefyllfa' ac yn dangos trwy achosion **Winzar** a **Larsonneur** nad oes rhaid i'r *actus reus* gael ei reoli gan y diffynnydd.

Er mai troseddau statudol yw mwyafrif y troseddau atebolrwydd caeth, nid yw'r Senedd wastad yn gwneud yn glir a oes angen *mens rea*. Mater i'r barnwyr felly yw penderfynu a ddylai trosedd fod yn un atebolrwydd caeth neu beidio. Mae barnwyr yn cychwyn gyda'r **rhagdybiaeth** bod **angen *mens rea* o hyd** ac nad yw un drosedd yn atebolrwydd caeth. Maent wedyn yn ystyried y pedwar ffactor i gadarnhau neu wrthbrofi'r rhagdybiaeth hon. Roedd achos **Gammon (Hong Kong) Ltd v Attorney-General of Hong Kong (1985)**, lle methodd adeiladwyr â dilyn cynlluniau yn fanwl gywir a dymchwelodd rhan o adeilad, yn cadarnhau mai'r man cychwyn i farnwr yw rhagdybio bod angen *mens rea* bob tro cyn gallu cael rhywun yn euog o weithred droseddol.

Achos allweddol sy'n dangos cymhwyso atebolrwydd caeth yw **Pharmaceutical Society of Great Britain v Storkwain Ltd (1986)**.

Troseddau Atebolrwydd Caeth

Y pedwar ffactor

1. A yw'r drosedd yn rheoleiddiol ei natur neu yn wir drosedd?

Os mai rheoleiddiol ei natur yw'r drosedd (sef nid yn wir yn drosedd, yn un fân, neu nid oes cwestiwn moesol yn rhan o'r peth), mae'r drosedd yn fwy tebygol o gael ei hystyried yn un atebolrwydd caeth. Achos a ystyriodd y cwestiwn hwn oedd *Sweet v Parsley (1970)*. Yn yr achos hwn, roedd Ms Sweet wedi is-osod ei heiddo i grŵp o denantiaid, gan gadw ystafell iddi hi ei hun ond prin ei bod yn treulio unrhyw amser yno. Chwiliodd yr heddlu'r eiddo a darganfod canabis. Cafwyd Ms Sweet yn euog o dan *a.5 Deddf Cyffuriau Peryglus 1965* (sydd wedi'i disodli gan ddeddf arall bellach) o 'ymwneud â rheoli eiddo a ddefnyddiwyd ar gyfer smygu canabis'. Apeliodd, gan honni nad oedd ganddi unrhyw wybodaeth am yr amgylchiadau ac yn wir na ellid yn rhesymol ddisgwyl iddi feddu ar y fath wybodaeth. Ar apêl, gwrthdrowyd ei heuogfarn, gyda'r Arglwydd Reid yn cydnabod bod atebolrwydd caeth yn briodol i 'led-drosedau' (*quasi-crimes*) yn unig lle nad oedd unrhyw gwestiwn moesol gwirioneddol dan sylw. Roedd euogfarn Ms Sweet wedi peri iddi golli ei swydd ac wedi gwneud drwg i'w henw da. Y teimlad oedd bod atebolrwydd caeth yn amhriodol ac y dylid rhoi'r drosedd yng nghategori 'gwir drosedd' a oedd yn gofyn am *mens rea*. Nid oedd ganddi unrhyw *mens rea*, felly diddymwyd ei heuogfarn.

2. Ydy'r drosedd yn ymwneud â mater o bwys cymdeithasol?

Mater o bwys cymdeithasol yw rhywbeth sydd o bwys i gymdeithas yn gyffredinol ar adeg benodol. Gall materion o bwys cymdeithasol newid a symud dros amser ond maent yn tueddu i ymwneud â throseddau fel gwerthu alcohol neu sigaréts i bobl o dan oed, llygredd, a diogelwch y cyhoedd. Trwy osod atebolrwydd caeth am droseddau sy'n ymwneud â materion o bwys cymdeithasol, y teimlad yw y bydd hyn yn gwneud y diffynyddion yn fwy gwyliadwrus a gofalus rhag cyflawni'r drosedd. Wrth gwrs, ar gyfer troseddau rheoleiddiol yn unig y mae hyn yn briodol ac mae'r gwahaniaeth a wnaed yn achos *Sweet v Parsley* yn dal yn gymwys.

Yn achos *Harrow London Borough Council v Shah (1999)* cafwyd y diffynyddion yn euog o werthu tocynnau'r Loteri Genedlaethol i blentyn o dan 16 oed. Doedd dim gwahaniaeth eu bod yn credu bod y plentyn dros 16 oed; cyflawnwyd y drosedd cyn gynted ag yr oeddent wedi gwerthu'r tocyn loteri i rywun o dan 16. Teimlai'r llysoedd fod y drosedd hon yn ymwneud â mater o bwys cymdeithasol.

3. A oedd y Senedd yn bwriadu creu trosedd atebolrwydd caeth trwy ddefnyddio rhai geiriau penodol mewn statud?

Mae rhai geiriau – *yn fwriadol, yn fyrbwyll, gan wybod* – y mae'r Senedd yn eu defnyddio wrth ddrafftio statudau sy'n awgrymu bod angen *mens rea*. Er nad oes rhestr swyddogol o eiriau sy'n awgrymu bod trosedd yn un atebolrwydd caeth, y mae geiriau a ddehonglwyd gan farnwyr fel rhai sy'n awgrymu nad oes angen *mens rea*, fel *bod ym meddiant* ac *achosi* er enghraifft.

Yn achos *Alphacell v Woodward (1972)* cyhuddwyd y diffynyddion o *achosi* i lygredd fynd i afon. Roedd y pympiau a oedd yn atal y llygredd rhag gorlifo i'r afon wedi cau i fyny â dail ac o ganlyniad gollyngodd y deunydd i'r afon. Nid oedd yn berthnasol nad oedd gan y diffynyddion syniad bod y broblem yn bodoli ac nad oeddent am i'r llygredd fynd i'r afon. Roeddent wedi *achosi* i'r deunydd llygredig fynd i'r afon ac yr oeddent felly yn atebol.

Achos allweddol

Yn achos *Cundy v Le Cocq (1884)*, cafwyd y diffynydd yn euog o werthu alcohol yn anghyfreithlon i rywun meddw, yn groes i *a.13 Deddf Trwyddedu 1872*. Barnwyd nad oedd yn rhaid ystyried a wyddai'r diffynydd, a ddylai fod wedi gwybod neu a ddylai fod wedi defnyddio gofal rhesymol i ganfod a oedd y person yn feddw neu beidio. Cyn gynted ag y gwerthodd y diffynydd yr alcohol i'r person meddw, yr oedd yn euog o'r drosedd.

Cyswllt synoptig

Gyda'r ffactor hwn, ystyriwch effaith dehongliad statudol a chynsail o UG Y Gyfraith. Beth yw'r ffyrdd gwahanol y mae barnwyr yn *dehongli statudau* ac os bydd barnwr yn y Llys Apêl, er enghraifft, yn dehongli gair mewn ffordd arbennig, sut bydd hyn yn gosod *cynsail* ar gyfer achosion tebyg yn y dyfodol?

Gwella gradd

Er bod y cosbau fel arfer yn fychan am droseddau atebolrwydd caeth, mae achos *Gammon* yn eithriad. Yn yr achos hwn, y gosb oedd dirwy o hyd at $250,000 neu dair blynedd o garchar.

Ymestyn a herio

Mae llawer o'r achosion yn yr uned hon yn gorgyffwrdd i egluro mwy nag un ffactor. Er enghraifft, mae modd defnyddio achos **Alphacell v Woodward** i ddangos sut mae rhai geiriau yn awgrymu bod y Senedd yn bwriadu atebolrwydd caeth, ond hefyd fel mater o bwys cymdeithasol (llygredd). Meddyliwch am yr achosion eraill yn yr uned hon a sut gallant egluro mwy nag un o'r ffactorau.

Termau allweddol

Ataliad = rhywbeth sy'n peidio ag annog gweithred benodol.

Gwella gradd

Meddyliwch am achosion i egluro'r ffyrdd mae'r llysoedd wedi amddiffyn cymdeithas trwy osod atebolrwydd caeth. Defnyddiwch yr achosion hyn i ddarparu'r gwerthusiad sydd ei angen i gael marciau uwch. Er enghraifft:

- Llygredd: **Alphacell v Woodward**
- Adeiladau peryglus: **Gammon**
- Hylendid bwyd: **Callow v Tillstone**

Ymestyn a herio

Mae ataliaeth wedi ei chysylltu hefyd â damcaniaethau cosb yn nes ymlaen yn y canllaw hwn. Mae cosb lem yn fwy tebygol o atal rhywun rhag cyflawni trosedd.

Ymestyn a herio

Ymchwiliwch i'r achosion isod ac ystyried sut y deliodd y llysoedd â chwestiwn atebolrwydd caeth mewn perthynas â Hawliau Dynol:

Hansen v Denmark (1995)
Salabiaku v France (1988)

4. Difrifoldeb y gosb

Po fwyaf difrifol yw'r drosedd a'r gosb y gellir ei gosod, lleiaf tebygol yw y bydd yn un atebolrwydd caeth. Mae hyn yn adlewyrchu'r ffaith bod modd cael diffynyddion yn euog heb fai gydag atebolrwydd caeth. Fel yr ystyrir isod, gall hyn fod yn broblemus gan nad yw'r cosbau bach wastad yn gweithredu fel ataliad. Ar y llaw arall, fel yn achos **Callow v Tillstone (1900)** gall y difrod i enw da busnes bach fod yn fwy o lawer nag effaith dirwy fechan. Yn yr achos hwn, cafwyd cigydd yn euog o 'roddi ar werth gig nad oedd yn ffit'. Cafwyd y cigydd yn euog er ei fod wedi cymryd gofal rhesymol i beidio â chyflawni'r drosedd trwy gael milfeddyg i archwilio'r carcas, a ddywedodd ei fod yn iawn i'w fwyta.

Manteision ac anfanteision atebolrwydd caeth

Manteision	Anfanteision
Amser a chost profi *mens rea* Gall *mens rea* fod yn anodd ei brofi a phetai'n rhaid ei brofi ar gyfer pob trosedd, byddai'r llysoedd yn orlawn o achosion a gallai rhai unigolion euog osgoi cael eu heuogfarnu. Byddai hyn yn ei dro yn cynyddu costau'r llysoedd.	**Posibilrwydd anghyfiawnder** Prif feirniadaeth atebolrwydd caeth yw bod atebolrwydd yn cael ei osod heb fai ar ran y diffynnydd. Efallai y bydd unigolion wedi cymryd pob cam rhesymol i osgoi'r ymddygiad ac nad ydynt yn gwybod eu bod yn cyflawni'r weithred anghyfreithlon ac eto gallant wynebu euogfarn. Mae'r anghyfiawnder yn cael ei wneud yn waeth byth gyda throseddau atebolrwydd llwyr fel yn achos **Larsonneur**.
Amddiffyn cymdeithas trwy hybu safon uwch o ofal Oherwydd bod troseddau atebolrwydd caeth mor hawdd eu profi, efallai bydd unigolion yn fwy gofalus wrth weithredu mewn rhai sefyllfaoedd, a thrwy hynny amddiffyn cymdeithas rhag ymddygiad niweidiol.	**Rôl barnwyr** Mae barnwyr yn dehongli'r hyn y tybiant yr oedd y Senedd yn ei fwriadu trwy Ddeddf. Mae hyn yn rhoi mwy o rôl i farnwyr ac mae perygl o anghysondeb wrth osod atebolrwydd caeth.
Atebolrwydd caeth yn cael ei osod yn rhwydd sy'n gweithredu fel ataliad Mae unigolion yn cael eu hatal rhag gwneud yr ymddygiad troseddol gan wybod bod erlyniad yn debyg o arwain at euogfarn oherwydd bod angen profi'r *actus reus* yn unig.	**A yw atebolrwydd caeth yn ataliad mewn gwirionedd?** O ganlyniad i'r cosbau bach a osodir am atebolrwydd caeth, mae rhai yn dadlau nad yw'n gweithredu fel ataliad. Gall busnesau mwy barhau gyda'r ymddygiad troseddol, gan dalu'r dirwyon bach a pheidio â newid eu harferion. Hefyd, er mwyn bod yn ataliad, dadleuir y dylai rhywun wybod nad yw'r hyn mae'n ei wneud yn iawn er mwyn cymryd camau i'w atal. Nid yw hyn wastad yn wir gyda throseddau atebolrwydd caeth.
Cymesuredd y gosb sy'n briodol am atebolrwydd caeth Fel y trafodwyd uchod, mae troseddau atebolrwydd caeth yn dueddol o ddwyn cosbau bychain. Mae hyn yn briodol am y gall diffynyddion beidio â gwybod eu bod yn cyflawni'r drosedd neu eu bod wedi cymryd pob cam rhesymol i osgoi gwneud hynny.	**A yw atebolrwydd caeth yn torri'r Confensiwn Ewropeaidd ar Hawliau Dynol?** Cafwyd peth dadlau ynglŷn ag a yw atebolrwydd caeth yn torri'r Confensiwn Ewropeaidd ar Hawliau Dynol (*ECHR*). Yn ôl **Erthygl 6(2) yr ECHR**, dylid rhagdybio bod pob un yn ddieuog nes y caiff ei brofi'n euog mewn cyfraith. Mae'r achos mwyaf diweddar: **R v G (2008)** fel petai'n caniatáu gosod atebolrwydd caeth.

Cynigion diwygio

Roedd Comisiwn y Gyfraith wedi cynnig **Mesur Atebolrwydd Troseddol (Elfen Feddyliol) (1977)** lle byddai'r baich ar y Senedd, petai am greu trosedd atebolrwydd caeth, i wneud hyn yn glir yn y Ddeddf Seneddol. Cyfrifoldeb y Senedd yw penderfynu ar natur atebolrwydd troseddol a rhoi syniad clir i farnwyr a oedd yn bwriadu creu trosedd heb fod angen *mens rea*. Byddai hyn yn atal peth o'r dryswch a'r anghysondeb sydd mewn penderfyniadau barnwrol.

Dedfrydu

Damcaniaethau dedfrydu

Mathau o ddedfrydu

Dedfryd yw'r gosb a roddir i'r diffynnydd pan gaiff ei ddyfarnu'n euog, a gall y math o ddedfryd amrywio, yn dibynnu ar a yw'r diffynnydd yn oedolyn neu'n droseddwr ifanc. Mae'r ddedfryd y gellir ei rhoi i droseddwr yn dibynnu ar lywodraeth y dydd a'i blaenoriaethau – mae materion cyfredol a phwysau'r cyfryngau yn aml yn effeithio ar hyn.

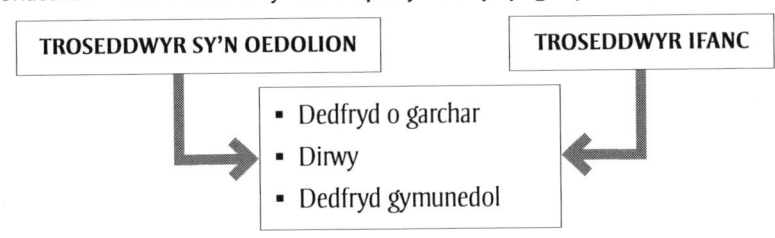

TROSEDDWYR SY'N OEDOLION → | ← **TROSEDDWYR IFANC**
- Dedfryd o garchar
- Dirwy
- Dedfryd gymunedol

Gall oedolion a throseddwyr ifanc dderbyn yr un fath o ddedfryd, ond maent yn amrywio o ran eu gofynion a'u hyd.

Y barnwr sy'n gyfrifol am ddedfrydu yn Llys y Goron ac yn y Llys Ynadon. Mae ystod y dedfrydau sydd ar gael i bob llys yn amrywio:

LLYS YNADON
- £5,000 o ddirwy
- 6 mis o garchar (12 mis am ddedfrydau olynol)
- Gorchymyn Cadw a Hyfforddi Ieuenctid am hyd at ddwy flynedd

LLYS Y GORON
- Dirwy diderfyn
- Carchar am oes

Y llys fydd yn pennu **tariff** neu hyd y ddedfryd, a bydd yn ystyried y ffactorau canlynol:
- Oedran y troseddwr
- Difrifoldeb y drosedd
- Tebygolrwydd y cyflawnir mwy o droseddau
- Maint y niwed sy'n debyg o ddeillio o droseddau pellach.

Ymestyn a herio

1. Edrychwch ar y mathau gwahanol o ddedfrydu, a thrafod pa ddamcaniaeth y maent yn ei chefnogi yn eich barn chi.

2. Cyhoeddodd y llywodraeth Ddogfen Ymgynghori o dan y teitl *More Effective Responses to Anti-Social Behaviour*. Roedd yn cynnwys cynigion i ddileu Gorchmynion Ymddygiad Gwrthgymdeithasol (*ASBOs: anti-social behaviour orders*) a rhoi yn eu lle Gorchmynion Ymddygiad Troseddol. Daeth rhai o'r cynigion hyn yn gyfraith yn dilyn **Bil Ymddygiad Gwrthgymdeithasol, Troseddu a Phlismona 2014**, a dderbyniodd gydsyniad brenhinol ar 13 Mawrth 2014. Nid yw'n sicr pryd bydd yr holl fesurau yn dod yn gyfraith. Mae'r brif ddeddfwriaeth yn ei lle erbyn hyn, er bod yr Arglwyddi yn gwrthwynebu cwmpas yr elfen ymddygiad gwrthgymdeithasol.

Estyn pellach

Ymchwiliwch i'r pwerau newydd a roddir i'r heddlu o dan y cynigion hyn – ydych chi'n meddwl bod y Gorchmynion hyn a'r pwerau newydd yn ffordd effeithiol o drin ymddygiad gwrthgymdeithasol?

Nodau dedfrydu

Mae nodau dedfrydu ar gyfer troseddwyr sy'n oedolion wedi eu nodi yn **a.142 Deddf Cyfiawnder Troseddol 2003**. Mae pobl yn aml yn tybio mai un nod dedfrydu yw cosbi unigolion. Fodd bynnag, mae angen cymryd ffactorau eraill i ystyriaeth, megis yr effaith ar y gymuned, ac adsefydlu'r troseddwr yn y tymor hir.

Cosb haeddiannol (*retribution*)

Dyma nod clasurol dedfrydu, ac mae'n ffordd o gosbi'r diffynnydd oherwydd y sefydlwyd ei fod wedi cyflawni trosedd a bod elfen o fai arno. Rhaid i'r gosb fod yn addas i'r drosedd, felly mae'n rhaid i'r ddedfryd a roddir fod yn gymesur â'r drosedd a gyflawnwyd.

Ataliaeth (*deterrence*)

Ataliaeth unigol – dyma lle mae'r troseddwr unigol yn cael ei atal rhag troseddu eto.

Ataliaeth gyffredinol – nod hyn yw atal pobl eraill rhag cyflawni trosedd, gan ddangos i gymdeithas ganlyniadau posibl cyflawni trosedd a gwneud enghraifft o'r troseddwr.

Yn amlwg, po galetaf y ddedfryd, y mwyaf tebygol ydyw o weithredu fel ataliad.

Amddiffyn cymdeithas

Dyma lle mae'r ddedfryd a roddir i droseddwr yn un a fydd yn amddiffyn y cyhoedd rhag y troseddwr. Er enghraifft, gallai gyrrwr peryglus gael ei wahardd, neu gallai byrgler a gafwyd yn euog gael tag electronig i'w gadw rhag mynd allan o'r tŷ wedi iddi dywyllu.

Adsefydlu (*rehabilitation*)

Dyma lle mae'r troseddwr yn cael dedfryd a fydd yn helpu i newid ei ymddygiad a'i atal rhag troseddu eto. Mae hyn yn arbennig o effeithiol i droseddwyr ifanc lle y cytunir yn gyffredinol nad yw cyfnod o garchar yn effeithiol er mwyn atal aildroseddu. Dyma'r rheswm bod Deddf Cyfiawnder Troseddol 2003 yn cynnig Dedfryd Gymunedol y mae modd ei haddasu gyda gofynion i helpu'r troseddwr a'r gymuned yn gyffredinol.

Gwneud iawn (*reparation*)

Yn y bôn, ystyr 'gwneud iawn' yw talu'n ôl i gymdeithas yr hyn yr ydych wedi ei gymryd ymaith – gall hyn fod ar ffurf iawndal, neu drwy wneud gwaith cymunedol di-dâl. Er enghraifft, gall rhywun a gafwyd yn euog o ddifrod troseddol gael gorchymyn i lanhau'r holl graffiti neu drwsio unrhyw ddifrod a wnaed.

Troseddwyr ifanc

Mae troseddwyr rhwng 10 ac 17 oed yn cael eu dosbarthu fel troseddwyr ifanc, ac fel arfer yn sefyll eu prawf yn y **Llys Ieuenctid**, ac eithrio pan fo'r achos yn ddifrifol iawn, pan fydd y treial yn Llys y Goron. Gall pobl ifanc hefyd sefyll eu prawf yn Llys y Goron os ydynt yn cael treial ochr yn ochr â throseddwr sy'n oedolyn. Cydgyfnerthwyd rôl y Llys Ieuenctid yn achos **Thompson and Venables v UK (1999)** lle dyfarnodd Llys Hawliau Dynol Ewrop fod gwneud i droseddwyr ifanc sefyll eu prawf mewn llys oedolion yn torri **Erthygl 6 yr ECHR**, am y tybiwyd y gallai fod yn rhy fygythiol iddynt, ac yn eu dychryn.

Mae'r Llys Ieuenctid fel arfer yn yr un adeilad â'r Llys Ynadon. Nid yw ar agor i'r cyhoedd ac mae'n fwy anffurfiol yn yr ystyr nad yw'r Barnwyr Rhanbarth yn gwisgo perwigiau ac mai mynediad cyfyngedig sydd i'r wasg. Mae gan droseddwyr ifanc hefyd yr hawl i gael **oedolyn priodol** gyda nhw bob amser, a gwneir darpariaeth am hyn o dan **a.57 Deddf yr Heddlu a Thystiolaeth Droseddol 1984** a **Chod C**.

Mae llawer math o ddedfrydau ar gael i droseddwyr ifanc, ond prif nod dedfrydu pobl ifanc, yn ôl **a.142 Deddf Cyfiawnder Troseddol 2003** yw atal aildroseddu ac adsefydlu'r troseddwr i newid ei ymddygiad, ac ar yr un pryd wneud iawn neu 'unioni' cymdeithas am y difrod a achoswyd.

DEDFRYDU CYN MYND I'R LLYS

Mae gwarediadau ar gael yn y system cyfiawnder ieuenctid i'r troseddwyr hynny sydd wedi cyflawni trosedd gyntaf neu sy'n pledio'n euog i drosedd

Cerydd yr Heddlu

Rhybudd ffurfiol yw hwn gan heddwas i berson ifanc sydd wedi cyfaddef cyflawni trosedd neu a ddaliwyd yn cyflawni trosedd. Rhaid i'r drosedd fod yn fân drosedd gyntaf, a chaiff y troseddwr gyfle i gymryd rhan yn wirfoddol mewn rhaglen a drefnir gan y **Tîm Troseddu Ieuenctid** a fydd yn ymdrin â'i ymddygiad.

Rhybudd Terfynol

Mae hwn yn debyg i Gerydd ond fe'i rhoddir am ail fân drosedd, y mae'r troseddwr yn pledio'n euog iddi. Bydd rhaglen y Tîm Troseddu Ieuenctid yn dod yn orfodol y tro hwn, a llunnir rhaglen o weithgareddau i ymdrin â'r ymddygiad troseddol.

GORCHYMYN ADSEFYDLU IEUENCTID

*Cyflwynwyd y rhain o dan **a.1–4 Deddf Cyfiawnder Troseddol a Mewnfudo 2008***

Math o ddedfryd gymunedol yw hon a oedd yn cymryd lle naw dedfryd flaenorol. Mae'n orchymyn hyblyg sydd â'r nod cyffredinol o leihau aildroseddu a nifer y troseddwyr ifanc a gedwir yn y ddalfa. Gall y gorchymyn bara am ddim mwy na thair blynedd a gellir ei roi am unrhyw drosedd a gyflawnwyd gan unigolyn o dan 18 oed. Mae modd gosod y gofynion isod wrth Orchymyn Adsefydlu Ieuenctid:

Gofyniad Gweithgaredd
Gofyniad Cyrffiw
Gofyniad Eithrio
Gofyniad Preswylio mewn Awdurdod Lleol
Gofyniad Addysg
Gofyniad Triniaeth Iechyd Meddwl

Gofyniad Gwaith Di-dâl
Gofyniad Gweithgaredd Gwaharddedig
Gofyniad Monitro Electronig
Gofyniad Goruchwylio
Gofyniad Sylwedd Meddwol
Gofyniad Profi Cyffuriau

Bydd y troseddwr ifanc yn cael ei oruchwylio gan y **Tîm Troseddu Ieuenctid**. Bydd gofyn iddo lunio cynllun o'r enw **Cynllun Gorchymyn Adsefydlu Ieuenctid** gyda'i weithiwr achos. Bydd y cynllun hwn yn ymdrin ag ymddygiad y person ifanc ac yn ei helpu i symud ymlaen. Os bydd y troseddwr ifanc yn torri'r gorchymyn deirgwaith, bydd yn rhaid dychwelyd i'r llys a gallai dreulio cyfnod yn y ddalfa.

Termau allweddol

Llys Ieuenctid = llys sy'n ymdrin â throseddwyr ifanc rhwng 10 ac 17 oed.

Oedolyn priodol = rhiant, gwarcheidwad neu weithiwr cymdeithasol sy'n gorfod bod yn bresennol pan fo person ifanc o dan 17 oed yn cael ei gyfweld yn nalfa'r heddlu, neu mewn treial yn y Llys Ieuenctid. Ei rôl yw gwneud yn siŵr bod y person ifanc yn deall y termau cyfreithiol, yn ymwybodol o'i hawliau ac yn cael cysur a sicrwydd. Os nad oes rhiant neu warcheidwad ar gael, yna bydd yr heddlu yn cysylltu â'r Tîm Troseddu Ieuenctid lleol a rhaid iddynt yrru cynrychiolydd.

Tîm Troseddu Ieuenctid = panel o bobl, yn heddweision, aelodau o'r gwasanaeth prawf, y gwasanaethau cymdeithasol ac unigolion allweddol eraill sy'n helpu i adsefydlu troseddwyr ifanc ac asesu'r risg i eraill oherwydd eu hymddygiad.

Gwella gradd

Cwestiwn cyffredin mewn arholiadau yw gofyn am ddamcaniaethau dedfrydu. Pan fyddwch chi'n sôn am bob damcaniaeth, dylech chi roi enghreifftiau o'r mathau o ddedfrydau sy'n cefnogi'r ddamcaniaeth honno.

Ewch at *www.homeoffice.gov.uk/police/powers* lle cewch fwy o wybodaeth am ddedfrydu pobl ifanc – ydych chi'n meddwl bod gwarediadau y tu allan i'r llys, megis Rhybuddion Cosb am Anhrefn, Cerydd, Rhybuddion Terfynol ac yn y blaen, yn ddewisiadau eraill effeithiol yn lle cosbi troseddwyr ifanc trwy'r llys?

DEDFRYDU HAEN GYNTAF

Dedfrydau cymunedol yw'r rhain a fwriadwyd i weithredu fel **ataliad** rhag cyflawni mwy o droseddau a ffordd i'r troseddwr geisio adsefydlu a pheidio ag aildroseddu yn y dyfodol.

Gorchymyn Cyfeirio
a.16–28 Deddf Pwerau Llysoedd Troseddol (Dedfrydu) 2000

Rhoddir hyn am drosedd gyntaf, pan fo'r troseddwr yn pledio'n euog. Golyga'r Gorchymyn y caiff y person ifanc ei gyfeirio at Banel Troseddu Ieuenctid, fydd yn llunio contract fydd yn para rhwng tri a deuddeng mis. Nod y contract fydd ymdrin ag achosion yr ymddygiad troseddol a rhoi cyfle i'r troseddwr unioni'r difrod a achoswyd o ganlyniad i'r drosedd.

Gorchymyn Gwneud Iawn
a.73–75 Deddf Pwerau Llysoedd Troseddol (Dedfrydu) 2000

Dedfryd yw hon sy'n caniatáu i'r troseddwr gymryd cyfrifoldeb am ei ymddygiad a mynegi ei edifeirwch i gymdeithas trwy unioni'r niwed a achoswyd gan y drosedd. Gall hyn olygu gofyn i'r person ifanc gyfarfod â'r dioddefwr i wneud iawn yn uniongyrchol am ei weithredoedd, neu gall olygu trwsio'r difrod a wnaed gan y troseddwr, er enghraifft, glanhau graffiti neu wneud rhyw fath o waith di-dâl.

Rhybudd Cosb am Anhrefn
Deddf Cyfiawnder Troseddol a'r Heddlu 2001

Cosb benodol yw hon a roddir i bobl ifanc sydd wedi cyflawni mân droseddau, megis dwyn o siopau, mân ddifrod troseddol, gollwng sbwriel, a meddwdod. Gellir rhoi'r rhybudd am gyfanswm o 23 trosedd. Maent fel arfer yn cael eu rhoi i rai 16 ac 17 oed, ond cafwyd cynlluniau peilot i'w rhoi i rai o dan 16 oed. Unwaith i'r rhybudd cosb gael ei gyflwyno, rhaid i'r troseddwr ifanc naill ai dalu'r gosb neu ddewis mynd i'r llys.

Yn 2009, cyhoeddwyd dros 11,000 o rybuddion cosb am anhrefn i rai 16 ac 17 oed.

Rhyddhad amodol
a.12–15 Deddf Pwerau Llysoedd Troseddol (Dedfrydu) 2000

Anaml y defnyddir y ddedfryd hon, ond mae'n ffordd o roi cyfnod 'ymdawelu' i'r troseddwr – ni fydd y person ifanc yn cael ei gosbi ar yr amod na fydd yn aildroseddu o fewn y chwe mis i dair blynedd nesaf. Fodd bynnag, os bydd yn aildroseddu, yna bydd y llys yn ystyried dedfryd arall.

Rhyddhad diamod
a.12–15 Deddf Pwerau Llysoedd Troseddol (Dedfrydu) 2000

Rhyddhad yw hyn lle mae'r troseddwr yn cael ei ryddhau heb gosb ac ni wneir dim byd pellach.

CADW TROSEDDWYR IFANC YN Y DDALFA

Bydd person ifanc yn cael ei gadw yn y ddalfa mewn achosion difrifol iawn a glywir yn Llys y Goron yn unig.

Gorchymyn Cadw a Hyfforddi
a.100–106 Deddf Pwerau Llysoedd Troseddol (Dedfrydu) 2000

Cyfnod yn y ddalfa yw hwn i droseddwr ifanc, a gall amrywio rhwng **pedwar mis** a **dwy flynedd**.

Caiff rhan gyntaf y ddedfryd ei threulio yn y ddalfa, a'r ail ran yn y gymuned o dan oruchwyliaeth y **Tîm Troseddu Ieuenctid**. Yn ystod yr elfen gymunedol hon, bydd yn rhaid i'r troseddwr weithio i wneud iawn a chadw at unrhyw dargedau sydd yn y **Cynllun Hyfforddi a Goruchwylio** y cytunir arno gyda'i weithiwr Tîm Troseddu Ieuenctid.

Rhoddir y Gorchmynion hyn yn unig i'r bobl ifanc hynny sy'n risg arbennig o uchel, sy'n droseddwyr di-baid, neu sydd wedi cyflawni trosedd arbennig o ddifrifol, am nad y ddalfa yw'r ateb mwyaf priodol i droseddwr ifanc bob tro. Gall torri'r Gorchymyn ar unrhyw gam yn y broses arwain at ddirwy neu barhau yn y ddalfa.

a.90 Deddf Pwerau Llysoedd Troseddol (Dedfrydu) 2000

Os yw'r euogfarn yn un am lofruddiaeth, mae'n rhaid i'r llys osod isafswm cyfnod i'w dreulio yn y ddalfa, ac wedi hynny gall y person ifanc wneud cais i'r **Bwrdd Parôl** i'w ryddhau. Os bydd yn llwyddo, bydd o dan oruchwyliaeth agos am gyfnod amhenodol. Llys y Goron yn unig a all roi'r ddedfryd hon.

a.91 Deddf Pwerau Llysoedd Troseddol (Dedfrydu) 2000

Mae'r adran hon yn ymwneud â'r bobl ifanc hynny sydd wedi cyflawni troseddau lle byddai troseddwr sy'n oedolyn yn cael o leiaf 14 blynedd yn y carchar. Gall hyd y ddedfryd fod yn unrhyw beth i fyny at yr uchafswm i oedolyn, sef carchar am oes.

Mae modd rhyddhau'r troseddwr ifanc yn awtomatig hanner ffordd trwy'r ddedfryd, ac mae modd ei ryddhau hyd at uchafswm o 135 diwrnod yn gynnar ar **Gyrffiw Cadw Gartref**. Unwaith i'r troseddwr gael ei ryddhau, bydd hefyd yn destun trwydded oruchwylio hyd nes daw'r ddedfryd i ben. Llys y Goron yn unig a all roi'r ddedfryd hon.

Dedfrydu

Gorchmynion Rhianta

Nod Gorchmynion Rhianta yw bod yn gefnogaeth i rieni i'w helpu i ymdopi ag ymddygiad eu plant ac atal aildroseddu. Gorchmynion yw'r rhain a roddir i rieni o dan **Ddeddf Cyfiawnder Troseddol 2003** am hyd at flwyddyn, os bydd y llys yn fodlon y bydd yn helpu i atal mwy o droseddu. Ceir amodau, megis gorfod mynd i sesiynau cwnsela. Bydd y Gorchymyn yn cynnwys rhestr o bethau y mae'n rhaid i'r plentyn sydd wedi troseddu eu gwneud a pheidio â'u gwneud. Er enghraifft, mae'n rhaid i rieni ofalu bod y plentyn yn mynd i'r ysgol neu ei fod gartref rhwng rhai adegau penodol. Os bydd rhiant yn torri'r Gorchymyn, gall gael dirwy o hyd at £1,000.

Troseddwyr sy'n oedolion

Rhyddhad diamod	Dyma lle mae'r llys yn teimlo bod y troseddwr wedi derbyn digon o gosb trwy fynd i'r llys ac felly maent yn rhyddhau'r troseddwr heb fod angen gwneud dim byd arall.	Yn 2008, derbyniodd 0.7% o droseddwyr ryddhad diamod.
Rhyddhad amodol	Dyma lle na fydd y troseddwr yn derbyn unrhyw gosb ar yr amod na fydd yn aildroseddu am gyfnod penodol.	Yn 2008, derbyniodd 6% o droseddwyr ryddhad amodol.
Dirwy	Dyma'r ddedfryd fwyaf cyffredin a roddir i oedolion. Mae dirwyon yn cael eu rhoi fel arfer am fân droseddau. Gall ynadon roi uchafswm dirwy o £5,000 ac nid oes terfyn ar y ddirwy y gall Llys y Goron ei rhoi.	Yn 2008, derbyniodd 65% o droseddwyr ddirwy.
Gorchymyn Dedfryd Ataliedig (*Suspended Sentence Order*)	Yma, nid yw'r diffynnydd yn mynd i garchar, ond mae'n rhaid iddo gydymffurfio ag amodau a osodwyd gan y llys. Gall y cyfnod ataliedig fod rhwng 14 diwrnod a blwyddyn (neu chwe mis yn y Llys Ynadon). Os torrir yr amodau, gall y troseddwr gael ei anfon i'r carchar am weddill ei ddedfryd. Gall y llys atodi unrhyw rai o'r 12 gofyniad at y ddedfryd.	Yn 2008, derbyniodd 3% o droseddwyr ddedfryd ataliedig.
Gorchymyn Cymunedol	Gall llys osod Gorchymyn Cymunedol gydag unrhyw nifer o'r gofynion sydd yn **Neddf Cyfiawnder Troseddol 2003**. Mae Gorchymyn Cymunedol yn cwmpasu'r gosb a gwneud iawn i'r gymuned.	Yn 2008, derbyniodd 14% o droseddwyr orchymyn cymunedol.

Termau allweddol

Cadw troseddwyr ifanc yn y ddalfa = mae nifer o fathau gwahanol o ddalfa yn y cyd-destun hwn, e.e. Sefydliad Troseddwyr Ifanc, Canolfan Hyfforddi Ddiogel.

Cyrffiw Cadw Gartref = Gorchymyn a roddir i droseddwr sy'n caniatáu ei ryddhau o garchar yn gynnar ar yr amod ei fod yn llofnodi trwydded i aros yn ei gartref neu mewn cyfeiriad penodol rhwng rhai amseroedd. Bydd tag electronig yn cael ei osod ar y troseddwr, sy'n golygu, os bydd yn symud o'i gyfeiriad dynodedig, y rhoddir gwybod i'r gwasanaeth carchar a bydd yn rhaid i'r troseddwr ddychwelyd i'r carchar.

Termau allweddol

Bwrdd Parôl = corff a sefydlwyd o dan **Ddeddf Cyfiawnder Troseddol 1967** a fydd yn cynnal nifer o wrandawiadau gyda throseddwr i benderfynu a all gael ei ryddhau o garchar wedi treulio isafswm ei ddedfryd. Mae'n cwblhau asesiad risg i bennu a yw'n ddiogel rhyddhau'r person yn ôl i'r gymuned. Os yw'n ddiogel i'w ryddhau, caiff ei ryddhau ar drwydded gydag amodau ac o dan oruchwyliaeth agos.

Dedfryd benagored = mae'r llys yn pennu isafswm cyfnod o amser y mae'n rhaid i'r troseddwr ei dreulio yn y carchar.

Dedfryd benderfynedig = mae'r llys yn pennu cyfnod penodol o amser y mae'n rhaid i'r troseddwr ei dreulio yn y carchar.

Gwella gradd

Mae nifer o ofynion y gellir eu hatodi wrth ddedfryd ataliedig neu ddedfryd gymunedol i droseddwr sy'n oedolyn. Mae'r rhain wedi eu cynnwys yn **Neddf Cyfiawnder Troseddol 2003** a gallant gynnwys:

- Gofyniad gwaith di-dâl
- Gofyniad gweithgaredd
- Gofyniad rhaglen
- Gofyniad gweithgaredd gwaharddedig
- Gofyniad cyrffiw
- Gofyniad eithrio
- Gofyniad preswylio
- Gofyniad triniaeth iechyd meddwl
- Gofyniad adsefydlu cyffuriau
- Gofyniad triniaeth alcohol
- Gofyniad goruchwylio.

Dedfrydau o garchar

Dyma'r ddedfryd fwyaf llym sydd ar gael ac mae ar gael am y troseddau mwyaf difrifol. Dywed **a.152(2) Deddf Cyfiawnder Troseddol 2003** fod dedfrydau o garchar ar gael yn unig am y troseddau hynny sydd 'mor ddifrifol fel na ellir cyfiawnhau dirwy ar ei phen ei hun na dedfryd gymunedol am y drosedd'.

Dedfryd benderfynedig (Determinate sentence)

Dyma lle mae'r llys yn pennu cyfnod yr amser y mae'n rhaid i droseddwr aros yn y carchar. Dyma'r ffurf fwyaf cyffredin o ddedfryd o garchar, er mai uchafswm fel arfer yw hyd y ddedfryd gan na fydd y troseddwr wastad yn y carchar am y cyfnod hwn i gyd bob tro.

Am ddedfrydau o fwy na blwyddyn, mae'r troseddwr yn debyg o dreulio hanner ei ddedfryd yn unig yn y carchar a bydd yr hanner arall yn cael ei dreulio yn y gymuned ar drwydded gydag amodau wedi eu hatodi, a than oruchwyliaeth.

Dedfryd benagored (Indeterminate sentence)

Dyma lle bydd y llys yn gosod isafswm cyfnod o amser y mae'n rhaid i'r troseddwr dreulio yn y carchar cyn bod yn gymwys i'w ryddhau yn gynnar gan y **Bwrdd Parôl**.

a) Carchar am oes

Ymdrinnir â hyn yn **a.225 Deddf Cyfiawnder Troseddol 2003** ac mae'n awgrymu y dylai troseddwr dreulio dedfryd o garchar am oes yn yr amgylchiadau canlynol:

- Mae'r troseddwr wedi ei gael yn euog o drosedd ddifrifol (a ddiffinnir fel un ag uchafswm dedfryd o garchar am oes neu 10 mlynedd o leiaf).
- Ym marn y llys, mae perygl sylweddol i'r troseddwr wneud niwed difrifol i'r cyhoedd trwy gyflawni troseddau penodol eraill.
- Y gosb fwyaf am y drosedd yw carchar am oes.
- Mae'r llys yn ystyried bod difrifoldeb y drosedd, neu'r drosedd ac un neu fwy o droseddau eraill cysylltiedig, yn cyfiawnhau carchar am oes.

b) Carchar er mwyn amddiffyn y cyhoedd

Daeth y dedfrydau hyn i rym yn 2005. Y nod oedd sicrhau bod troseddwyr a oedd yn euog o drosedd rywiol neu dreisgar ddifrifol yn cael eu cadw yn y ddalfa cyhyd â'u bod yn peri risg i gymdeithas. Ar ôl iddynt dreulio hyd eu dedfryd, roedd rhaid iddynt fodloni'r Bwrdd Parôl nad oeddynt yn peri risg, cyn cael eu rhyddhau. Ar 31 Mawrth 2013 roedd tua 5,800 o garcharwyr yn treulio'r dedfrydau hyn.

Fodd bynnag, mae'r llywodraeth bellach wedi dileu'r dedfrydau hyn ar gyfer troseddwyr a gafodd eu heuogfarnu ar neu ar ôl 3 Rhagfyr 2012, ac wedi cyflwyno dedfrydau gwahanol yn eu lle. Mae dedfrydau yn dal yn ddilys ar gyfer troseddwyr a gafodd eu heuogfarnu cyn y dyddiad hwnnw er hynny.

Gorchmynion bywyd cyfan (Whole life orders)

Mae'r rhain yn brin iawn, ac fe'u rhoddir i'r troseddwyr mwyaf difrifol yn unig neu'r troseddwyr mwyaf di-baid. Gellir rhyddhau'r carcharorion hyn ar sail trugaredd yn unig gyda chaniatâd yr Ysgrifennydd Gwladol. Ar hyn o bryd, mae tua 56 o garcharorion sydd â Gorchmynion Bywyd Cyfan yng Nghymru a Lloegr.

Dedfryd orfodol o garchar am oes

Dyma'r ddedfryd orfodol a roddir i'r troseddwyr hynny a gafwyd yn euog o lofruddiaeth. Os cânt eu hystyried ar gyfer eu rhyddhau gan y Bwrdd Parôl yna byddant ar drwydded am weddill eu bywydau.

Y Cyngor Dedfrydu

Sefydlwyd y Cyngor Dedfrydu fel rhan o **Ddeddf Crwneriaid a Chyfiawnder 2009**, a chymerodd le'r Cyngor Canllawiau Dedfrydu gyda'r nod o annog tryloywder a chysondeb mewn dedfrydu.

Wrth benderfynu pa ddedfryd i'w gosod ar droseddwr, mae nifer o ffactorau i'w hystyried, yn dibynnu ai oedolyn neu berson ifanc yw'r troseddwr.

Bydd y barnwr wedyn yn edrych ar unrhyw **ganllawiau dedfrydu** sy'n berthnasol i'r drosedd.

TROSEDDWYR IFANC

- Prif nod y system cyfiawnder ieuenctid yw atal troseddu
- Lles y plentyn

↓

Wrth benderfynu ar y ddedfryd briodol, bydd y barnwr yn ystyried y canlynol:
- Oedran y troseddwr
- Difrifoldeb y drosedd
- Unrhyw ffactorau **gwaethygol**
- Unrhyw ffactorau **lliniarol**
- A wnaeth y troseddwr bledio'n euog neu beidio
- Y gyfraith berthnasol

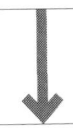

↓

Bydd y barnwr wedyn yn edrych ar unrhyw **ganllawiau dedfrydu** sy'n berthnasol i'r drosedd

TROSEDDWYR SY'N OEDOLION

Pum pwrpas dedfrydu

↓

Wrth benderfynu ar y ddedfryd briodol, bydd y barnwr yn ystyried y canlynol:
- Difrifoldeb y drosedd
- Euogfarnau blaenorol y troseddwr
- Unrhyw ffactorau **gwaethygol**
- Unrhyw ffactorau **lliniarol**
- **Lliniaru** personol
- A wnaeth y troseddwr bledio'n euog neu beidio
- Y ddedfryd uchaf sydd ar gael am y drosedd

↓

Bydd y barnwr wedyn yn edrych ar unrhyw **ganllawiau dedfrydu** sy'n berthnasol i'r drosedd

Gall y ffactorau hyn fod yn berthnasol wrth bennu'r **math o ddedfryd** yn ogystal â'r hyd. Penderfynir ar bob achos ar ffeithiau'r achos unigol.

Termau allweddol

Ffactorau gwaethygol (aggravating factors) = ffactorau sy'n berthnasol i'r drosedd sydd â'r effaith o gynyddu'r ddedfryd a roddir i'r troseddwr. Er enghraifft, petai gan droseddwr euogfarnau blaenorol, neu os defnyddiwyd arf yn y drosedd.

Ffactorau lliniarol (mitigating factors) = ffactorau sy'n berthnasol i'r drosedd sydd â'r effaith o leihau'r ddedfryd neu gael cyhuddiad llai. Er enghraifft, petai'n drosedd gyntaf, neu os plediodd y diffynnydd yn euog.

Ymestyn a herio

A ddylai oes olygu oes? Mae'r llofruddion Jeremy Bamber, Peter Moore ac eraill wedi herio gosod gorchymyn bywyd cyfan arnynt yn Llys Hawliau Dynol Ewrop ar y sail ei fod yn groes i **Erthygl 3 yr ECHR** – yr hawl i fod yn rhydd o driniaeth annynol a diraddiol. Roedd eu hapêl yn llwyddiannus a barnodd Llys Hawliau Dynol Ewrop fod gosod gorchmynion bywyd cyfan heb ei wneud yn bosibl cynnal adolygiad yn torri hawliau dynol y carcharor. Trafodwch oblygiadau hyn ac a ydych chi'n cytuno gyda'r apêl neu beidio.

U2 Y Gyfraith: Cyfraith Trosedd a Chyfiawnder – Canllaw Astudio ac Adolygu

Pwerau'r Heddlu

Termau allweddol
Rhesymol = mae hwn yn gysyniad anodd ac yn dibynnu ar beth sy'n rhesymol a derbyniol ym marn yr unigolyn. Mae hyn yn rhoi rhywfaint o ddisgresiwn i'r heddlu wrth arfer eu pwerau.

Y brif Ddeddf sy'n llywodraethu pwerau'r heddlu yw **Deddf yr Heddlu a Thystiolaeth Droseddol 1984** (PACE: Police and Criminal Evidence Act). O fewn **PACE** a deddfau eraill, caiff yr heddlu ddisgresiwn gyda'r modd y maent yn arfer eu pwerau, ac mae rhwymedïau ar gael os torrir y pwerau hyn. Mae Codau Ymarfer yn cyd-fynd â **PACE** ac yn rhoi canllawiau ynghylch arfer rhai pwerau. Nid oes modd cymryd camau cyfreithiol os torrir y Codau, ond gallai arwain at eithrio tystiolaeth os torrir y Codau'n 'ddifrifol a sylweddol'.

Noder: Mae'r holl adrannau canlynol o **PACE** oni nodir i'r gwrthwyneb.

Ymestyn a herio

a.4 Gall heddwas o reng uwch-arolygydd neu'n uwch awdurdodi yn ysgrifenedig sefydlu gwiriadau ar y ffordd er mwyn gweld a yw cerbyd yn cludo: rhywun a gyflawnodd drosedd ar wahân i drosedd traffig y ffyrdd, person sy'n dyst i drosedd o'r fath, person sy'n bwriadu cyflawni trosedd o'r fath, neu berson sydd ar grwydr yn anghyfreithlon.

Mae **a.44 Deddf Terfysgaeth 2000** yn caniatáu i'r Ysgrifennydd Cartref awdurdodi'r heddlu i atal a chwilio ar hap bobl a cherbydau heb ddrwgdybiaeth, fel rhan o'r frwydr yn erbyn terfysgaeth. Enillodd y garfan bwyso hawliau dynol Liberty ddyfarniad arwyddocaol yn Llys Hawliau Dynol Ewrop yn achos **Gillan and Quinton v UK** lle barnwyd bod y pŵer yn a.44 yn torri'r hawl o dan Erthygl 8 i fywyd preifat. Ataliwyd y pŵer ym mis Gorffennaf 2010 fel rhan o adolygiad Gwrthderfysgaeth y llywodraeth glymblaid a rhoddwyd eglurhad yn **Neddf Diogelu Rhyddidau 2012** pan wnaeth y Senedd ailddatgan y gofyniad bod angen 'drwgdybiaeth resymol' cyn mynd ati i atal a chwilio ar gyfer troseddau sy'n ymwneud â therfysgaeth.

Atal a chwilio pobl a cherbydau

a.1 – Gall yr heddlu atal a chwilio pobl neu gerbydau mewn man cyhoeddus neu mewn lle y gall y cyhoedd fynd iddo ar yr amod bod seiliau **rhesymol** i ddrwgdybio y byddant yn dod o hyd i bethau wedi eu dwyn neu bethau gwaharddedig.

a.1(3) – **Deddf Cyfiawnder Troseddol 2003** – estynnodd y pwerau i ymdrin ag atal a chwilio am bethau y bwriedir eu defnyddio wrth achosi difrod troseddol.

a1(6) – Gall yr heddlu gipio unrhyw bethau wedi eu dwyn neu bethau gwaharddedig.

Cod A Yn rhoi canllawiau ar 'ddrwgdybiaeth resymol' ac yn dweud na ddylid ei seilio ar ffactorau personol megis oedran, hil, crefydd, rhyw y person, euogfarnau blaenorol neu stereoteipiau cyffredinol.

a.117 – Mae modd defnyddio grym rhesymol wrth atal a chwilio. Mae hyn hefyd yn wir am arestio.

a.2 – Dylai heddweision ddweud pwy ydynt, o ba orsaf y maent yn gweithio a'r seiliau dros wneud y chwilio.

a.2(3) – Rhaid i heddweision nad ydynt mewn lifrai roi tystiolaeth ddogfennol o bwy ydynt.

a.2(9) – Gellir gofyn i berson a ddrwgdybir dynnu cot allanol, siaced a menig yn gyhoeddus. Gellir tynnu penwisg (headgear) ac esgidiau, ond yn breifat ac ym mhresenoldeb swyddog o'r un rhyw.

a.3 – Dylid gwneud cofnod o'r chwilio, gan nodi'r seiliau a'r canlyniad a rhoi copi i'r person a ddrwgdybir onid yw hyn yn hollol anymarferol.

a.60 – **Deddf Cyfiawnder Troseddol a Threfn Gyhoeddus 1994** – Os yw heddwas o reng arolygydd neu'n uwch yn rhesymol yn credu y bydd trais difrifol yn digwydd mewn ardal, gall awdurdodi atal a chwilio pobl a cherbydau i edrych am offer peryglus neu arfau bygythiol yn yr ardal honno am hyd at 24 awr (gellir ymestyn yr amser hwn am 30 awr yn ychwanegol os oes angen).

Achos allweddol
Osman v DPP (1999)
Methodd heddweision â rhoi eu henwau na'u gorsaf, oedd felly yn gwneud y chwilio yn anghyfreithlon.

Pwerau'r Heddlu

Chwilio eiddo ac adeiladau (*premises*)

Mae modd chwilio eiddo ac adeiladau gyda gwarant neu heb un. Mae modd chwilio unrhyw eiddo os yw person yn cydsynio i hynny.

Chwilio gyda gwarant

Mae'r prif ddarpariaethau i'w gweld yn **a.8 PACE (1984)**. Mae'r rhain yn rhoi'r pŵer i'r heddlu wneud cais i ynad am warant chwilio. Rhaid i'r ynad fod yn fodlon bod gan yr heddlu seiliau rhesymol dros gredu y cyflawnwyd trosedd dditiadwy a bod deunydd yn yr eiddo neu'r adeilad sy'n debygol o fod o werth sylweddol i ymchwilio i'r drosedd a bod y deunydd yn debyg o fod yn dystiolaeth berthnasol. Rhaid iddi fod yn anymarferol i'r chwiliad gael ei gynnal heb warant (e.e. am na all yr heddlu gyfathrebu â'r person, nid yw'r person wedi cydsynio iddynt fynd i mewn neu mae angen iddynt fynd i mewn yn ddi-oed unwaith iddynt gyrraedd yr eiddo neu'r adeilad).

Chwilio heb warant

Mae pedair prif adran:

a.17 – Gall yr heddlu fynd i mewn i arestio gyda gwarant neu heb un, dal rhywun sydd ar grwydr yn anghyfreithlon neu i amddiffyn pobl neu atal difrod i eiddo.

a.18 – Wedi arestio'r person a ddrwgdybir am drosedd dditiadwy, gall yr heddlu chwilio eiddo ac adeiladau sydd yn ei feddiant neu o dan ei reolaeth os credant yn rhesymol fod tystiolaeth o'r drosedd benodol neu droseddau eraill yno.

a.32 – Wedi arestio person am drosedd dditiadwy, gall heddwas fynd i mewn a chwilio'r eiddo neu'r adeilad lle'r arestiwyd y person neu le'r oedd yn union cyn ei arestio, os yw'r heddwas yn drwgdybio yn rhesymol bod tystiolaeth yn ymwneud â'r drosedd benodol yno.

a.19 – Unwaith iddynt fod yn yr eiddo neu'r adeilad yn gyfreithlon, gall yr heddlu gipio a chadw unrhyw dystiolaeth berthnasol.

Mae **Cod B** yn rhoi canllawiau pwysig am arfer y pŵer i chwilio eiddo ac adeiladau. Mae'n dweud y dylid cynnal y chwiliad ar amser rhesymol gan ddefnyddio grym rhesymol a gan ddangos ystyriaeth a chwrteisi priodol tuag at yr eiddo a phreifatrwydd y meddianwyr.

Pwerau arestio

Mae modd arestio hefyd gyda gwarant a heb warant.

Arestio gyda gwarant – Rhaid i'r heddlu wneud cais at ynad am warant arestio. Dylid rhoi enw a manylion y drosedd i'r heddlu ac unwaith i'r warant gael ei chaniatáu, mae'n rhoi pŵer i gwnstabl fynd i mewn i eiddo neu adeilad a'i chwilio er mwyn arestio os oes angen.

Arestio heb warant – **a.24 PACE** fel y'i diwygiwyd gan **a.110 Deddf Troseddu Cyfundrefnol Difrifol a'r Heddlu 2005**. Mae modd arestio heb warant os oes gan gwnstabl sail resymol dros gredu bod person **yn** cyflawni, **wedi** cyflawni neu **ar fin** cyflawni trosedd **ac**, yn bwysig, bod **angen** arestio.

Ymestyn a herio

Daeth y **Comisiwn Brenhinol ar y Broses Droseddol** neu 'Gomisiwn Philips' i'r casgliad yn 1981 fod angen cadw cydbwysedd rhwng 'buddiannau'r gymuned o ran dwyn troseddwyr i gyfiawnder a hawliau a rhyddid pobl a ddrwgdybir neu a gyhuddir o droseddau'. Pasiwyd **PACE** yn dilyn y canfyddiadau hyn a chydgyfnerthu pwerau'r heddlu mewn un Ddeddf.

Mae'n bwysig bod yr heddlu yn mynd i mewn i eiddo neu adeilad yn gyfreithlon, oherwydd os na wnânt, gall unrhyw dystiolaeth a gaiff ei chipio fod yn annerbyniol yn y treial.

Er bod Cod B yn mynnu bod yr heddlu yn chwilio eiddo yn barchus a gan ddefnyddio grym rhesymol yn unig, nid yw hyn wastad yn bosibl mewn gwirionedd (e.e. gydag achosion sydd angen elfen o syndod neu le mae'n fater o gyffuriau y gellir cael gwared ohonynt ar frys).

Gwella gradd

Nid yw chwilio a mynd i mewn i eiddo ac adeiladau yn ymddangos yn aml mewn arholiadau, ond nid yw hynny'n dweud na fydd byth yn ymddangos! Mae'r geiriad a ddefnyddir yn a.17, 18 a 32 yn eithaf manwl a phenodol, felly edrychwch i weld a gafodd y person ei arestio gyntaf neu a yw'r heddlu yn mynd i'r eiddo er mwyn arestio. Bydd hyn yn gwneud gwahaniaeth i'r math o bŵer a ddefnyddir.

U2 Y Gyfraith: Cyfraith Trosedd a Chyfiawnder – Canllaw Astudio ac Adolygu

Ymestyn a herio

Mae **Cod A** hefyd yn gymwys i arestio. Ni all drwgdybiaeth resymol fyth fod yn seiliedig ar ffactorau personol yn unig, gan gynnwys hil, oedran, rhyw y person, euogfarnau blaenorol a stereoteipiau cyffredinol eraill.

Yn ôl **Erthygl 5 yr ECHR** mae gan bawb yr hawl i ryddid. Mae arestio yn ymyrryd â'r hawl hon a rhaid ei arfer yn gyfreithlon.

Ymestyn a herio

Mae gan bobl a ddrwgdybir yr hawl i ddarllen y Codau Ymarfer. Mae Cod C hefyd yn ymdrin ag amodau cadw pobl a ddrwgdybir yn y ddalfa. Rhaid iddynt gael digon o fwyd, lluniaeth, cwsg a seibiannau. Rhaid i'r ystafell gyfweld fod wedi ei goleuo, ei hawyru a'i gwresogi yn ddigonol, a rhaid caniatáu i'r person a ddrwgdybir eistedd. Ni ddylai cyfweliadau bara mwy na 2 awr. Ni ddylai pobl o dan 16 oed gael eu cadw yng nghelloedd yr heddlu.

▲ Gwella gradd

Mae'n hollbwysig gyda phwerau'r heddlu i gyfeirio yn fanwl gywir at adrannau **PACE** neu ddeddfau eraill sy'n rhoi'r pwerau i'r heddlu wneud gweithred arbennig neu sy'n ganllaw i'w hymddygiad. Yn yr arholiad, cofiwch: **ddiffinio'r** gyfraith, **cymhwyso'r** gyfraith i'r ffeithiau a dod i **gasgliad** ynghylch a ddefnyddiwyd y pŵer yn gywir. Hyd yn oed os gwnaed rhywbeth yn gywir, mae angen i chi er hynny drafod pa gyfraith sy'n rhoi'r pŵer hwnnw iddynt.

Cadarnhaodd achos ***O'Hara v UK (2001)*** yn Llys Hawliau Dynol Ewrop y prawf dwy ran am ddrwgdybiaeth resymol. Rhaid i'r swyddog ddrwgdybio yn wirioneddol (goddrychol) a rhaid bod seiliau rhesymol dros y ddrwgdybiaeth honno (gwrthrychol).

Mae **Cod G** yn ymdrin â phwerau statudol arestio ac yn rhoi rhai enghreifftiau o pryd y mae angen arestio.

a.117 – Gallu defnyddio grym rhesymol i arestio.

a.28 – Hyd yn oed os yw'n amlwg, rhaid dweud wrth y person a ddrwgdybir mewn iaith hygyrch ei fod yn cael ei arestio a beth yw seiliau'r arestio.

Cod C – Rhaid rhoi'r rhybudd hwn i'r person a ddrwgdybir adeg ei arestio: *'Does dim rhaid i chi ddweud dim byd. Ond gall niweidio eich amddiffyniad os na fyddwch chi'n sôn, wrth gael eich holi, am rywbeth y byddwch chi'n dibynnu arno yn nes ymlaen yn y Llys. Gall unrhyw beth yr ydych yn ei ddweud gael ei roi fel tystiolaeth.'*

a.24A PACE fel y'i diwygiwyd gan **Ddeddf Troseddu Cyfundrefnol Difrifol a'r Heddlu** – Mae'n rhoi pŵer i berson ar wahân i gwnstabl arestio heb warant unrhyw un sydd wrthi'n cyflawni trosedd dditiadwy, neu unrhyw un y mae ganddo seiliau rhesymol dros ddrwgdybio ei fod yn cyflawni trosedd dditiadwy. Rhaid iddo gael seiliau rhesymol dros gredu bod angen arestio ac nad yw'n ymarferol i heddwas arestio yn ei le.

a.32 – Gall cwnstabl chwilio person **a arestiwyd** mewn lle ar wahân i orsaf heddlu, os oedd ganddo seiliau rhesymol dros gredu y gall y person a arestiwyd fod yn berygl iddo ei hun neu eraill, fod yn meddu ar dystiolaeth neu fod yn berygl.

Termau allweddol

Angen arestio = o dan a.24, rhaid i gwnstabl fod â'r canlynol:

(i) Seiliau rhesymol dros ddrwgdybio bod trosedd wedi ei chyflawni neu ar fin cael ei chyflawni.

(ii) Seiliau rhesymol dros ddrwgdybio mai'r diffynnydd sy'n euog ohoni a

(iii) Seiliau rhesymol dros gredu bod **angen arestio'r** person am resymau a roddir yn **a.24(5)**. Dyma'r seiliau hyn:

a) Galluogi canfod enw'r person dan sylw (lle nad yw'n hysbys neu le cred y cwnstabl fod yr un a roddwyd yn ffug).

b) Galluogi canfod cyfeiriad y person dan sylw fel yn a).

c) Atal y person dan sylw rhag:
  (i) achosi anaf corfforol iddo'i hun neu unrhyw un arall;
  (ii) dioddef anaf corfforol;
  (iii) peri colled neu ddifrod i eiddo;
  (iv) cyflawni trosedd yn erbyn y cyhoedd; neu
  (v) peri rhwystr anghyfreithlon ar y briffordd.

d) I amddiffyn plentyn neu berson arall sy'n fregus ac yn agored i niwed rhag y person dan sylw.

e) Caniatáu ymchwilio yn brydlon ac yn effeithiol i'r drosedd neu i ymddygiad y person dan sylw.

f) Osgoi rhwystro'r broses o erlyn rhywun am y drosedd trwy ddiflaniad y person dan sylw.

Cadw a holi

Cadw

a.30 – Rhaid mynd â'r person a ddrwgdybir i'r orsaf heddlu mor fuan ag y bo modd wedi ei arestio onid oes ei angen yn rhywle arall.

a.36 – Pan fydd yn cyrraedd yr orsaf heddlu, mae **swyddog y ddalfa** yn penderfynu a oes digon o dystiolaeth i gyhuddo'r person a ddrwgdybir.

a.37 – Os nad oes digon o dystiolaeth i'w gyhuddo, bydd yn asesu a fyddai modd cael y fath dystiolaeth trwy holi, ac os felly, gall y person a ddrwgdybir gael ei gadw at y pwrpas hwn. Os nad oes, dylid ei ryddhau. Os oes digon o dystiolaeth yn bod eisoes i gyhuddo adeg arestio, dylid rhoi mechnïaeth i'r person a ddrwgdybir o dan *a.38 PACE*.

a.40 – Pan fydd rhywun yn cael ei gadw yn y ddalfa ond heb gael ei gyhuddo eto, dylai swyddog y ddalfa adolygu'r sefyllfa wedi'r 6 awr gyntaf ac yna bob 9 awr.

a.41 – Gall yr heddlu awdurdodi cadw rhywun yn y ddalfa heb gyhuddiad am hyd at 24 awr. Codwyd hyn i 36 awr (**a.42**) yn dilyn *Deddf Cyfiawnder Troseddol 2003*.

a.44 – Uchafswm yr amser y gellir cadw rhywun yn y ddalfa yw 96 awr os bydd ynadon yn cymeradwyo hynny.

a.54 – Gall yr heddlu chwilio person a **arestiwyd** pan fydd yn cyrraedd yr orsaf heddlu. Gallant gipio unrhyw eitem y gall y person a ddrwgdybir, yn eu barn nhw, ei ddefnyddio i achosi anaf corfforol iddo ef ei hun neu unrhyw un arall, difrodi eiddo, ymyrryd â thystiolaeth, neu ei gynorthwyo i ddianc; neu unrhyw eitem y mae gan y cwnstabl seiliau rhesymol dros gredu y gallai fod yn dystiolaeth sy'n ymwneud â throsedd.

Chwilio a samplau o natur bersonol

a.55 – Chwilio o natur bersonol – Mae gan yr heddlu, gydag awdurdod arolygydd neu reng uwch, y pŵer i gynnal chwiliad o natur bersonol o agennau'r corff pan mae gan yr uwch-arolygydd seiliau rhesymol dros gredu bod y person a ddrwgdybir wedi cuddio unrhyw beth y gallai ei ddefnyddio i achosi anaf corfforol iddo'i hun neu eraill, ac y gallai ei ddefnyddio tra ei fod yn cael ei gadw gan yr heddlu neu yn nalfa'r llys; neu fod person o'r fath wedi cuddio cyffur Dosbarth A arno ef ei hun. Rhaid i'r chwilio gael ei wneud gan weithiwr meddygol proffesiynol neu nyrs gofrestredig.

a.62 – Gellir cymryd samplau o natur bersonol megis gwaed, poer a semen gan y person a ddrwgdybir.

a.63 – Mae modd cymryd samplau nad ydynt o natur bersonol, megis gwallt a thoriadau ewinedd os yw arolygydd neu rywun o reng uwch yn awdurdodi hynny.

a.64 – Mae modd tynnu gwybodaeth DNA o'r samplau a gymerwyd a'u gosod am amser amhenodol ar gronfa ddata DNA genedlaethol.

Yn achos ***S and Marper v UK (2008)***, dyfarnodd Llys Hawliau Dynol Ewrop fod cadw DNA am amser amhenodol os na chafwyd euogfarn yn torri Erthygl 8 yr ***ECHR***. Dim ond DNA o unigolion a gafwyd yn euog o droseddau y mae carchar yn gosb iddynt y mae hawl ei storio am gyfnod amhenodol ar y gronfa ddata.

a.61 ac **a.27** Gall yr heddlu gymryd olion bysedd gan bobl a ddrwgdybir.

a.61A PACE fel y'i diwygiwyd gan ***Ddeddf Troseddu Cyfundrefnol Difrifol a'r Heddlu (2005)***. Mae modd cymryd argraffiadau o esgidiau.

Termau allweddol

Swyddog y ddalfa = cwnstabl o reng rhingyll o leiaf sy'n bresennol yn ystafelloedd y ddalfa yn yr orsaf heddlu ac sy'n gyfrifol am les a hawliau pobl a ddygir i'r ddalfa. Maent yn cadw cofnod cadwraeth.

Ymestyn a herio

Rhoddodd Adrannau 23–25 ***Deddf Terfysgaeth 2006*** yr amgylchiadau pryd y gellid cadw'r rhai a oedd yn cael eu drwgdybio o derfysgaeth am gyfnod o 28 diwrnod. Dylai'r 'pŵer eithriadol' hwn fod wedi bod mewn grym am flwyddyn yn unig, a dychwelyd wedyn i 14 diwrnod. Fodd bynnag, cafodd ei adnewyddu flwyddyn ar ôl blwyddyn, gan gael ei feirniadu gan grwpiau hawliau sifil, tan fis Ionawr 2011 pan na chafodd ei adnewyddu a gadawyd iddo ddychwelyd i 14 diwrnod. Mae ***Deddf Diogelu Rhyddidau 2012*** yn cadarnhau mai 14 diwrnod fydd y cyfnod cadw i bobl a ddrwgdybir o derfysgaeth, ac na fydd yn bosibl ymestyn y cyfnod i 28 diwrnod.

Ymestyn a herio

Arferid galw chwilio'r geg yn chwilio o natur bersonol. Byddai gwerthwyr cyffuriau yn aml yn cuddio cyffuriau yn eu cegau gan wybod na fyddai'r heddlu yn cael eu chwilio. Rhoddai hyn amser iddynt gael gwared â'r dystiolaeth. Dywed ***a.65 PACE*** fel y'i diwygiwyd gan ***Ddeddf Cyfiawnder Troseddol a Threfn Gyhoeddus 1994*** yn awr nad yw chwilio'r geg yn chwilio o natur bersonol.

Erthygl 8 yr ECHR – yr hawl i barch at fywyd preifat a theuluol rhywun, ei gartref a'i ohebiaeth.

U2 Y Gyfraith: Cyfraith Trosedd a Chyfiawnder – Canllaw Astudio ac Adolygu

Termau allweddol

Gorthrwm = yn ôl a.76(8) golyga gorthrwm unrhyw artaith, triniaeth annynol neu ddiraddiol neu ddefnyddio neu fygwth trais.

Oedolyn priodol = rhiant, gwarcheidwad neu weithiwr cymdeithasol.

Tystiolaeth Annerbyniol = tystiolaeth na ellir ei defnyddio yn y llys yn erbyn y cyhuddedig.

Tystiolaeth Dderbyniol = tystiolaeth y gellir ei defnyddio yn y llys yn erbyn y cyhuddedig. O ran pwerau'r heddlu, rhaid cael tystiolaeth yn y ffordd briodol er mwyn iddi fod yn dderbyniol.

Hawliau a thriniaeth pobl a ddrwgdybir pan gânt eu cadw a'u holi

a.60 – Dylai cyfweliadau gael eu recordio ar dâp. Fodd bynnag, cafwyd y gall cyfweliadau ddigwydd y tu allan i'r orsaf heddlu, er enghraifft, ar y ffordd i'r orsaf. Mewn rhai ardaloedd mae'r heddlu yn recordio cyfweliadau ar fideo hefyd. Rhaid i'r heddlu wneud cofnod o'r cyfweliad a'i gadw ar ffeil.

a.56 – Mae gan y person a ddrwgdybir yr hawl i rywun gael gwybod ei fod wedi'i arestio. Gall yr hawl hon gael ei hatal am hyd at 36 awr os teimlir y gall y person a ddewiswyd gan y person a ddrwgdybir ymyrryd â'r ymchwiliad mewn rhyw ffordd (e.e. rhoi gwybod i bobl eraill a ddrwgdybir, dinistrio tystiolaeth, etc.)

a.58 – Mae gan y person a ddrwgdybir yr hawl i ymgynghori â chyfreithiwr yn breifat ac am ddim. Unwaith eto, gall yr hawl hon gael ei hatal am hyd at 36 awr am y rhesymau a grybwyllwyd uchod. Gall y cyngor hwn gael ei roi dros y ffôn gan **Amddiffyn Troseddol Uniongyrchol**.

a.57 – Mae'n rhaid i bobl a ddrwgdybir sy'n fregus ac yn agored i niwed, h.y. rhai o dan 17 oed a rhai ag anhwylder/anabledd meddwl gael **oedolyn priodol** gyda nhw adeg yr holi. Mae'r hawl hon yn ychwanegol at yr hawl o dan a.58 uchod. Gall absenoldeb y person hwn beri bod unrhyw gyfaddefiad yn **annerbyniol** yn y llys.

Cod C – Rhaid i'r person a ddrwgdybir gael ei rybuddio adeg ei arestio a chyn pob cyfweliad.

Cyswllt synoptig

Cofiwch yr hawl i ymgynghori â chyfreithiwr ar ddyletswydd os bydd cwestiwn yn gofyn i chi am y cymorth cyfreithiol sydd ar gael i bobl a ddrwgdybir. Mae hwn yn gwestiwn synoptig poblogaidd ar lefel U2.

Tystiolaeth a derbynioldeb

Mae'n hanfodol bod pwerau'r heddlu yn cael eu harfer yn gywir er mwyn i'r dystiolaeth a gafwyd gael ei defnyddio yn y llys (h.y. bod yn dderbyniol). Gall y llysoedd wrthod derbyn tystiolaeth na chafwyd yn y modd priodol.

a.76(2)(a) Gall tystiolaeth cyfaddefiad gael ei heithrio adeg y treial os fe'i cafwyd trwy **orthrwm**. Os codir hyn, mater i'r erlyniad wedyn yw profi y tu hwnt i amheuaeth resymol *na* chafwyd y cyfaddefiad trwy orthrwm.

a.76(2)(b) Gall tystiolaeth cyfaddefiad gael ei heithrio adeg y treial os fe'i cafwyd o dan amgylchiadau sy'n ei gwneud yn annibynadwy. Gweler achosion **Samuel** a **Grant** lle roedd methiant i ddarparu mynediad at gyngor cyfreithiol yn golygu bod y cyfaddefiadau yn annerbyniol.

a.78 Gall unrhyw dystiolaeth sy'n cynnwys cyfaddefiad gael ei heithrio o dan yr adran hon ar y sail y byddai'n effeithio'n andwyol ar degwch y treial. Mae hyn yn cynnwys sefyllfaoedd megis peidio ag ysgrifennu cofnod y cyfweliadau yn syth wedi iddynt orffen fel yn achos **R v Canale (1990)**.

Rhaid i dorri'r Codau Ymarfer fod yn 'ddifrifol a sylweddol' er mwyn i'r dystiolaeth a gafwyd gael ei hystyried ar gyfer ei heithrio.

Fel y dywedwyd uchod, o dan **a.57** mae'n rhaid i bobl a ddrwgdybir sy'n fregus ac yn agored i niwed, h.y. rhai o dan 17 oed a rhai ag anhwylder/anabledd meddwl, gael oedolyn priodol gyda nhw adeg yr holi. Gall absenoldeb y person hwn wneud unrhyw gyfaddefiad yn **annerbyniol** yn y llys. O dan **a.77** byddai'r rheithgor yn cael ei rybuddio lle gwnaed cyfaddefiad gan rywun ag anabledd meddwl.

Mae gan yr heddlu bwerau eang y gellir eu harfer gyda disgresiwn. Mae perygl o gamddehongli sefyllfa a chamgymeriadau bob amser, ond mae'r pwerau yn hanfodol er mwyn cadw'r cyhoedd yn ddiogel. Lle cafwyd camgymeriadau, gall rhwymedïau fod ar gael.

Wrth ateb cwestiwn ar y testun hwn, gofalwch gynnwys cymaint o adrannau ag y gallwch a'u cymhwyso i ffeithiau senario ar ddull LA3. Cofiwch **ddiffinio'r gyfraith, cymhwyso'r gyfraith** a **dod i gasgliad ar y pwynt hwnnw o gyfraith** cyn symud ymlaen at yr un nesaf. Hyd yn oed os yw'r heddlu fel petaent wedi arfer eu pwerau'n gywir, mae'n bwysig er hynny trafod hyn yn yr un modd, yn hytrach na dim ond dod i gasgliad ei fod wedi ei wneud yn gywir. Mae hwn yn destun poblogaidd iawn ar Safon Uwch.

Achos allweddol

R v Samuel (1988) – Cafodd y person a ddrwgdybiwyd ei gadw a'i holi ynghylch lladrad arfog, ond gwrthododd yr heddlu sawl gwaith iddo gael mynediad at gyfreithiwr am eu bod yn teimlo y gallai pobl eraill a ddrwgdybiwyd gael eu rhybuddio. Cyfaddefodd Samuel i'r drosedd. Barnwyd nad oedd cyfiawnhad dros hyn ac na ellid defnyddio'r cyfaddefiad yn y llys.

R v Grant (2005) – Barnwyd bod ymyrraeth gan yr heddlu â hawl rhywun i ymgynghori â chyfreithiwr mor ddifrifol fel y diddymwyd ei euogfarn am lofruddiaeth.

Cwynion yn erbyn yr Heddlu

Yn ôl Rheolaeth Cyfraith, nid oes neb uwchlaw'r gyfraith ac mae pawb yn gyfartal o dani. Mae hyn yr un mor wir am yr heddlu. Er bod gan yr heddlu y pŵer i dresmasu ar hawliau dynol rhywun yn gyfreithiol, megis yr hawl i ryddid o dan Erthygl 5, rhaid iddynt wneud hynny o fewn y pwerau a roddwyd iddynt a heb dorri unrhyw gyfraith. Dylent hefyd gadw at Godau Ymarfer **PACE**.

Gall unrhyw un wneud cwyn yn erbyn yr heddlu. Does dim rhaid i'r achwynydd fod wedi 'dioddef' camymddwyn gan yr heddlu. Er enghraifft, gallai fod wedi bod yn dyst i ddigwyddiad, a theimlo y dylai'r digwyddiad fod yn destun cwyn. Dylid gwneud y gŵyn o fewn blwyddyn a rhaid iddi fod yn erbyn heddwas penodol, grŵp o swyddogion neu staff sifilaidd. Mae'n bwysig felly cael cymaint o fanylion ag y bo modd am y swyddog(ion) dan sylw er mwyn cyflwyno'r gŵyn. Mae modd gwneud cwynion cyffredinol am bolisi/arferion yr heddlu neu'r heddlu lleol at y Swyddfa Gartref trwy'r Aelod Seneddol (AS/*MP: Member of Parliament*) lleol neu'r Comisiynydd Heddlu lleol.

Er mwyn sicrhau bod yr heddlu yn gweithredu o fewn y gyfraith, gall dinesydd sy'n teimlo ei fod wedi cael cam naill ai wneud cwyn neu siwio trwy'r llysoedd sifil. Arferai Awdurdod Cwynion yr Heddlu (*PCA: Police Complaints Authority*) oruchwylio trefn gwyno'r heddlu ond oherwydd beirniadaeth helaeth, dilëwyd hwn gan **Ddeddf Diwygio'r Heddlu (2002)** a rhoi **Comisiwn Annibynnol Cwynion yr Heddlu** (*IPCC: Independent Police Complaints Commission*) yn ei le. Eu rôl nhw yw ymchwilio, goruchwylio neu reoli cwynion yn erbyn yr heddlu a gofalu y cânt eu trin yn effeithiol. Y gobaith yw y bydd y corff newydd hwn yn fwy annibynnol, agored a hygyrch na'r *PCA* ac y bydd unigolion yn teimlo'n fwy parod i wneud cwyn. Dewis arall neu ychwanegol yw cymryd camau sifil a siwio'r heddlu.

Bydd y testun hwn yn ymchwilio i'r drefn o wneud cwyn, rôl Comisiwn Annibynnol Cwynion yr Heddlu a phosibilrwydd cymryd camau sifil yn erbyn yr heddlu.

Y drefn gwyno

Mae pob cwyn yn cychwyn gyda'r unigolyn dan sylw, neu gyfreithiwr neu AS ar ei ran, yn gwneud cwyn ysgrifenedig at yr heddlu dan sylw. Nid oes gan Gomisiwn Annibynnol Cwynion yr Heddlu y pŵer i gofnodi cwynion ac os gwneir cwyn yn eu herbyn, rhaid iddynt ei hanfon ymlaen at yr heddlu penodol dan sylw. Yn y rhan fwyaf o achosion, mae cwynion yn cael eu hystyried a'u cofnodi gan Adran Safonau Proffesiynol (*PSD: Professional Standards Department*) yr heddlu penodol dan sylw. Mae'r *PSD* yn penderfynu a ddylid cofnodi'r gŵyn neu beidio ac os ydynt yn dewis peidio â chofnodi'r gŵyn, mae gan yr achwynydd hawl i apelio yn erbyn hyn. Mae'r *PSD* wedyn yn penderfynu a ddylid trin y gŵyn yn anffurfiol (dan y drefn ddatrys 'leol' neu 'anffurfiol'). Canlyniad tebygol datrys lleol yw ymddiheuriad, ac nid oes hawl i apelio ar ôl dewis yr ateb lleol. Os bydd y *PSD* yn penderfynu bod y gŵyn yn addas ar gyfer datrys ffurfiol, ymdrinnir â hi trwy'r drefn ymchwilio leol. Bydd hyn yn mynnu bod yr heddlu yn penodi Swyddog Ymchwilio o'r un rheng â'r swyddog sy'n destun yr ymchwiliad, neu'n uwch. Gall y Swyddog Ymchwilio hwn fod o'r un llu neu un gwahanol. Mae gan yr heddlu ddisgresiwn i gyfeirio mater at yr *IPCC* a gall yr *IPCC* hefyd benderfynu ymdrin ag unrhyw achos penodol petaent yn dymuno.

Ymestyn a herio

Rheolaeth Cyfraith yw un o'r tair egwyddor sylfaenol sy'n sail i gyfansoddiad y DU. Yn ôl Rheolaeth Cyfraith A. V. Dicey:

1. Ni ddylai neb gael ei gosbi oni bai ei fod wedi torri cyfraith.
2. Dylai un gyfraith lywodraethu pawb.
3. Sicrheir hawliau unigolion trwy benderfyniadau barnwyr mewn llysoedd cyfraith ac nid trwy gyfansoddiad ysgrifenedig.

Gwella gradd

Nid yw'r testun hwn yn cael ei arholi bellach fel cwestiwn ar ddull traethawd yn LA4 Adran A. Mae'n ymddangos yn awr yn LA3 fel senario problem, tebyg i'r cwestiwn ar Bwerau'r Heddlu. Rydych yn debyg o wynebu senario lle torrwyd hawliau rhywun, a gofynnir i chi ystyried beth yw pwerau Comisiwn Annibynnol Cwynion yr Heddlu i ymchwilio i'r digwyddiad.

Ymestyn a herio

Yn yr Heddlu Metropolitan, cyfeirir at yr Adran Safonau Proffesiynol fel y Gyfarwyddiaeth Safonau Proffesiynol.

Ymestyn a herio

Yn yr achosion mwyaf difrifol, bydd yr *IPCC* yn cynnal ymchwiliad hollol annibynnol. Mewn achosion ychydig yn llai difrifol, bydd yr *IPCC* yn rheoli ymchwiliad gan yr heddlu (ymchwiliadau 'rheoledig'). Yn y rhan fwyaf o achosion, bydd yr heddlu yn ymdrin â'r gŵyn a bydd yr *IPCC* yn goruchwylio'r ymchwiliad (ymchwiliad 'dan oruchwyliaeth') neu bydd yr heddlu yn unig yn ymdrin â'r achos ('ymchwiliad lleol' na ddylid drysu rhyngddo a 'datrys lleol').

Cyswllt synoptig

Gallai'r *CPS* ymddangos fel cyswllt synoptig gyda chwestiwn LA3 am gwynion yn erbyn yr heddlu. Gall cwestiwn ofyn am y profion y mae'r *CPS* yn eu defnyddio i bennu a ddylent fwrw ymlaen ag erlyniad yn erbyn yr heddwas. Byddai disgwyl i chi drafod y prawf Cod Llawn a/neu y prawf Trothwy yn eich ateb.

Ymestyn a herio

Edrychwch ar y digwyddiadau a grybwyllir gyferbyn a lluniwch adroddiad am yr hyn a ddigwyddodd a beth oedd casgliadau ymchwiliadau'r *IPCC*.

Gwella gradd

Ewch at **www.ipcc.gov.uk** ac ymchwiliwch i'r ffordd mae'r *IPCC* yn gweithredu. Ystyriwch a yw'n agored, amserol, cymesur a theg.

Fodd bynnag, mae adegau pan mae'n rhaid anfon cwyn at yr *IPCC*. Gall yr *IPCC* benderfynu ymchwilio, goruchwylio neu reoli'r gŵyn. Rhaid i'r heddlu lleol gyfeirio'r digwyddiadau isod ymlaen at yr *IPCC* a gall yr *IPCC* ymchwilio i'r materion hyn hyd yn oed os na wnaed cwyn:

- Marwolaethau yn dilyn cyswllt â'r heddlu (e.e. digwyddiad yn y ddalfa) neu achosion o anaf difrifol i aelod o'r cyhoedd.
- Damweiniau ffyrdd marwol yn ymwneud ag un o gerbydau'r heddlu.
- Defnyddio dryll gan swyddog ar ddyletswydd.
- Honiadau o ymddygiad gwahaniaethol difrifol.
- Honiadau o ymosod.
- Honiadau o drosedd 'casineb'.
- Honiadau bod swyddog wedi cyflawni trosedd ddifrifol, y gellir ei arestio amdano, tra ei fod ar ddyletswydd.
- Honiadau o lygredd.

Gall yr *IPCC* hefyd gyfeirio achos at Wasanaeth Erlyn y Goron os yw'n credu y dylid erlyn swyddog, a chaiff hyn ei drin yn yr un modd ag erlyniad yn erbyn dinesydd.

Comisiwn Annibynnol Cwynion yr Heddlu

Sefydlwyd yr *IPCC* gan **Ddeddf Diwygio'r Heddlu** a daeth i rym ym mis Ebrill 2004. Yn ôl eu gwefan – www.ipcc.gov.uk – eu prif bwrpas statudol yw 'cynyddu hyder y cyhoedd yn system gwyno'r heddlu yng Nghymru a Lloegr'.

Sefydlwyd yr *IPCC* i gymryd lle Awdurdod Cwynion yr Heddlu, am fod y llywodraeth yn teimlo bod angen gwasanaeth mwy annibynnol, hygyrch ac agored er mwyn i unigolion deimlo'n gyfforddus i gyflwyno cwynion yn erbyn yr heddlu a bod yn hyderus am yr ymchwiliad. Fel y trafodwyd uchod, y mae rhai achosion y byddant yn ymchwilio iddynt yn annibynnol, gan ddwyn rheolaeth yr ymchwiliad oddi wrth yr heddlu, ond mae'r heddlu yn debyg o gymryd rhyw ran yn y rhan fwyaf o achosion. Yn ogystal â'r heddlu, mae'r *IPCC* yn ymdrin â chwynion am Gyllid a Thollau Ei Mawrhydi (*HMRC*), yr Asiantaeth Troseddau Cyfundrefnol Difrifol ac Asiantaeth Ffiniau'r DU.

Caiff yr *IPCC* eu goruchwylio gan Gadeirydd a 12 Comisiynydd. Er mwyn hybu tegwch, yn ôl y gyfraith, ni allai'r Comisiynwyr na'r Cadeirydd fod wedi gweithio i'r heddlu mewn unrhyw rôl. Penodir y Comisiynwyr gan yr Ysgrifennydd Cartref.

Ers ei sefydlu, bu'r *IPCC* yn ymwneud ag ymchwiliadau proffil uchel iawn. Achos Jean Charles de Menezes, a saethwyd ar Drên Tanddaearol Llundain pan gamgymerwyd ef am hunan-fomiwr, yw un o'r rhai mwyaf dadleuol y bu'n rhaid iddynt ymdrin ag ef. Canfuwyd bod yr heddlu wedi torri rheolau iechyd a diogelwch a chawsant ddirwy drom. Ni fu unrhyw erlyniad troseddol. Ers hynny, maent wedi gorfod ymdrin â mwy o achosion amlwg megis marwolaeth Ian Tomlinson ym mhrotestiadau G20 a saethu Raoul Moat. Roedd yr *IPCC* yn rhan o'r ymchwiliadau i hacio ffonau gan y *News of the World*, mewn cysylltiad â chipio Milly Dowler a'i llofruddio. Canfuwyd bod heddlu Surrey yn gwybod am honiadau o hacio ffonau yn 2002, ond nid ymchwiliwyd i'r mater ar y pryd.

Camau sifil yn erbyn yr heddlu

Gall unigolyn ddwyn camau sifil yn erbyn yr heddlu a cheisio iawndal i wneud iawn am yr anafiadau a'r golled a gafwyd. Pan oedd y *PCA* mewn grym, os methodd cwyn yr achwynydd yn erbyn yr heddlu, nid oedd hyn o raid yn rhwystro camau sifil llwyddiannus. O dan yr *IPCC* a'i bwerau ymchwilio estynedig, rydym eto i weld a fydd methiant cwyn yn rhwystro llwyddiant unrhyw gamau sifil. Mae modd siwio'r heddlu o dan amrywiol gategorïau megis: erlyniad maleisus, carcharu ar gam, arestio ar gam, tresmasu, ymosod neu esgeulustod. Y drefn arferol yw siwio Prif Gwnstabl yr heddlu penodol dan sylw; felly, yn wahanol i gwynion, nid oes rhaid gwybod pwy yw'r swyddogion unigol. Gwrandewir ar achosion fel arfer yn yr Uchel Lys a bydd rheithgor yn penderfynu a ddyfernir iawndal neu beidio.

Cafwyd nifer o achosion dros y blynyddoedd lle cafodd yr heddlu eu siwio yn llwyddiannus. Mae achos **Goswell v Commissioner of Police for the Metropolis (1998)** yn enghraifft o hawliad llwyddiannus yn erbyn yr heddlu. Roedd Mr Goswell yn aros yn ei gar am ei gariad pan ddaeth PC Trigg ato a gofyn iddo ddod allan o'i gar heb wirio'r car mewn unrhyw ffordd. Dechreuodd Mr Goswell weiddi a rhegi a chwyno bod yr heddlu yn ei boeni yn annheg ac y dylent yn hytrach fod yn gwneud ymchwiliad iawn i ymosodiad llosgi bwriadol diweddar ar ei gartref. Dywedodd PC Trigg ddwywaith wrth Mr Goswell am dawelu, ond methodd wneud hynny. Yna cydiodd y swyddogion yn Mr Goswell a rhoi gefynnau am ei ddwylo y tu ôl i'w gefn. Tarodd PC Trigg Mr Goswell ar ei dalcen gyda phastwn heddlu gan achosi clwyf a waedodd yn llif. Rhoddwyd Mr Goswell mewn car heddlu a'i gymryd i orsaf heddlu Woolwich. Dim ond pan gyrhaeddodd yr orsaf y dywedwyd wrtho pam roedd wedi ei arestio. Siwiodd yr heddlu yn y llysoedd sifil am ymosod a charcharu ar gam, a dyfarnwyd iddo iawndal sylweddol o £120,000 am ymosod, £12,000 am garcharu ar gam ac iawndal esiamplaidd o £170,000 am ymddygiad mympwyol a gormesol. Ar apêl, gostyngwyd hyn i £47,600.

Yn achos **The Commissioner of Police for the Metropolis v Thompson and Hsu (1997)** gosododd y Llys Apêl ganllawiau pwysig ar ddyfarnu iawndal mewn achosion sifil yn erbyn yr heddlu. Dyfarnwyd iawndal o £220,000 yn wreiddiol i Kenneth Hsu am arestio ar gam, carcharu ar gam ac ymosod gan yr heddlu, ond cafodd hyn ei ostwng ar apêl ar y cyd (Thompson) i £35,000. Yn dilyn yr achosion hyn, mae'r dyfarniadau iawndal wedi eu cyfyngu oherwydd pryderon bod y dyfarniadau mawr a roddir gan reithgorau yn lleihau'r gyllideb a oedd ar gael ar gyfer plismona. Mae uchafswm ar hyn o bryd o £50,000 am iawndal esiamplaidd am 'ymddygiad gormesol, mympwyol neu anghyfansoddiadol' gan yr heddlu.

Rhwymedïau am dorri pwerau'r heddlu

Mae'n bwysig bod rhwymedïau digonol ar gael i atal ymddygiad tebyg yn y dyfodol ac i roi rhyw fath o ateb i'r achwynydd. Mae canlyniadau datrys lleol a mathau eraill o ymchwiliad yn cynnwys:
- Ymddiheuriad gan yr heddlu
- Eglurhad
- Newid mewn polisi neu drefn
- Cyfeirio at Wasanaeth Erlyn y Goron
- Argymhelliad y dylid cymryd camau disgyblu
- Adolygiad barnwrol.

Termau allweddol

Iawndal esiamplaidd (*exemplary damages*) = ei bwrpas yw bod yn **gosbedigol** (*punitive*) sy'n golygu y bwriedir iddo gosbi neu atal y diffynnydd rhag cyflawni gweithredoedd tebyg yn y dyfodol. Mae fel arfer yn cael ei ddyfarnu yn ychwanegol at iawndal arferol ac yn uwch na gwerth iawndal arferol hawliad.

Ymestyn a herio

Mae safon y prawf mewn achos sifil 'yn ôl pwysau tebygolrwydd', ac ar yr hawliwr y mae baich y prawf.

Ymestyn a herio

Adolygiad Barnwrol – Mae'n digwydd yn yr Uchel Lys ac yn goruchwylio penderfyniadau cyrff cyhoeddus megis yr heddlu. Rhaid cael cais gan unigolyn sy'n teimlo bod yr heddlu wedi tresmasu ar ei hawliau. Os yw'r heddlu yn torri eu pwerau, gall hefyd arwain at dorri hawliau unigolyn ac felly mae'r hawl i adolygu arfer pwerau a roddwyd yn rhwymedi pwysig. Yn y blynyddoedd diweddar, enillodd protestwyr a gymerodd ran yng ngwrthdystiadau G20 adolygiad barnwrol o'r tactegau a ddefnyddiwyd gan yr heddlu yn ystod y digwyddiad, ar ôl cwyno eu bod wedi eu curo a'u hatal yn anghyfreithlon. Roedd John Prescott ac eraill hefyd wedi ennill adolygiad barnwrol i ymchwiliad yr heddlu i'r sgandal hacio ffonau.

U2 Y Gyfraith: Cyfraith Trosedd a Chyfiawnder – Canllaw Astudio ac Adolygu

Gwella gradd
Gallwch chi ddod ar draws y testunau hyn ar y ddau bapur – ar LA3 fel cwestiwn synoptig ac ar LA4 fel cwestiwn traethawd.

Awgrym
Dyma rai cwestiynau nodweddiadol ar y testunau hyn ar gyfer **LA4**:

Y CPS – Ystyriwch a yw Gwasanaeth Erlyn y Goron wedi newid y system cyfiawnder troseddol yng Nghymru a Lloegr er gwell.

Mechnïaeth – Gwerthuswch i ba raddau mae'r gyfraith sy'n ymwneud â mechnïaeth yn cadw cydbwysedd teg rhwng hawliau diffynyddion sydd heb eu cael yn euog a hawliau'r cyhoedd yn gyffredinol i gael eu hamddiffyn rhag trosedd. Cwestiynau traethawd fydd y rhain a byddant felly yn werth 25 marc.

Mae'n bwysig yn y cwestiynau hyn i chi ymdrin â'r tri Amcan Asesu, hynny yw, dangos Gwybodaeth a Dealltwriaeth, Sgiliau ac Iaith a Dadlau. Er mwyn gwneud hyn, bydd angen i chi egluro popeth a wyddoch am y *CPS* neu Fechnïaeth ac yna **gwerthuso** systemau'r *CPS* neu Fechnïaeth gan gyfeirio at yr awdurdod cyfreithiol perthnasol.

Awgrym
Dyma rai cwestiynau nodweddiadol ar y testunau hyn ar gyfer **LA3**:

Y CPS – Eglurwch y profion a ddefnyddir gan yr heddlu i benderfynu erlyn neu beidio.

Mechnïaeth – Eglurwch bwerau'r heddlu i ganiatáu mechnïaeth.

Cofiwch mai cwestiynau synoptig rhan (b) fydd y rhain a byddant felly yn werth 11 marc, sy'n rhoi prawf ar Wybodaeth a Dealltwriaeth, felly gwnewch yn siŵr eich bod yn rhoi eglurhad a disgrifiad trylwyr a manwl o'r hyn mae'r cwestiwn yn ei ofyn.

Gorgyffwrdd Deunydd UG ac U2

Mae rhai testunau y byddwch chi wedi eu hastudio ar gyfer UG y bydd angen i chi wybod amdanynt yn fanwl ar gyfer U2. Mae'r holl destunau hyn wedi eu cynnwys yn *CBAC UG Y Gyfraith: Canllaw Astudio ac Adolygu*. Dyma'r testunau:

- Gwasanaeth Erlyn y Goron
- Mechnïaeth
- Y Broses Droseddol ac Apeliadau

Y CPS
Bydd angen i chi wybod:
- Hanes a rôl Gwasanaeth Erlyn y Goron, **Deddf Erlyniad Troseddau 1985**
- Cod i Erlynwyr y Goron
  Y Prawf Cod Llawn, Y Prawf Trothwy
- Rôl y Twrnai Cyffredinol
- Diwygio Gwasanaeth Erlyn y Goron
  Narey (1997)   **Glidewell (1998)**
  MacPherson (1999) **Auld (2001)**
  Abu Hamza (2006)
  Adroddiad *The Public Prosecution Service – Setting the Standard* (2009)

Mechnïaeth
Bydd angen i chi wybod:
- Mechnïaeth yr heddlu – **a.38 Deddf yr Heddlu a Thystiolaeth Droseddol 1984, a.4 Deddf Cyfiawnder Troseddol 2003**
- Mechnïaeth y llys – **a.4 Deddf Mechnïaeth 1976**
- Mechnïaeth amodol – **Deddf Cyfiawnder Troseddol a Threfn Gyhoeddus 1994**
- Cyfyngiadau ar fechnïaeth – **a.14, 18, 19 Deddf Cyfiawnder Troseddol 2003, a.56 Deddf Trosedd ac Anhrefn 1998, a.24 Deddf Gwrthderfysgaeth, Trosedd a Diogelwch 2001**
- Manteision ac anfanteision mechnïaeth

Proses Treialon ac Apeliadau
Bydd angen i chi wybod:
- Dosbarthiad troseddau
- Y drefn ar gyfer troseddau neillffordd profadwy
- Apeliadau o'r Llys Ynadon
- Troseddwyr ifanc (Y Drefn ac Apeliadau)
- Y drefn ar gyfer troseddau ynadol
- Y drefn ar gyfer troseddau ditiadwy
- Apeliadau o Lys y Goron

Rôl y Twrnai Cyffredinol

Uwch-gyfreithiwr yw'r Twrnai Cyffredinol ac mae ganddo nifer o swyddogaethau o ran y gyfraith a gwleidyddiaeth. **Jeremy Wright** yw'r Twrnai Cyffredinol presennol ac fe'i penodwyd gan y llywodraeth glymblaid ym mis Gorffennaf 2014. Ers **Deddf Diwygio Cyfansoddiadol 2005**, a dileu elfen farnwrol yr Arglwydd Ganghellor, y Twrnai Cyffredinol yw'r unig aelod o'r llywodraeth sy'n gorfod bod yn gyfreithiwr cymwys.

Mae pedair prif rôl gan y Twrnai Cyffredinol:

Gwleidyddol: Un o weinidogion y llywodraeth

Cyfreithiol: Prif Ymgynghorydd Cyfreithiol y llywodraeth

Goruchwyliwr y Gwasanaethau Erlyn

Gwarcheidwad 'budd y cyhoedd'.

O ran rôl gyfreithiol y Twrnai Cyffredinol, mae'n **Oruchwyliwr y Gwasanaethau Erlyn** ac mae hyn yn golygu nifer o gyfrifoldebau:

- Mae angen ei gydsyniad i erlyn rhai categorïau o droseddau, gan gynnwys Cyfrinachau Swyddogol, llygredd, ffrwydron, annog casineb hiliol a rhai troseddau terfysgol.
- Mae ganddo'r pŵer i gyfeirio dedfrydau 'rhy drugarog' at y Llys Apêl.
- Mae ganddo'r pŵer i gyfeirio pwyntiau o gyfraith mewn achosion troseddol at y Llys Apêl.
- Mae ganddo gyfrifoldeb statudol, o dan **Ddeddf Erlyniad Troseddau 1985** am y prif awdurdodau erlyn, gan gynnwys Gwasanaeth Erlyn y Goron, y Swyddfa Twyll Difrifol a'r Swyddfa Erlyn Cyllid a Thollau.
- Nid yw'n ymwneud â rhedeg Gwasanaeth Erlyn y Goron o ddydd i ddydd, ond gofynnir am ei gyngor mewn achosion sydd â phroffil uchel, yn sensitif neu'n anodd.

Y Twrnai Cyffredinol hefyd yw **gwarcheidwad 'budd y cyhoedd'**. Mae hyn yn golygu bod yn rhaid iddo sicrhau yr ystyrir budd y cyhoedd wrth benderfynu erlyn neu beidio ag erlyn, yn unol â'r **Prawf Cod Llawn.**

Syr Hartley Shawcross oedd y Twrnai Cyffredinol yn 1951, ac ef biau'r dywediad enwog:

'Ni fu erioed yn rheol yn y wlad hon – gobeithio na fydd byth – fod yn rhaid i'r hyn a ddrwgdybir sy'n droseddau fod yn awtomatig yn destun erlyn'.

Ymestyn a herio

Yng ngoleuni achosion fel un **Thompson a Venables**, ydych chi'n meddwl bod gan bobl ifanc sy'n cyflawni troseddau mor erchyll yr hawl i gael eu trin yn wahanol i oedolion?

Awgrymodd astudiaeth ddiweddar fod cymaint ag un o bob chwech o droseddwyr ifanc yn ôl yn y ddalfa o fewn mis o gael eu rhyddhau. Awgrymwyd mai un o'r rhesymau am hyn yw nad oes digon o ddarpariaeth i bobl ifanc pan fyddant yn cael eu rhyddhau yn ôl i'r gymuned; mae rhai yn ddigartref neu'n byw mewn llety anaddas. Pa gamau yn eich barn chi y dylai'r llywodraeth eu cymryd i gefnogi troseddwyr ifanc sy'n gadael y ddalfa? Cyfrifoldeb pwy yw hyn? Beth mae'r ystadegau hyn yn ei ddweud wrthym am effeithiolrwydd cadw pobl ifanc yn y ddalfa?

Troseddwyr ifanc

Y pwyslais gyda throseddwyr ifanc, sef y rhai rhwng 10 ac 17 oed, yw defnyddio gwarediadau y tu allan i'r llys os yw'n bosibl, ond lle mae angen mynd i'r llys, maent yn cael treial fel arfer yn y **Llys Ieuenctid**. Cangen o'r Llys Ynadon yw'r Llys Ieuenctid, a bydd yn yr un adeilad yn aml.

Ynadon wedi eu hyfforddi yn arbennig sy'n cadeirio'r Llys Ieuenctid, a byddant yn meddu ar sgiliau angenrheidiol sensitifrwydd a dealltwriaeth i ddelio â throseddwyr ifanc. Mae'r pwerau dedfrydu sydd ar gael yn y Llys Ieuenctid yn cynnwys dedfrydau o garchar mewn Sefydliad Troseddwyr Ifanc a dedfrydau digarchar. Y ddedfryd uchaf o garchar y gellir ei rhoi yw **Gorchymyn Cadw a Hyfforddi** am 24 mis, ac mae digon o ddedfrydau cymunedol ar gael os nad yw hynny'n briodol.

Mae rhai o nodweddion y Llys Ieuenctid yn gwneud y drefn yn wahanol iawn i lys oedolion, sef:

- **Llai ffurfiol**; ni fydd swyddogion y llys yn gwisgo gynau na pherwigiau rhag peri mwy o ofid i'r person ifanc.
- **Preifat**: ni chaiff y wasg fynd yno ac nid oes oriel gyhoeddus chwaith.
- Nid oes rhaid i ddioddefwr y drosedd fod yn bresennol; yn wir, y disgwyl yw na fydd yno.

Unwaith i'r person ifanc gael ei arestio, yr heddlu sy'n penderfynu a gaiff ei gadw yn y ddalfa neu ei ryddhau ar fechnïaeth. Wedi hyn, mae'r drefn yn debyg i drosedd neillffordd brofadwy ar gyfer troseddwr sy'n oedolyn.

PLEDIO'N EUOG		PLEDIO'N DDIEUOG
↓	*Os nad yw'r ynadon yn teimlo bod eu pwerau dedfrydu yn ddigonol, neu os yw'n achos difrifol iawn, mae ganddynt y grym i gyfeirio'r achos i Lys y Goron*	↓
DEDFRYDU Yn y Llys Ieuenctid		**TREIAL** Yn y Llys Ieuenctid

Arfer a Thechneg Arholiad

Cyngor a Chanllawiau Arholiad

Sut mae cwestiynau arholiad yn cael eu gosod

Nod arholiadau U2 Y Gyfraith CBAC yw annog myfyrwyr i:
- datblygu a chynnal eu mwynhad o'r gyfraith a'u diddordeb yn y pwnc;
- datblygu gwybodaeth a dealltwriaeth o feysydd penodol o'r gyfraith a'r system gyfreithiol yng Nghymru a Lloegr;
- datblygu dealltwriaeth o ddulliau ac ymresymu cyfreithiol;
- datblygu technegau ar gyfer meddwl yn rhesymegol a'r sgiliau sy'n angenrheidiol i ddadansoddi a datrys problemau trwy ddefnyddio rheolau cyfreithiol;
- datblygu'r gallu i fynegi dadleuon a chasgliadau cyfreithiol gan gyfeirio at yr awdurdodau cyfreithiol priodol;
- datblygu ymwybyddiaeth feirniadol o natur newidiol y gyfraith mewn cymdeithas;
- ennill sylfaen gadarn ar gyfer astudiaethau pellach;
- datblygu gwybodaeth ar hawliau a chyfrifoldebau unigolion fel dinasyddion gan gynnwys, pan fo'n briodol, dealltwriaeth o faterion moesol, ysbrydol a diwylliannol;
- datblygu, pan fo'n briodol, sgiliau cyfathrebu, cymhwyso rhif a thechnoleg gwybodaeth;
- gwella eu dysgu a'u perfformiad eu hunain, i hwyluso gweithio gydag eraill a datrys problemau yng nghyd-destun eu hastudiaethau o'r gyfraith.

Mae cwestiynau arholiad yn cael eu hysgrifennu ymhell cyn yr arholiad gan y Prif Arholwr sy'n gyfrifol am yr uned. Bydd pwyllgor o arholwyr profiadol yn trafod ansawdd pob cwestiwn a bydd y cwestiynau yn cael eu newid nes i'r pwyllgor gytuno eu bod yn addas. Mae'r cwestiynau yn cael eu hysgrifennu i adlewyrchu cynnwys a meini prawf llwyddiant y fanyleb.

Mae pwysiad pob un o'r papurau LA3 ac LA4 yn wahanol. Mae LA3 yn werth 20% o'r Safon Uwch lawn ac LA4 yn werth 30% o'r Safon Uwch lawn, sy'n gwneud 50% o gyfanswm y cymhwyster. Daw'r 50% arall o'r arholiadau UG.

Mae atebion arholiad yn cael eu marcio ar sail tri amcan asesu:

- **Amcan Asesu 1 (AA1) – Gwybodaeth a Dealltwriaeth**

  Gwybodaeth a Dealltwriaeth yw hyn, ac y mae'n cyfrif am 18% o'r marciau yn U2. Rhennir hyn rhwng LA3 ac LA4 fel a ganlyn: 7.2% yn LA3 a 10.8% yn LA4.

  Mae'r amcan asesu (AA) hwn yn asesu gwybodaeth a dealltwriaeth pob ymgeisydd o'r rheolau a'r egwyddorion sy'n sail i waith y gyfraith fel y nodir yng nghynnwys y pwnc. Mae hefyd yn asesu gallu'r ymgeiswyr i ddisgrifio sut mae'r gyfraith yn gweithio ac yn cael ei chymhwyso'n ymarferol. I gyrraedd ffiniau'r marciau uchaf, byddai disgwyl i ymgeiswyr gyfeirio at y trafodaethau cyfredol, a beirniadaethau a chynigion o bwys ar gyfer diwygio'r gyfraith os yw hynny'n gymwys. Mae disgwyl i ymgeiswyr ddefnyddio awdurdodau cyfreithiol i ategu eu hatebion fel sy'n briodol ac yn ôl gofynion y fanyleb.

- **Amcan Asesu 2 (AA2) – Sgiliau**

  Dadansoddi a gwerthuso yw hyn ac y mae'n cyfrif am 26% o'r marciau yn U2. Rhennir hyn rhwng LA3 ac LA4 fel a ganlyn: 10.4% yn LA3 a 15.6% yn LA4.

  Mae'r amcan asesu (AA) hwn yn asesu gallu pob ymgeisydd i werthuso'r modd y mae'r gyfraith yn gweithio ac yn cael ei rhoi ar waith, a'r graddau y mae'n amddiffyn hawliau ac yn gosod dyletswyddau. Mae'n ystyried pa mor dda y gall ymgeiswyr gategoreiddio problemau ffeithiol er mwyn cymhwyso egwyddorion cyfreithiol perthnasol a chynnal dadleuon cyfreithiol, gan gymhwyso'r gyfraith at ffeithiau a chefnogi casgliadau trwy ddyfynnu awdurdodau a thrwy ddadansoddiad a chydweddiad. Yn yr AA, mae disgwyl i ymgeiswyr ddadansoddi a gwerthuso, dehongli a defnyddio deunyddiau cyfreithiol gan gynnwys statudau a ffynonellau eraill y gyfraith.

- **Amcan Asesu 3 (AA3) – Iaith a Dadleuon**

  Mae hyn yn cyfrif am 6% o'r marciau yn U2; wedi'u rhannu rhwng LA3 ac LA4. Rhennir hyn rhwng LA3 ac LA4 fel a ganlyn: 2.4% yn LA3 a 3.6% yn LA4.

  Mae defnyddio termau allweddol a'r gallu i ddatblygu dadl yn bwysig yn y gyfraith. Mae'r amcan asesu hwn yn edrych ar allu pob ymgeisydd i gyflwyno dadl resymegol a chydlynol a mynegi deunydd perthnasol mewn modd eglur ac effeithiol gan ddefnyddio terminoleg gyfreithiol briodol. Mae'n ystyried i ba raddau y mae ymgeiswyr yn defnyddio termau a chonfensiynau arbenigol sy'n briodol i'r cwestiwn, a sut maent yn trefnu a chyflwyno gwybodaeth, syniadau, disgrifiadau a dadleuon. Mae hefyd yn asesu gallu'r ymgeiswyr i fynegi a chyflwyno'n eglur, gan sillafu, atalnodi a defnyddio gramadeg yn gywir.

U2 Y Gyfraith: Cyfraith Trosedd a Chyfiawnder – Canllaw Astudio ac Adolygu

Mae dau bapur arholiad U2 Y Gyfraith, ar ddau ddiwrnod gwahanol:

LA3

Mae'r papur hwn yn 1½ awr o hyd a bydd ymgeiswyr yn ateb **dau** gwestiwn senario o ddewis o bedwar. Mae pob cwestiwn wedi ei dorri'n ddwy ran, (a) a (b), sy'n rhoi cyfanswm o 25 marc, a rhaid ateb y ddwy ran. Bydd Rhan (a) yn asesu eich gallu i gymhwyso'r gyfraith i senario a roddir a bydd yn werth uchafswm o 14 marc. Bydd Rhan (b) yn asesu gwybodaeth synoptig; hynny yw, testun yr ymdriniwyd ag ef fel rhan o'r fanyleb UG, a bydd yn werth uchafswm o 11 marc. Mae'r papur allan o gyfanswm o 50 marc.

LA4

Mae'r papur hwn yn 2½ awr o hyd ac y mae iddo ddwy ran. Rhaid ateb cyfanswm o dri chwestiwn, dau o Adran A ac un o Adran B.

ADRAN A: Pedwar cwestiwn traethawd sydd i'r adran hon, a rhaid i'r ymgeisydd ddewis dau draethawd. Mae pob traethawd yn werth 25 marc. Mae hwn yn gyfle i'r ymgeiswyr ddangos i'r arholwr bopeth a wyddant am destun; ac y mae'n bwysig dangos ystod o wybodaeth, gan gynnwys beirniadaethau a diwygiadau diweddar, yn ogystal â dyfynnu digon o awdurdod cyfreithiol.

ADRAN B: Mae dau gwestiwn ymateb i symbyliad yn yr adran hon, a rhaid i'r ymgeisydd ddewis un cwestiwn. Mae pob cwestiwn wedi ei dorri'n ddwy ran, (a) a (b), sy'n rhoi cyfanswm o 25 marc, a rhaid ateb y ddwy ran. Bydd Rhan (a) yn asesu eich gallu i ymateb i'r symbyliad a thynnu ar eich gwybodaeth eich hun ac y mae'n werth 11 marc. Bydd Rhan (b) yn asesu gwybodaeth synoptig, a bydd yn werth 14 marc.

Sut mae cwestiynau arholiad yn cael eu marcio

Mae dwy ran, (a) a (b), i'r cwestiynau. Caiff myfyrwyr eu hasesu ar y tri 'amcan asesu' a grynhoir uchod ac isod.

Rhan (a)

Ar gyfer cwestiynau Rhan (a), sy'n werth 14 marc, gall ymgeiswyr gael uchafswm o 13 marc am AA2 am ateb 'cadarn'. Yn ôl canllawiau marcio CBAC am y Gyfraith gall arholwyr ddyfarnu marc sydd naill ai ar frig neu ar waelod ffin marc (er enghraifft, os yw ateb yn 'ddigonol', gall gael naill ai 7 neu 10 marc). Efallai fod hyn yn edrych yn rhyfedd, ond mae'n caniatáu rhychwant da o farciau. Os yw ateb ymgeisydd yn 'ddiogel' o fewn ffin marc, mae fel arfer yn cyrraedd brig y ffin, ac os yw ateb 'prin' o fewn ffin, mae'n cyrraedd gwaelod ffin y marc. Dyfernir un o'r tri marc sydd ar gael am AA3 am Ran (a). Mae hwn fel arfer yn cael ei ddyfarnu o hyd oni bai bod yr ymgeisydd heb ateb y cwestiwn neu fod y sillafu a'r atalnodi yn arbennig o wael.

Mae marciau yn cael eu dyrannu fel a ganlyn:

MARCIAU	AA3
1	Cyfathrebu'n effeithiol gan ddefnyddio terminoleg gyfreithiol briodol. Er hynny, efallai y bydd llawer o wallau yn y gramadeg, yr atalnodi a'r sillafu, ond ni fydd digon o wallau i amharu ar fynegiant yr ystyr.
0	Methu â chyfathrebu a chyflwyno dadl resymegol, gan gynnwys defnydd annigonol o derminoleg gyfreithiol. Mae gwallau sylweddol yn y gramadeg, yr atalnodi a'r sillafu sy'n amharu ar fynegiant yr ystyr.

MARCIAU	AA2 Sgiliau
11–13	Dengys yr ymgeiswyr werthusiad cadarn o'r modd mae'r gyfraith yn gweithio, neu gymhwysiad cywir a chadarn iawn o'r gyfraith i sefyllfa ffeithiol a roddwyd. Cyflawnant hyn trwy ddethol awdurdodau cyfreithiol, trwy fethodoleg briodol a thrwy eu gallu i gymhwyso'r gyfraith i gwestiwn a roddwyd. Maent yn ategu eu casgliadau trwy ddyfynnu, dadansoddi a chydweddiad.
7–10	Dengys yr ymgeiswyr werthusiad boddhaol o'r modd mae'r gyfraith yn gweithio, neu gymhwysiad cywir a chadarn o'r gyfraith i sefyllfa ffeithiol a roddwyd. Cyflawnant hyn trwy ddethol awdurdodau cyfreithiol, trwy fethodoleg briodol a thrwy eu gallu i gymhwyso'r gyfraith i gwestiwn a roddwyd ac i ategu eu casgliadau â dyfyniadau.
3–6	Dengys yr ymgeiswyr werthusiad cyfyngedig o rai o'r pwyntiau ynghylch dull gweithio'r gyfraith, neu byddant yn cymhwyso'r gyfraith i sefyllfa ffeithiol a roddwyd mewn modd sy'n rhannol gywir ac sydd weithiau heb ei brofi. Cyflawnant hyn trwy ddethol nifer cyfyngedig o awdurdodau cyfreithiol a gallu cyfyngedig i gymhwyso'r gyfraith i gwestiwn a roddwyd.
0–2	Dengys yr ymgeiswyr werthusiad sylfaenol o un o'r pwyntiau mwyaf sylfaenol ynghylch y modd mae'r gyfraith yn gweithio neu byddant yn cymhwyso'r gyfraith i sefyllfa ffeithiol a roddwyd mewn modd sy'n anghywir ac sydd heb ei brofi yn gyffredinol. Bydd rhai cyfeiriadau at awdurdodau cyfreithiol neu ddim o gwbl, ac ni chaiff pwyntiau eu datblygu. Tystiolaeth gyfyngedig iawn a geir o strwythur yn ymateb yr ymgeisydd.

Rhan (b)

Ar gyfer cwestiynau Rhan (b), sy'n werth 11 marc, gall ymgeiswyr gael uchafswm o naw marc yn AA1 am ateb 'cadarn'. Mae dau o'r tri marc sy'n cael eu rhoi yn AA3 ar gyfer Rhan (b).

Yma, mae'r ddau farc a roddir yn seiliedig ar ansawdd cyffredinol ateb ymgeisydd ac yn cael eu hasesu yn ôl diffiniad AA3 isod.

Mae marciau yn cael eu dyfarnu fel a ganlyn:

MARCIAU	AA3
2	Cyflwyna ddadl gwbl resymegol a chydlynol ac mae'n ei chymhwyso'n eglur gan ddefnyddio terminoleg gyfreithiol briodol. Nid yw hyn yn golygu na fydd gwallau yn y gramadeg, yr atalnodi a'r sillafu, ond bydd y rhain yn achlysurol yn unig.
1	Cyflwyna ddadl sydd gan amlaf yn rhesymegol ac yn gydlynol ac mae'n ei chymhwyso'n gymharol foddhaol gan ddefnyddio terminoleg gyfreithiol briodol. Er bod gwallau yn y gramadeg, yr atalnodi a'r sillafu, nid yw'r rhain yn ddigon i dynnu oddi ar fynegiant yr ystyr, sydd gan amlaf yn effeithiol.

MARCIAU	AA1 Gwybodaeth a Dealltwriaeth
8–9	Dengys yr ymgeiswyr wybodaeth a dealltwriaeth gadarn o'r cynnwys pwnc sy'n berthnasol i'r cwestiwn, ac amgyffrediad da o'r cysyniadau a'r egwyddorion sy'n sail i'r cynnwys pwnc hwnnw.
6–7	Dengys yr ymgeiswyr wybodaeth a dealltwriaeth foddhaol o'r cynnwys pwnc sy'n berthnasol i'r cwestiwn ac mae ganddynt amgyffrediad o rai o'r cysyniadau ac egwyddorion sy'n sail i'r cynnwys pwnc hwnnw. Dangosant ddealltwriaeth gyffredinol o gymhwysiad ymarferol y gyfraith ac maent yn ymwybodol o agweddau ar drafodaethau a beirniadaethau cyfredol.
3–5	Dengys yr ymgeiswyr wybodaeth a dealltwriaeth gyfyngedig o'r cynnwys pwnc sy'n berthnasol i'r cwestiwn, â mewnwelediad cyfyngedig i rai o'r cysyniadau a'r egwyddorion sy'n sail i'r cynnwys pwnc hwnnw. Dangosant ddealltwriaeth gyfyngedig o gymhwysiad ymarferol y gyfraith ac maent yn ymwybodol yn gyffredinol o rai o'r beirniadaethau cyfredol.
0–2	Dengys yr ymgeiswyr wybodaeth a dealltwriaeth sylfaenol o'r cynnwys pwnc sy'n berthnasol i'r cwestiwn a/neu gallant nodi rhai o'r egwyddorion perthnasol. Dangosant fewnwelediad sylfaenol yn achlysurol i rai o'r cysyniadau a'r egwyddorion sy'n sail i'r cynnwys pwnc hwnnw. Dangosant ddealltwriaeth sylfaenol o gymhwysiad ymarferol y gyfraith.

LA4

ADRAN A: Ar gyfer y cwestiynau hyn, mae holl ystod y marciau ar gael i'r tri amcan asesu; hynny yw 9 i AA1, 13 i AA2 a 3 i AA3. Felly, er mwyn cael marciau llawn, mae angen i'r ymgeiswyr ddangos gwybodaeth gadarn, yn ogystal ag ymwybyddiaeth o awdurdod cyfreithiol a'r gallu i ddarparu beirniadaeth a chyfeirio at faterion cyfredol sy'n ymwneud â'r maes.

ADRAN B: Rhennir y cwestiynau hyn yn Rhan (a) a Rhan (b), sy'n werth 11 ac 14 marc.

Mae Rhan (a) yn asesu AA1 Gwybodaeth a Dealltwriaeth gydag uchafswm o 11 marc, fel y gwelir uchod. Mae Rhan (b) yn asesu AA2 Sgiliau, gydag uchafswm o 14 marc, fel y gwelir uchod.

U2 Y Gyfraith: Cyfraith Trosedd a Chyfiawnder – Canllaw Astudio ac Adolygu

Gwella eich perfformiad yn yr arholiadau

Mae nifer o bethau pwysig i'w cofio a gwallau cyffredin sy'n codi flwyddyn ar ôl blwyddyn:

- Lle mae gan gwestiwn Ran (a) a Rhan (b), RHAID i chi ateb Rhan (a) a (b) o'r UN cwestiwn. Mae llawer o ymgeiswyr flwyddyn ar ôl blwyddyn yn camddarllen y cyfarwyddiadau ac yn dewis a dethol rhannau gwahanol o gwestiynau gwahanol, ond ni fyddwch yn ennill marciau o wneud hyn.
- Mae'n syniad dechrau gyda chyflwyniad da i'ch ateb am ei fod yn dangos i'r arholwr eich bod chi'n deall y testun o'r dechrau. Peidiwch ag ysgrifennu cyflwyniad hirwyntog – mae'n werth treulio ychydig o funudau yn meddwl ac yn cynllunio eich ateb cyn dechrau ysgrifennu.

Mewn cwestiwn traethawd, dylai eich cyflwyniad ddechrau trwy ddiffinio'r termau allweddol sydd yn y cwestiwn. Dyma rai enghreifftiau wedi eu hamlygu isod:

'Gwerthuswch effeithiolrwydd Gwasanaeth Erlyn y Goron wrth benderfynu a ddylid cyhuddo person a ddrwgdybir neu beidio'

'Gwerthuswch i ba raddau mae'n bosibl defnyddio meddwdod oherwydd alcohol a chyffuriau eraill fel amddiffyniad i gyhuddiad troseddol'

Mewn cwestiwn problem, gallech adolygu cyflwyniad safonol ar gyfer pob testun. Dyma enghraifft o gyflwyniad am Bwerau'r Heddlu:

Mae pwerau'r heddlu i chwilio, arestio a chadw pobl a ddrwgdybir yn cael eu llywodraethu yn bennaf gan y Codau Ymarfer sydd yn **Neddf yr Heddlu a Thystiolaeth Droseddol 1984** a diwygiadau a wnaed gan **Ddeddf Troseddu Cyfundrefnol Difrifol a'r Heddlu 2005**. Daeth y ddeddfwriaeth hon i rym er mwyn cynnal hawl y diffynnydd o dan **Erthygl 6 yr ECHR** i dreial teg a gwneud yr heddlu yn atebol er mwyn osgoi aflwyddiannau cyfiawnder a gafwyd yn y 1970au gan rai fel **Chwech Birmingham**, **Pedwar Guildford** a **Judith Ward**, a chaniatáu i'r heddlu wneud eu prif swyddogaeth ar yr un pryd, sef cynnal cyfraith a threfn a chadw'r cyhoedd yn ddiogel. Gallai torri'r ddeddfwriaeth hon olygu na fyddai tystiolaeth yn dderbyniol yn y llys a bod y diffynnydd yn cael rhwymedi trwy'r llysoedd sifil. Mae'r senario hon yn ymwneud â gweithredoedd yr heddlu, a byddaf yn ystyried, yn eu tro, a oedd eu gweithredoedd yn gyfreithlon neu beidio.

- Defnyddiwch gymaint o awdurdod cyfreithiol ag y gallwch ei gofio – mae hyn yn arbennig o bwysig pan fyddwch chi'n cymhwyso'r gyfraith yn LA3, neu'n gwneud beirniadaeth yn LA4. Mae angen i chi hefyd wneud yn siŵr eich bod yn egluro perthnasedd yr awdurdod cyfreithiol.

Enghraifft: **Osman v DPP (1999)**

Ateb A: O dan **a.2 Deddf yr Heddlu a Thystiolaeth Droseddol 1984**, rhaid i'r heddlu ddweud wrth y person a ddrwgdybir beth yw eu henwau a'u gorsaf, yn ogystal ag amcan y chwilio; gwelwyd hyn yn achos **Osman v DPP (1999)**.

Ateb B: O dan **a.2 Deddf yr Heddlu a Thystiolaeth Droseddol 1984**, rhaid i'r heddlu ddweud wrth y person a ddrwgdybir beth yw eu henwau a'u gorsaf, yn ogystal ag amcan y chwilio; gwelwyd hyn yn achos **Osman v DPP (1999)**, lle diddymwyd euogfarn y diffynnydd oherwydd i'r heddlu fethu â chydymffurfio ag a.2.

Mae'r adran a amlygwyd yn Ateb B yn dangos bod yr ymgeisydd yn gwybod ac yn deall perthnasedd yr achos, tra bod yr ymgeisydd yn Ateb A dim ond wedi defnyddio'r achos i gefnogi ei phwynt a heb symud ymlaen i ddangos SUT.

- Wrth ateb Rhan (a) cwestiwn LA3, mae'n hollbwysig eich bod yn DWEUD BETH YW'R GYFRAITH ac yna'n CYMHWYSO'R GYFRAITH i'r senario. Gadewch i ni ystyried y cwestiwn problem sydd ar dudalen 79, ynglŷn â hawliau Oscar fel carcharor yn ystod ei gyfnod yn nalfa'r heddlu, a chynllunio'r ateb. Cofiwch ei bod yn hanfodol bwysig dyfynnu adrannau o'r ddeddfwriaeth berthnasol. Mae arholwyr yn dweud bod ymgeiswyr yn gyndyn o ddyfynnu adrannau **PACE**, er y gall fod awgrym fod yr ymgeisydd yn gwybod pa adran sy'n gymwys. Darn yn unig o'r cwestiwn problem yw hon i ddangos sut i gynllunio ateb.

Arfer a Thechneg Arholiad

DWEUD BETH YW'R GYFRAITH	CYMHWYSO'R GYFRAITH
O dan **a.36 Deddf yr Heddlu a Thystiolaeth Droseddol 1984**, rhaid mynd â'r person a ddrwgdybir i'r orsaf heddlu cyn gynted ag y bo modd a rhaid agor cofnod cadwraeth.	Doedd neb ar gael i weithredu fel swyddog y ddalfa, oherwydd bod yn rhaid i hyn fod yn rhingyll neu rywun uwch, ac felly gweithredodd yr heddwas yn achos Oscar yn anghyfreithlon.
O dan **a.56 Deddf yr Heddlu a Thystiolaeth Droseddol 1984**, mae gan y person a ddrwgdybir yr hawl i rywun gael gwybod ei fod wedi'i arestio. Gall yr hawl hon gael ei hatal am hyd at 36 awr os teimlir y gallai'r person a ddewiswyd gan y person a ddrwgdybir ymyrryd â'r ymchwiliad mewn rhyw ffordd trwy roi gwybod i bobl eraill a ddrwgdybir neu ddinistrio tystiolaeth.	Gofynnodd Oscar am gael ffonio ei wraig, ond ni chafodd wneud hyn ac mae hyn yn amlwg yn torri **PACE**.
O dan **a.58 Deddf yr Heddlu a Thystiolaeth Droseddol 1984**, mae gan y person a ddrwgdybir yr hawl i ymgynghori â chyfreithiwr yn breifat ac am ddim. Unwaith eto, gall yr hawl hon gael ei hatal am hyd at 36 awr am y rhesymau a grybwyllwyd uchod. Gall y cyngor hwn gael ei roi dros y ffôn gan Amddiffyn Troseddol Uniongyrchol.	Gwadwyd yr hawl i Oscar gael cyngor cyfreithiol oherwydd nad oedd gan yr heddwas yr amser i gysylltu ag ef. Roedd hyn yn amlwg yn torri **PACE**, gan nad oes dim yn y senario sy'n dweud y gallai Oscar ymyrryd â'r ymchwiliad. Amlygwyd hyn gan achos **R v Samuel (1988)** lle barnwyd bod cyfaddefiadau a gafwyd wedi parhau i wrthod cyngor cyfreithiol yn annerbyniol yn y llys.
O dan **a.40 Deddf yr Heddlu a Thystiolaeth Droseddol 1984**, pan fydd rhywun yn cael ei gadw yn y ddalfa ond heb gael ei gyhuddo eto, dylai swyddog y ddalfa adolygu'r sefyllfa wedi'r 6 awr gyntaf ac yna bob 9 awr. O dan **a.41 Deddf yr Heddlu a Thystiolaeth Droseddol 1984**, gall yr uwch-arolygydd awdurdodi cadw rhywun yn y ddalfa heb gyhuddiad am hyd at 24 awr. Codwyd hyn i 36 awr (**a.42**) yn dilyn **Deddf Cyfiawnder Troseddol 2003**. Yn ôl **a.44 Deddf yr Heddlu a Thystiolaeth Droseddol 1984** uchafswm yr amser y gellir cadw rhywun yn y ddalfa yw 96 awr os bydd ynadon yn cymeradwyo hynny.	Cadwyd Oscar am 37 awr, ac nid oedd unrhyw awgrym bod adolygiad o'i sefyllfa a'i les; mewn gwirionedd, yr oedd peidio â rhoi bwyd a diod iddo yn torri ei hawliau dynol a **PACE**. Dylid bod wedi adolygu'r sefyllfa wedi'r 6 awr gyntaf ac yna bob 9 awr. Does dim arwydd chwaith bod yr uwch-arolygydd wedi ceisio caniatâd i'w gadw am fwy na 36 awr. Gellid dweud y byddai unrhyw dystiolaeth a gafwyd yn ystod yr amser hwn yn annerbyniol yn y llys oherwydd yr ymddygiad anghyfreithlon hwn.

- Mae Rhan (b) yn gofyn i chi dynnu ar wybodaeth synoptig o'r cwrs UG. Mae wastad yn werth sôn am sut bydd y wybodaeth yn gymwys i'r senario. Er enghraifft, os yw Rhan (b) am fechnïaeth, dylech chi ystyried a fyddai'r diffynyddion a grybwyllwyd gennych yn Rhan (a) wedi cael mechnïaeth neu beidio, a pham. Mae hwn yn gasgliad buddiol i'w wneud, a bydd yn dangos i'r arholwr y gallwch gymhwyso eich gwybodaeth i senario a roddir.
- Gall y cysylltiadau synoptig fod ar unrhyw beth o'ch cwrs UG, ac mae'n anodd iawn rhagweld beth fydd y cyswllt. Mae'r tabl isod yn dangos cysylltiadau synoptig blaenorol, ond cofiwch mai dim ond beth ddigwyddodd yn y gorffennol yw hyn, ac nad yw'n arwydd o'r hyn a all ymddangos yn y dyfodol.

	Cyllid cyfreithiol	Gwasanaeth Erlyn y Goron	Mechnïaeth	Barnwr a/neu Reithgor	Apeliadau
Lladdiad	✓✓				✓
Troseddau yn erbyn person		✓	✓		✓
Pwerau'r Heddlu		✓	✓	✓	
Amddiffyniadau	✓			✓	
IPCC		✓			

- Cofiwch adolygu'r HOLL ddeunydd UG, a pheidio â cheisio ateb y cwestiwn ar sail gwybodaeth flaenorol. Rhaid i chi wneud yn siŵr fod gennych wybodaeth mor ddwfn ag oedd gennych ar UG a'ch bod yn ymwybodol o ddiwygiadau a beirniadaethau cyfredol yn y maes.
- Lle bo modd, ceisiwch ddyfynnu'r awdurdod cyfreithiol yn llawn. Cewch farciau am geisio dyfynnu, ond yn amlwg, mae'n fwy priodol dysgu am yr achosion a'r awdurdod cyfreithiol priodol.

  Ateb A: *Lle mae'r heddlu yn gwrthod i berson a ddrwgdybir gael cyfreithiwr, maent yn gweithredu'n anghyfreithlon, er enghraifft mewn un achos diddymwyd euogfarn diffynnydd oherwydd y gwrthodwyd yn anghyfreithlon iddo gael cyfreithiwr.*

  Ateb B: *Lle mae'r heddlu yn gwrthod i berson a ddrwgdybir gael cyfreithiwr, maent yn gweithredu'n anghyfreithlon, er enghraifft yn* **R v Samuel (1988)** *diddymwyd euogfarn y diffynnydd oherwydd y gwrthodwyd yn anghyfreithlon iddo gael cyfreithiwr.*

  Mae'n ddigon amlwg bod Ateb A yn gwybod am yr achos, ond mae'r ffaith bod yr ymgeisydd yn Ateb B wedi ei ddyfynnu yn llawn yn ei gwneud yn glir i'r arholwr bod yma wybodaeth **gadarn**, yn hytrach na dim ond gwybodaeth **ddigonol**.
- Byddwch yn ymwybodol o ddiwygiadau a beirniadaethau diweddar a materion cyfoes yn y maes. Efallai y bydd eich darlithydd wedi tynnu eich sylw at adroddiadau a newyddion o'r fath, ond mae'n arfer da bod yn gyfarwydd â'r datblygiadau diweddar. Nodwch y gwefannau hyn fel ffefrynnau ar eich cyfrifiadur:

Gwefannau cyffredinol – mae'r rhain yn dda am erthyglau newyddion ac yn rhoi enghreifftiau o ddatblygiadau diweddar sydd o bwys i'r cyhoedd.
BBC – www.bbc.co.uk
The Guardian – www.guardian.co.uk
The Times – www.thetimes.co.uk
The Independent – www.independent.co.uk
The Daily Telegraph – www.telegraph.co.uk

Gwefannau pwnc-benodol – gwefannau yw'r rhain sy'n cynnig gwybodaeth benodol am rai pynciau.
ACAS – www.acas.org.uk
Gwasanaeth Erlyn y Goron – www.cps.gov.uk
Y Swyddfa Gartref – www.homeoffice.gov.uk
Y Senedd – www.parliament.uk
Y Weinyddiaeth Gyfiawnder – www.justice.gov.uk
Directgov – www.direct.gov.uk
www.cynulliadcymru.org
http://cymru.gov.uk

- Gofalwch eich bod yn ateb y cwestiwn. Bydd llawer o ymgeiswyr wedi dysgu traethodau ar eu cof, a'u hailadrodd yn yr arholiad, ac yna'n gweld wedyn nad yw'r traethodau y maent wedi'u dysgu yn ateb y cwestiwn o gwbl mewn gwirionedd. Darllenwch y cwestiwn a'i ailddarllen i wneud yn sicr bod yr ateb rydych wedi'i gynllunio yn ateb yr union gwestiwn.
- Wrth adolygu, byddwch yn ofalus os penderfynwch adael rhai testunau allan. Mae'n debyg iawn y cewch gwestiwn sy'n 'cymysgu' testunau, ac efallai y cewch gwestiwn lle y gallwch ateb Rhan (a) ond nad ydych wedi adolygu digon i ateb Rhan (b) cystal. Edrychwch yn ôl dros hen bapurau a gweld pa gyfuniad o destunau sy'n codi.
- NID ymarfer darllen a deall yw cwestiynau symbyliad LA4. Mae gofyn i chi ddefnyddio'r symbyliad fel ffynhonnell i ategu'r hyn a ddywedwch, ond yn y pen draw, rydych yn cael eich arholi ar eich gwybodaeth CHI. Ni fydd ailysgrifennu tabl yn eich geiriau eich hun, neu ddyfynnu'n helaeth o'r ffynhonnell, yn ennill marciau i chi.
- Byddwch yn cael eich marcio ar eich defnydd o'r termau cyfreithiol priodol a'ch dealltwriaeth o egwyddorion cyfreithiol craidd; ac eto mae ymgeiswyr yn aml yn gwneud gwallau syml iawn.

  Ydych chi'n gwybod y gwahaniaeth rhwng:
  - *CJEU a'r ECHR?*
  - *Euog ac Atebol?*
  - *Ynadon a Rheithgorau?*

  Er y gall y gwallau hyn ymddangos yn amlwg, maent yn gyffredin iawn, felly gofalwch eich bod yn deall beth ydynt a gwyliwch eich sillafu:
  - *Diffynnydd*
  - *Dedfryd*
  - *Cynsail*
  - *Treial*
- Mae Hawliau Dynol yn egwyddor sylfaenol y rhan fwyaf o'r system gyfreithiol yn awr, ac felly mae disgwyl y bydd sôn amdanynt ym mhob testun yn yr arholiad. Mae'n bwysig felly fod gennych ddealltwriaeth dda o **Ddeddf Hawliau Dynol 1998**, yn ogystal ag Erthyglau allweddol **Y Confensiwn Ewropeaidd ar Hawliau Dynol**.

Cwestiynau ac Atebion

1 Cwynion yn erbyn yr Heddlu	t72	a) Ystyriwch bwerau Comisiwn Annibynnol Cwynion yr Heddlu i ymchwilio i'r digwyddiad.	(14 marc)
	t74	b) Disgrifiwch y profion y bydd Gwasanaeth Erlyn y Goron yn eu defnyddio wrth ystyried a fydd Susan yn cael ei herlyn neu beidio.	(11 marc)
2 Troseddau nad ydynt yn farwol	t75	a) Yng ngoleuni cyfraith achosion cofnodedig a ffynonellau cyfreithiol eraill, ystyriwch a allai Abdul a Ken fod wedi cyflawni unrhyw droseddau, gan gadw mewn cof unrhyw amddiffyniadau a allai fod ar gael iddynt.	(14 marc)
	t77	b) Eglurwch sut y byddai rheithgor yn cael ei ddethol pe bai Abdul yn cael ei roi ar brawf yn Llys y Goron.	(11 marc)
3 Pwerau'r Heddlu	t79	a) Yng ngoleuni cyfraith achosion cofnodedig a ffynonellau cyfreithiol eraill, ystyriwch a gafodd hawliau Oscar fel carcharor eu parchu yn ystod ei gyfnod yn nalfa'r heddlu.	(14 marc)
4 Lladdiad	t81	a) Yng ngoleuni cyfraith achosion cofnodedig a ffynonellau cyfreithiol eraill, ystyriwch a all Debbie fod yn atebol yn droseddol am farwolaeth George.	(14 marc)
	t83	b) Eglurwch bwerau'r heddlu i ganiatáu mechnïaeth.	(11 marc)
5 Amddiffyniadau (Meddwdod)	t85	Gwerthuswch i ba raddau mae'n bosibl defnyddio meddwdod oherwydd alcohol a chyffuriau eraill fel amddiffyniad i gyhuddiad troseddol.	(25 marc)
6 Atebolrwydd Caeth	t87	Trafodwch i ba raddau mae'r llysoedd yn mynnu bod *actus reus* yn ogystal â *mens rea* yn ofynnol ar gyfer pob trosedd.	(25 marc)
7 Mechnïaeth	t89	Gwerthuswch i ba raddau mae'r gyfraith sy'n ymwneud â mechnïaeth yn cadw cydbwysedd teg rhwng hawliau diffynyddion sydd heb eu cael yn euog a hawliau'r cyhoedd yn gyffredinol i gael eu hamddiffyn rhag trosedd.	(25 marc)
8 Dedfrydu	t91	a) Eglurwch bwrpas mesurau eraill y tu allan i'r llys fel cosbau ar gyfer troseddwyr ifanc.	(11 marc)
	t93	b) Gwerthuswch rôl Llys y Goron wrth ddelio â throseddwyr ifanc.	(14 marc)

U2 Y Gyfraith: Cyfraith Trosedd a Chyfiawnder – Canllaw Astudio ac Adolygu

1. LA3 Cwynion yn erbyn yr Heddlu

C&A

Astudiwch y testun isod ac atebwch y cwestiynau sy'n seiliedig arno.

Cafodd Harold fenthyg darn o beipen gan ei frawd-yng-nghyfraith er mwyn iddo allu atgyweirio ei system wres canolog. Rhoddodd e'r beipen yn ei fag a cherddodd adref. Roedd hi'n noswaith dwym ac roedd e'n chwysu. Roedd rhan o'r beipen i'w weld yn dod allan o dop y bag. Roedd George, aelod o'r cyhoedd, yn cerdded heibio i Harold ac roedd e'n meddwl bod y beipen yn edrych fel dryll *(shotgun)*. Rhoddodd ef alwad ffôn i'r heddlu a dywedodd wrthynt, "Rydw i newydd weld dyn yn edrych yn nerfus ac yn cario dryll." Wrth i Harold agosáu at ei gartref, cafodd ei herio gan rai aelodau o Uned Ymateb Arfog yr Heddlu. Roedd Harold wedi'i synnu a throdd i wynebu'r cyfeiriad y daeth y sialens ohono. Ar unwaith, dechreuodd Susan, aelod arfog o'r heddlu, danio. Cafodd Harold ei ladd yn y fan a'r lle. Yn hwyrach y noson honno, cyhoeddodd y Prif Gwnstabl ddatganiad i'r wasg oedd yn honni'n anghywir bod Harold wedi anwybyddu sialens swyddogion yr Uned Ymateb Arfog a'i fod wedi bygwth swyddogion yr heddlu.

a) Ystyriwch bwerau Comisiwn Annibynnol Cwynion yr Heddlu i ymchwilio i'r digwyddiad. *(14 marc)*

Ateb Tom

① Yn amlwg, gwnaeth Susan gamgymeriad a dylai fod gan deulu Harold hawl i wneud cwyn yn ei herbyn ac o bosibl siwio am swm mawr o arian. Mae'n bwysig bod gan bobl yr hawl i wneud cwynion yn erbyn yr heddlu ac i wneud hyn maent yn cwyno at Gomisiwn Annibynnol Cwynion yr Heddlu (*IPCC*).

② Cymerodd yr *IPCC* le Awdurdod Cwynion yr Heddlu; y teimlad oedd nad oedd hwn yn ddigon annibynnol i bobl allu gwneud cwynion. Ni all unrhyw heddwas na neb sydd wedi bod yn heddwas fod yn aelod o'r *IPCC*, sy'n beth da i annibyniaeth yr *IPCC*.

③ Mae dau fath o gŵyn – ffurfiol ac anffurfiol. Nid yw datrys lleol neu anffurfiol yn addas i'r achos hwn am ei fod yn rhy ddifrifol a bod y camgymeriad wedi arwain at farwolaeth rhywun. Gall datrys ffurfiol olygu y bydd Susan yn colli ei swydd neu'n cael ei disgyblu. Bydd yr heddlu wedyn efallai yn cyfeirio'r achos at yr *IPCC* i gynnal yr ymchwiliad am nad yw wastad yn briodol i'r heddlu ymchwilio i rai cwynion difrifol.

④ Neu gallai teulu Harold siwio'r heddlu. Mae hyn yn debyg o arwain at lawer o iawndal i deulu Harold am ei fod wedi marw oherwydd gweithredoedd yr heddlu. Nid oedd yn arfog ac ni ddylai hi fod wedi saethu ato heb wneud yn hollol siŵr ei fod yn arfog. Wedi dweud hynny, mae'r heddlu yn gwneud gwaith pwysig iawn ac y maent yn gwneud camgymeriadau weithiau.

Sylwadau'r arholwr

① Mae Tom wedi rhoi cyflwyniad byr yma ac wedi dweud y gall yr heddlu gael eu siwio a bod gan bobl hawl i wneud cwynion yn erbyn yr heddlu. Gwnaeth yn dda hefyd i roi enw'r *IPCC* fel yr awdurdod i gyfeirio cwynion ato. Mae angen iddo fod yn ofalus gyda'i ddefnydd o eiriau yma gan yr ymddengys ei fod yn dweud bod cwynion yn cael eu gwneud i'r *IPCC*: nid yw hyn yn wir. I'r heddlu y gwneir cwynion, a nhw wedyn sy'n cyfeirio'r achos at yr *IPCC*.

② Mae Tom yn rhoi hanes sefydlu'r *IPCC* yn lle'r *PCA* yn fras ac yn crybwyll yn fyr pam. Fodd bynnag, nid yw'n dyfynnu Deddf Diwygio'r Heddlu 2002 fel yr awdurdod cyfreithiol perthnasol yma.

③ Da ei fod yn crybwyll datrys lleol a ffurfiol yma, ond nid oes digon o eglurhad. Mae eto yn sôn am y rhwymedïau a'r ffaith bod achosion difrifol yn cael eu cyfeirio at yr *IPCC* ond gallai fod wedi crybwyll y drefn orfodol o gyfeirio. Nid oes dyfnder yn ei esboniadau chwaith. Dylai Tom fod wedi ystyried rôl y *CPS* hefyd wrth bennu a ddylid erlyn heddwas neu beidio.

④ Cynnydd da at bosibilrwydd cymryd camau sifil, ond eto, nid oes digon o ddyfnder yn ateb Tom. Gallai fod wedi trafod y ffaith bod achos yn cael ei ddwyn i'r Uchel Lys, a rhoi rhai achosion allweddol fel Goswell a hefyd Kenneth Hsu yn ogystal ag ystyried y cyfyngiadau a osodwyd ar lefelau iawndal. Dylai hefyd fod wedi rhoi casgliad yn y paragraff olaf ac wedi crynhoi'r prif faterion.

Gan mai cwestiwn senario problem LA3 yw hwn, dylai Tom hefyd fod wedi crybwyll ffeithiau'r achos ychydig yn amlach drwyddo draw, a hynny yn y casgliad hefyd.

Marc a ddyfarnwyd:
AA2 – 6
AA3 – 1
Cyfanswm = 7 o 14

Ateb cyfyngedig yw hwn gan Tom. Er ei fod yn cyffwrdd â nifer o faterion allweddol megis datrys ffurfiol a lleol, yn ogystal â chrybwyll yr *IPCC* a gymerodd le'r *PCA*, yn gyffredinol nid yw ei ateb yn mynd i ddigon o fanylder nac yn cynnwys awdurdod cyfreithiol i ategu. Ychydig o achosion/deddfau oedd yn berthnasol i'r uned hon ond oherwydd hynny, rhaid eu dyfynnu er mwyn cael marciau yn y bandiau digonol neu gadarn.

Ateb Seren

① Mae'r heddlu yn atebol i'w prif gwnstabl (pennaeth yr heddlu penodol) a'r Comisiynydd Heddlu Lleol sy'n gweithio gyda'r prif gwnstabl i gynnal heddlu lleol effeithiol ac effeithlon. Mae'r ddau gorff yn atebol yn y pen draw i'r Ysgrifennydd Cartref sydd â rheolaeth gyffredinol dros y 43 heddlu yng Nghymru a Lloegr. Pan wneir cwyn, arferid ei monitro gan Awdurdod Cwynion yr Heddlu; cymerwyd lle hwn gan Gomisiwn Annibynnol Cwynion yr Heddlu yn sgil Deddf Diwygio'r Heddlu 2002. Os canfyddir bod heddwas neu grŵp o heddweision wedi gweithredu y tu hwnt i'w pwerau, rhoddir gwybod i'r Cyfarwyddwr Erlyniadau Cyhoeddus, a fydd wedyn yn penderfynu a ddylid caniatáu i erlyniad yr unigolyn dan sylw fynd rhagddo. Gall unrhyw un sy'n teimlo bod yr heddlu wedi gweithredu'n anghywir wneud cwyn ysgrifenedig naill ai yn bersonol neu drwy gyfreithiwr. Mae canolfannau cynghori a chwmnïau cyfreithiol sy'n arbenigo mewn rhoi cyngor ar gwynion yn erbyn yr heddlu.

Cwestiynau ac Atebion

② Er mwyn gwneud cwyn, mae'r IPCC yn cynghori y dylid dilyn y dull isod: cysylltu â'ch heddlu lleol, gan fynd yn bersonol i orsaf heddlu neu gysylltu â chyfreithiwr neu AS a all wneud cwyn ar eich rhan yn erbyn yr heddlu. Mae hefyd yn bosibl e-bostio, ffonio neu anfon ffacs at yr IPCC eu hunain. Mae'r IPCC ond yn ymchwilio i'r cwynion mwyaf difrifol, a'r heddlu dan sylw sy'n ymchwilio i'r mwyafrif helaeth ohonynt. Wrth gyflwyno cwyn ysgrifenedig, naill ai trwy'r post neu ar-lein, mae'n bwysig cynnwys enw'r heddlu dan sylw, lle a phryd y digwyddodd y peth a arweiniodd at eich cwyn, yr amgylchiadau a arweiniodd at y gŵyn a'ch cydsyniad i'r IPCC drosglwyddo'r gŵyn i'r heddlu dan sylw. Mae manylion ynghylch pwy oedd yn rhan o'r digwyddiad, beth a wnaed/beth a ddywedwyd, unrhyw ddifrod neu anaf a achoswyd a manylion am unrhyw dystion, hefyd yn hanfodol wrth wneud cwyn.

③ Gall yr IPCC oruchwylio, rheoli neu ymchwilio i gŵyn ond does dim modd cwyno yn uniongyrchol iddynt, mae'n rhaid i'r gŵyn fynd trwy Adran Safonau Proffesiynol yr orsaf heddlu. Dylai rhywun wneud cwyn yn ysgrifenedig a chynnwys cymaint o fanylion ag y bo modd fel y dywedais uchod. Mae'r PSD yn penderfynu a ddylid cofnodi'r gŵyn ac os felly, caiff cwyn unigolyn ei thrin naill ai'n ffurfiol neu'n anffurfiol. Byddai cwyn anffurfiol, na fyddai'n briodol yma, fel arfer yn arwain at ymddiheuriad. Ni fyddai achos Harold a Susan yma yn mynd trwy'r drefn ddatrys anffurfiol oherwydd i Harold gael ei ladd. Gallai ei deulu wneud cwyn, ond byddai'n cael ei throsglwyddo i'r IPCC oherwydd i rywun gael ei saethu a'i ladd gan yr heddlu. Yr enw ar hyn yw cyfeirio gorfodol.

④ Yn achos Harold, roedd achos clir o gamgymryd pwy ydoedd a thaniodd Susan yn rhy sydyn o lawer a heb wirio. Mae hyn yn debyg i achos Jean Charles de Menezes a saethwyd ar drên tanddaearol yn Llundain wedi cael ei gamgymryd am fomiwr terfysgol. Rhaid i'r heddlu lleol gyfeirio'r digwyddiad hwn at yr IPCC a gall yr IPCC ymchwilio i'r materion hyn hyd yn oed os na wnaed cwyn. Oherwydd bod rhywun wedi marw a bod heddwas wedi defnyddio dryll, mae hwn yn achos o'r math.

⑤ Gall yr IPCC hefyd gyfeirio achos at y CPS a fydd yn edrych i weld a oes modd dwyn achos yn erbyn Susan am yr hyn sy'n ymddangos yn lladd anghyfreithlon. Caiff hyn ei drin yn yr un modd ag erlyniad yn erbyn unrhyw ddinesydd.

⑥ Petai teulu Harold yn dewis mynd ymlaen hefyd â chamau sifil, mewn geiriau eraill, siwio'r heddlu, caiff yr achos ei glywed yn yr Uchel Lys. Gall achos o'r fath arwain at iawndal, a gyfyngir bellach i £35,000 wedi achos Kenneth Hsu lle trowyd ei fraich, y gafaelwyd ynddo a'i luchio i fan heddlu a arweiniodd at gleisio ei gefn. Penderfynodd y Llys Apêl y dylid gosod uchafswm ar achosion yn erbyn yr heddlu, gan y dyfarnwyd £220,000 i ddechrau i Kenneth Hsu, a oedd yn cael ei weld yn eithafol ac nad oedd yn ymarferol yn ariannol o ystyried nifer uchel y cwynion a allai fynd i'r Uchel Lys.

⑦ I gloi, byddai'r IPCC yn ymchwilio i'r achos yn awtomatig ac y maent yn annibynnol, yn ddiduedd ac yn agored. Mae ganddynt bwerau ymchwilio a byddant yn edrych ar yr achos hwn yn awtomatig gan i rywun farw oherwydd gweithredoedd yr heddlu. Hefyd, gallai teulu Harold gymryd camau sifil yn erbyn yr heddlu a gallai'r CPS erlyn Susan.

Sylwadau'r arholwr

① Paragraff agoriadol da, sy'n rhoi'r ateb yn ei gyd-destun. Da yw dyfynnu Deddf Diwygio'r Heddlu 2002 a sefydlodd yr IPCC, gan gymryd lle'r PCA. Er bod Seren wedi crybwyll yn nes ymlaen rai o'r rhesymau dros sefydlu'r IPCC, byddai wedi bod yn well eu rhoi yma. Gwnaeth Seren yn dda hefyd i drafod rhai o'r ffyrdd o wneud cwyn.

② Mae Seren wedi ailadrodd peth gwybodaeth ar ddechrau'r paragraff hwn, ond mae'n datblygu'r pwyntiau hyn wedyn. Mae wedi rhoi trafodaeth dda am bwysigrwydd manylion wrth wneud cwyn, sy'n bwysig o ran gwneud cwyn.

③ Aeth Seren ymlaen yn awr at y drefn o wneud cwyn. Gwnaeth yn dda i gyfeirio at yr Adran Safonau Proffesiynol a'i rôl. Gwnaeth yn dda hefyd i drafod datrys anffurfiol a ffurfiol. Gan mai cwestiwn LA3 yw hwn, mae'n allweddol gwneud peth cyfeirio at y ffeithiau a'u cymhwyso. Mae Seren yn gywir wrth nodi nad yw'r achos hwn yn briodol ar gyfer datrys anffurfiol oherwydd y bu marwolaeth yn dilyn cyswllt â'r heddlu a defnyddio dryll gan heddwas. Mae'n gwneud yn dda hefyd i ddyfynnu'r term 'cyfeirio gorfodol' am y ffaith y byddai'r achos hwn yn cael ei gyfeirio at yr IPCC hyd yn oed pe na bai teulu'r ymadawedig yn gwneud cwyn.

④ Mwy o ddatblygiad yn cael ei roi yn y paragraff hwn ac enghraifft gyfoes dda i ategu ei hateb. Mae'n arfer da i gyfeirio at enghreifftiau cyfoes a dangos ymwybyddiaeth o faterion cyfredol lle bo modd. Mae enghreifftiau diweddar eraill a allai fod wedi cael eu dyfynnu yma megis Ian Tomlinson a phrotestiadau G20.

⑤ Gwnaed pwynt pwysig yn y paragraff hwn am y ffaith y gall yr achos gael ei gyfeirio at y CPS a fydd yn penderfynu a ddylid erlyn Susan neu beidio.

⑥ Mae Seren wedi symud ymlaen yn rhesymegol at bosibilrwydd camau sifil yn erbyn yr heddlu. Gwnaeth yn dda i ddyfynnu achos Kenneth Hsu a thrafododd y cyfyngiadau a osodwyd ar iawndal a ddyfernir mewn achosion o'r fath, gan drafod hefyd y rhesymeg y tu ôl i'r terfyn hwn.

⑦ Casgliad da, er y byddai'n well cynnwys y rhesymau dros sefydlu'r IPCC yn gynharach yn y traethawd hwn. Gallai Seren hefyd fod wedi ystyried y terfynau ar bwerau'r IPCC gan na allant ddyfarnu iawndal na disgyblu heddweision. Ar wahân i'r mân bwyntiau hyn, dyma grynodeb taclus iawn i gloi'r traethawd.

Marc a ddyfarnwyd:

AA2 – 13

AA3 – 1

Cyfanswm = 14 o 14

Mae hwn yn ateb da sy'n trafod ystod gadarn o faterion. Mae Seren wedi gweithio'n rhesymegol trwy'r drefn o wneud cwyn ac wedi defnyddio ystod o dermau cyfreithiol priodol yn gywir. Mae swm cyfyngedig o awdurdod cyfreithiol yn berthnasol i'r cwestiwn hwn ond mae'r awdurdod cyfreithiol a gynhwysodd Seren yn gywir ac yn cael ei ddefnyddio'n dda i ategu ei hateb. Mae wedi gwneud mwy na dim ond disgrifio'r drefn, ond yn bwysig, mae wedi cymhwyso hyn i ffeithiau'r senario sy'n hanfodol ar gyfer cwestiynau problem yn LA3. Mae Seren wedi ysgrifennu traethawd rhesymegol sydd wedi ei strwythuro'n dda, ac mae wedi disgrifio a chymhwyso bron y cyfan o'r materion cyfreithiol yn fanwl gywir.

U2 Y Gyfraith: Cyfraith Trosedd a Chyfiawnder – Canllaw Astudio ac Adolygu

C&A

b) Disgrifiwch y profion y bydd Gwasanaeth Erlyn y Goron yn eu defnyddio wrth ystyried a fydd Susan yn cael ei herlyn neu beidio.

(11 marc)

Ateb Tom

① Yn yr achos hwn, mae llawer o dystion a allai roi tystiolaeth yn erbyn Susan yr heddwas. Doedd hi ddim yn iawn chwaith i beidio â gwirio a oedd Harold yn arfog. Mae'r CPS yno i benderfynu a ddylai rhywun gael ei erlyn am drosedd. Fe'i sefydlwyd o dan Ddeddf ET. Maent yn awr hefyd yn penderfynu a ddylai rhywun gael ei gyhuddo o drosedd.

② Er mwyn gwneud hyn, maent yn cymhwyso dau brawf – y prawf tystiolaethol a phrawf budd y cyhoedd. Mae'r prawf tystiolaethol yn edrych ar y dystiolaeth sydd ar gael ac a oes modd defnyddio hyn yn y llys. Os bydd achos yn pasio'r prawf hwn, mae'n symud ymlaen at brawf budd y cyhoedd i weld a yw er budd y cyhoedd i erlyn. Maent yn pwyso a mesur ffactorau o blaid ac yn erbyn budd y cyhoedd, megis a yw person yn hiliol ac ai rhywun eithaf oedrannus a gyflawnodd y drosedd.

③ Felly yn yr achos hwn, mae tystiolaeth yn erbyn Susan gan fod yna dystion ac y taniodd ei gwn yn erbyn rhywun nad oedd yn arfog. Mae'n debyg y bydd Susan yn cael ei herlyn.

Sylwadau'r arholwr

① Mae Tom yn neidio yn syth i mewn i rai o ffeithiau'r senario cyn rhoi ei ateb mewn cyd-destun. Dylai'r datganiad agoriadol hwn fod yn gyflwyniad, lle mae'n gosod allan sefydlu'r CPS, ei rôl a'r Cod i Erlynwyr y Goron. Mae hefyd wedi methu â rhoi teitl llawn Deddf Erlyniad Troseddau. Mae'n sôn ychydig am benderfynu a ddylai rhywun gael ei gyhuddo o drosedd, ond nid yw'n ehangu ar hyn ac nid yw'r prawf trothwy yn cael ei grybwyll.

② Mae Tom yn gwneud yn dda i grybwyll y ddau brawf er y dylai fod wedi dyfynnu'r Cod i Erlynwyr y Goron yn gyntaf. Gallai fod wedi cyfeirio at rai o ffeithiau'r senario yma i bennu a oes digon o dystiolaeth. Mae'n dda ei fod yn crybwyll na fydd achos nad yw'n pasio'r prawf tystiolaethol yn cael ei gynnal waeth pa mor bwysig ydyw, ond yna dylai Tom fod wedi ystyried ystod ehangach o lawer o ffactorau budd y cyhoedd y gallai fod wedi eu cymhwyso at ffeithiau'r senario.

③ Casgliad byr iawn a heb ei ategu sydd ymhell o fod yn ddiwedd boddhaol i'r ateb hwn. Mae'n ceisio cymhwyso ychydig yma ond gwell fyddai ei roi yn rhywle arall.

Marc a ddyfarnwyd:
AA1 – 5
AA3 – 1
Cyfanswm = 6 o 11

Ateb 'cyfyng' uwch. Mae Tom wedi cyffwrdd â sawl maes perthnasol ond nid oes dyfnder nac eglurhad penodol i'w ateb. Ateb arwynebol yw hwn sy'n cyffwrdd â rhai meysydd perthnasol ond nid yw Tom wedi eu disgrifio na'u gwerthuso yn ddigonol. Nid yw chwaith wedi cynnwys rhai deddfau sylfaenol megis y Ddeddf Cyfiawnder Troseddol na theitl llawn Deddf Erlyniad Troseddau 1985. Roedd angen iddo hefyd drafod yn gywir y Cod i Erlynwyr y Goron, gan gyflwyno ystod ehangach o ffactorau budd y cyhoedd a'r prawf trothwy. Ar y cyfan, ateb byr ac ansoffistigedig.

Ateb Seren

① Mae'n rhaid i'r CPS ddilyn dau brawf wrth benderfynu erlyn rhywun neu beidio. Mae hyn yr un mor wir am heddwas ag y byddai i ddinesydd preifat. Sefydlodd Deddf Erlyniad Troseddau 1985 y CPS fel y corff erlyn canolog. Mae Adran 10 y Ddeddf hon yn cynnwys y Cod i Erlynwyr y Goron; yma y mae'r ddau brawf. Maent yn cael eu cymhwyso i bennu a ddylid erlyn person am drosedd neu beidio.

② Y prawf cyntaf yw'r prawf tystiolaethol, sy'n edrych i weld a oes digon o dystiolaeth i erlyn rhywun. Maent yn edrych i weld pa mor ddibynadwy yw'r dystiolaeth ac a oes tystion a thystiolaeth gredadwy. Yn yr achos hwn, mae'n ymddangos bod nifer o dystion megis George a'r swyddogion arfog eraill. Hefyd, mae tystiolaeth y ffaith y taniwyd gwn yr heddlu ac nad oedd Harold ei hun yn cario gwn.

③ Os bydd achos yn pasio'r prawf tystiolaethol, mae'n mynd ymlaen at brawf budd y cyhoedd. Mae'n bwysig nodi, os nad yw achos yn pasio'r prawf tystiolaethol, na fydd yn mynd ymlaen i brawf budd y cyhoedd, waeth pa mor bwysig ydyw. Pan fyddant yn asesu prawf budd y cyhoedd, maent yn cymhwyso ffactorau o blaid ac yn erbyn budd y cyhoedd. Maent yn cydbwyso'r ffactorau hyn. Rhai ffactorau o blaid budd y cyhoedd yw: defnyddio arf, cyflawni trosedd yn erbyn rhywun sy'n gwasanaethu'r cyhoedd, a throsedd â chymhelliad hiliol. Mae ffactorau hefyd yn erbyn budd y cyhoedd, megis a gyflawnwyd y drosedd gan rywun hen iawn neu ifanc iawn, neu os oes anhwylder meddwl ar y person. Nid oes yr un o'r rhain yn gymwys yn yr achos hwn, ond gall fod er budd y cyhoedd am y defnyddiwyd arf. Fodd bynnag, nid oedd yn 'arf' yn yr ystyr troseddol gan fod yr heddwas Susan yn teimlo ei bod yn gwneud ei gwaith yn gywir. Mae'n swydd anodd ac mae'r heddlu weithiau yn gwneud camgymeriadau. Mae ffactor yn erbyn budd y cyhoedd am gamgymeriadau dilys: gall hyn fod yn wir yma.

④ Y CPS yn awr sy'n penderfynu bwrw ymlaen â'r cyhuddiad yn erbyn rhywun neu beidio, yn dilyn Deddf Cyfiawnder Troseddol 2003. Ar gyfer hyn, maent yn defnyddio'r prawf trothwy. Byddant yn defnyddio hwn i benderfynu cyhuddo Susan neu beidio.

Cwestiynau ac Atebion

Sylwadau'r arholwr

① Datganiad agoriadol da lle mae Seren wedi dyfynnu Deddf Erlyniad Troseddau 1985. Mae'n rhoi ei hateb yn ei gyd-destun trwy sôn am y ddau brawf sy'n cael eu defnyddio a'r Cod i Erlynwyr y Goron. Mae'n dda hefyd ei bod wedi dyfynnu a.10 yn benodol fel awdurdod cyfreithiol.

② Mae Seren yn trafod y prawf tystiolaethol yma ac yn rhoi lefel dda o ddyfnder am y ffactorau a ystyrir. Mae'n gwneud yn dda hefyd i grybwyll y senario gan mai cwestiwn dull LA3 yw hwn sy'n gofyn am gymhwyso rhai o'r ffeithiau. Defnydd da o dermau cyfreithiol allweddol yma.

③ Cynnydd rhesymegol yma at brawf budd y cyhoedd. Mae Seren wedi ystyried ffactorau o blaid ac yn erbyn budd y cyhoedd, sy'n allweddol ar gyfer y prawf hwn. Mae'n ymddangos fel petai'n dod i'r casgliad nad oes ffactorau yn erbyn budd y cyhoedd, ond yna yn cydnabod, yn bwysig iawn, fod ffactor yn erbyn budd y cyhoedd am gamgymeriad dilys, a all fod yn ffactor yn yr achos hwn.

④ Efallai mai newydd feddwl am hyn yr oedd, ond mae'n dda er hynny gweld crybwyll y prawf trothwy, gan ddyfynnu Deddf Cyfiawnder Troseddol 2003. O ganlyniad, mae diffyg casgliad i'r ateb hwn gan Seren, er ei bod wedi gwneud yn ddigon da i gyrraedd y categori 'cadarn'.

Marc a ddyfarnwyd:
AA1 – 8
AA3 – 2
Cyfanswm = 10 o 11

Gwnaeth Seren yn dda gyda'r cwestiwn synoptig hwn. Mae wedi trafod y Cod i Erlynwyr y Goron yn fanwl gywir ac yn cymhwyso'r ddau brawf yn dda i'r ffeithiau gan ddefnyddio termau allweddol yn briodol. Mae hefyd yn gweithio'n rhesymegol trwy'r materion o'r prawf tystiolaethol at brawf budd y cyhoedd. Nid oes cyflwyniad na chasgliad clir i'w hateb, ond mae llawer o fanylion, er hynny, ac mae'n dyfynnu'r deddfau perthnasol, felly mae Seren yn ennill marc yn y categori 'cadarn'.

2. LA3 Troseddau nad ydynt yn farwol

Astudiwch y testun isod ac atebwch y cwestiynau sy'n seiliedig arno.

Mae Abdul yn byw ar drydydd llawr bloc o fflatiau. Roedd wrthi'n coginio ei bryd bwyd fin nos pan aeth y badell ffrio ar dân. Methodd Abdul â diffodd y fflamau, ac felly heb wybod beth arall i'w wneud, taflodd y badell ffrio danllyd allan drwy'r ffenestr. Tarodd y badell ffrio Deirdre, wrth iddi gerdded ar hyd y stryd yng nghwmni ei gŵr, Ken. Achosodd hynny i Deirdre ddioddef torasgwrn penglog *(fractured skull)* a llosgiadau difrifol i'w hwyneb. Llewygodd Ken oherwydd y sioc. Wrth glywed sgrechiadau Deirdre, rhuthrodd Abdul i lawr y grisiau a rhoddodd gymorth cyntaf i'r ddau ohonynt tra'n aros i ambiwlans gyrraedd. Daeth Ken ato'i hun wrth i Deirdre gael ei rhoi yn yr ambiwlans. Yn ei ddryswch anelodd ddyrnod *(punch)* at Abdul ond methodd, a tharodd y parafeddyg, Steve, gan roi llygad du iddo.

a) Yng ngoleuni cyfraith achosion cofnodedig a ffynonellau cyfreithiol eraill, ystyriwch a allai Abdul a Ken fod wedi cyflawni unrhyw droseddau, gan gadw mewn cof unrhyw amddiffyniadau a allai fod ar gael iddynt.

(14 marc)

Ateb Tom

① Rydw i'n gorfod cynghori Abdul a Ken ynghylch eu gweithredoedd ac ystyried eu hatebolrwydd troseddol a pha amddiffyniadau sydd ar gael.

② Gellir gweld bod Abdul yn atebol yn droseddol am achosi torasgwrn penglog a llosgiadau difrifol i Deirdre. O dan a.20 Deddf Troseddau Corfforol 1861 gallai gael ei ddal yn atebol yn droseddol am glwyfo maleisus ac achosi niwed corfforol difrifol. Yr *actus reus* ar gyfer a.20 yw achosi *GBH*. Rwy'n credu bod Abdul wedi cyflawni hyn oherwydd bod Deirdre wedi dioddef torasgwrn penglog a llosgiadau difrifol. Achos i amlygu hyn yw *DPP v Smith* lle dywedasant fod yn rhaid iddo fod yn niwed gwirioneddol ddifrifol. Mae hyn yn niwed gwirioneddol ddifrifol.

③ Mae'r *mens rea* ar gyfer a.20 yn cael ei ddangos trwy fyrbwylltra neu drwy fwriad. Dangoswyd bod Abdul wedi cyflawni'r *mens rea* am ei fod yn fyrbwyll wrth daflu'r badell ffrio allan drwy'r ffenestr.

④ Mae a.20 yn drosedd dditiadwy y mae modd eich carcharu am 5 mlynedd amdani. Rwy'n credu y gallai Abdul ddefnyddio angenrheidrwydd fel amddiffyniad am fod yn rhaid iddo daflu'r badell allan drwy'r ffenestr er mwyn arbed ei hun rhag niwed. Yn achos *Re A (Children) (Conjoined Twins: Surgical Separation) (2001)* defnyddiwyd yr amddiffyniad hwn fel y lleiaf o ddau ddrwg. Er mwyn defnyddio angenrheidrwydd fel amddiffyniad, rhaid dangos bod y gweithredoedd wedi atal drwg gwaeth. Gallai fflat cyfan Abdul fod wedi mynd ar dân a gallai llawer o bobl fod wedi marw. Mae'n debyg bod taflu'r badell ffrio allan wedi achosi llai o ddifrod.

⑤ Gall Ken fod yn atebol yn droseddol am daro Steve am iddo roi llygad du iddo. Gall hyn fod yn Wir Niwed Corfforol *(ABH)*. Yr *actus reus* yw achosi gwir niwed corfforol fel yn achos *Miller*. Y *mens rea* yw bwriad neu fyrbwylltra. Er bod Ken wedi bwriadu taro Abdul ond ei fod wedi taro Steve y parafeddyg, nid yw hyn yn gwneud gwahaniaeth.

⑥ Mae amddiffyniad gorfodaeth yma hefyd y gallai Abdul geisio ei honni oherwydd bod yn rhaid iddo daflu'r badell ffrio allan rhag iddo ef ei hun gael ei niweidio. Felly mae nifer o droseddau ac amddiffyniadau ar gael.

75

U2 Y Gyfraith: Cyfraith Trosedd a Chyfiawnder – Canllaw Astudio ac Adolygu

Sylwadau'r arholwr

① Mae'n well peidio â defnyddio'r person cyntaf mewn ateb academaidd. Yn ddelfrydol, dylai myfyrwyr ysgrifennu yn y trydydd person.

② Gwnaeth Tom yn dda i nodi *GBH* fel trosedd debygol y gallai Abdul gael ei gyhuddo ohoni. Mae wedi dyfynnu'r statud a'r adran gywir a hefyd wedi cynnwys achos Smith. Mae diffyg dyfnder cyffredinol yn ei ateb, ond mae'n ymdrech dda. Dylai hefyd wneud y pwynt y gallai bargeinio ple ddigwydd ac felly nid yw'n sicr o ba drosedd y gallai gael ei gyhuddo yn y pen draw. Gan gadw hyn mewn cof, dylai ystyried pob trosedd bosibl.

③ Mae wedi mynd ymlaen i'r *mens rea* yma, sy'n ymagwedd dda er ei bod ychydig yn fyr. Nid dim ond 'bwriad neu fyrbwylltra' ydyw, ond y mae iddo ddiffiniad ehangach. Dylai hefyd fod yn siŵr o gynnwys byrbwylltra goddrychol. Mae wedi ceisio cymhwyso'r gyfraith i'r ffeithiau, ond eto, mae angen iddo wneud hyn gyda mwy o werthuso.

④ Gwybodaeth gefndir dda wedi'i rhoi ar a.20, ond nid yw a.20 yn drosedd dditiadwy: trosedd neillffordd brofadwy ydyw. Mae'n bwysig cael hyn yn iawn. Mae hefyd yn dda gweld Tom yn trafod amddiffyniad angenrheidrwydd a allai fod yn gymwys yma. Mae'n gyffredinol gywir gyda'i ddiffiniad ac mae'n cynnwys achos perthnasol Re A (Children) (Conjoined Twins: Surgical Separation) (2001) i ategu.

⑤ Aeth Tom ymlaen yn awr at Steve a'i lygad du. Gwnaeth yn dda i drin pob un digwyddiad ar wahân am mai dyna'r ymagwedd sy'n cael ei ffafrio, ond mae arno angen llawer mwy ar *actus reus* a *mens rea ABH* gan gynnwys dyfynnu a.47 Deddf Troseddau Corfforol 1861. Mae'n gwneud awgrym hefyd ynghylch malais trosglwyddedig wrth anelu dyrnod at Ken ond yn taro Steve yn lle hynny, ond mae angen iddo ddefnyddio'r term cyfreithiol cywir yma.

⑥ Mae Tom yn crybwyll gorfodaeth fel amddiffyniad, sy'n berthnasol, ond nid yw'n ehangu ar hyn. Mae hwn yn bwynt dilys a allai, gyda thipyn mwy o eglurhad a chyfraith achosion, fod wedi ei helpu i gyrraedd brig ffin y marciau.

Marc a ddyfarnwyd:
AA2 – 7
AA3 – 1
Cyfanswm = 8 o 14

Mae hwn yn ateb digonol ar ben isaf ffin y marciau. Er i Tom gyflwyno llawer o gysyniadau perthnasol, nid yw'n ehangu'n ddigonol arnynt ac mae diffyg termau cyfreithiol, awdurdod cyfreithiol ac ystod ar adegau yn ei ateb. Roedd angen iddo ystyried ystod ehangach o droseddau megis curo ac ymosod ac yr oedd angen iddo ategu gydag ystod ehangach o gyfraith achosion i egluro. Roedd angen iddo hefyd fod yn fwy manwl gyda'i ddiffiniadau o *actus reus* a *mens rea* pob trosedd. Gyda mymryn o fireinio, gallai Tom yn hawdd fod wedi cyrraedd brig ffin y marciau hyn (10 marc) a chodi ei radd am y cwestiwn hwn.

Ateb Seren

① Gofynnwyd i mi gynghori Abdul a Ken gan ystyried unrhyw amddiffyniadau sydd ar gael iddynt. Byddaf yn cychwyn trwy edrych ar Abdul. Mae'r gyfraith ar droseddau nad ydynt yn farwol wedi'i chynnwys mewn cyfraith gwlad ond hefyd yn Neddf Troseddau Corfforol 1861 (DTC). Fel arfer gall peth bargeinio ple answyddogol ddigwydd rhwng troseddau felly byddaf yn ystyried ystod o droseddau y gellid cyhuddo pob person ohonynt.

② Y drosedd gyntaf y gallai Abdul gael ei gyhuddo ohoni yw clwyfo maleisus neu beri niwed corfforol difrifol o dan a.20 DTC 1861. Trosedd neillffordd brofadwy yw hon a'r ddedfryd uchaf yw 5 mlynedd o garchar. Yr *actus reus* yw peri *GBH* neu glwyf, sef torri'r croen allanol yn ôl achos JCC (A Minor) v Eisenhower. Gellid dadlau bod Abdul wedi peri *GBH* i Deirdre am iddi ddioddef torasgwrn penglog a gallai hefyd fod â chlwyf oherwydd y llosgiadau. Dywed achos Bollom nad oes rhaid i'r anafiadau fygwth bywyd, er na wyddom am faint ei hanafiadau yma ac yn R v Brown and Stratton, barnwyd bod anafiadau megis cleisio, torri trwyn, colli dannedd a chyfergyd yn niwed corfforol difrifol. Y *mens rea* yw naill ai bwriad neu fyrbwylltra i beri peth niwed yn ôl achos Mowatt ac achos DPP v A. Os gwnawn gymhwyso hyn i'r ffeithiau, nid wyf yn meddwl bod gan Abdul fwriad ond mae'n debyg ei fod wedi bod yn fyrbwyll, gan y gellid rhagweld y gallai rhywun gael ei niweidio petai'n taflu padell ffrio danllyd allan drwy'r ffenestr.

③ Ni fyddai a.18 DTC yn gymwys yma oherwydd bod a.18 yn mynnu bwriad i achosi niwed corfforol difrifol, nad yw gan Abdul. Gallent fargeinio ple i lawr i a.47, sy'n *ABH*. Trosedd neillffordd brofadwy arall yw hon sydd hefyd â dedfryd uchaf o 5 mlynedd. Gan nad ydym yn cael gwybod llawer am ei hanafiadau, gallai fod yn *ABH* ond mae'n fwy tebygol o fod yn *GBH*. *Actus reus ABH* yw ymosod neu guro sy'n peri gwir niwed corfforol. Ceir curo am fod y badell wedi taro Deirdre (cymhwyso grym yn anghyfreithlon) ac mae wedi achosi gwir niwed corfforol a ddiffinnir yn Miller fel 'unrhyw niwed neu anaf a fwriadwyd i ymyrryd ag iechyd neu gysur'. Dywed achos Chan Fook nad oes rhaid i'r anaf yn barhaol ond ni ddylai fod mor ddibwys ag i fod yn ansylweddol. Mae'r *mens rea* yr un fath ag ar gyfer ymosod neu guro ac felly mae'n haws ei brofi (R v Savage, Parmenter). Y *mens rea* ar gyfer curo yw bwriad neu fyrbwylltra goddrychol i gymhwyso grym anghyfreithlon. Rwy'n meddwl y gellid profi'r *actus reus* a *mens rea* yma am fod Abdul yn fyrbwyll wrth gymhwyso grym anghyfreithlon – dylai fod wedi sylweddoli y byddai'n taro rhywun islaw trwy daflu padell allan o'r ffenestr.

④ Gallai'r ffaith bod Abdul hefyd wedi achosi i Ken lewygu olygu y byddai'n cael ei gyhuddo naill ai o ymosod neu guro. Yr *actus reus* ar gyfer ymosod yw peri i'r dioddefwr ofni bod grym ar fin cael ei ddefnyddio yn ei erbyn yn y fan a'r lle. Yn achos Smith v Chief Superintendent of Woking Police Station, barnwyd ei fod yn y fan a'r lle er bod y diffynnydd yn sefyll y tu allan a bod ei drws hi ar glo. Y *mens rea* yw bwriad neu fyrbwylltra goddrychol i beri i'r dioddefwr ofni cymhwyso grym anghyfreithlon. Nid oedd Abdul yn bwriadu dychryn neb yma felly mae'n fwy tebyg o fod yn guro. Gall *actus reus* curo gael ei anunionqyrchol fel yn achos Haystead v DPP. Roedd byrbwylltra goddrychol hefyd gan y dylai fod wedi sylweddoli y gallai'r badell fod wedi taro rhywun.

⑤ Gallai'r ddyrnod a roddodd Ken i'r parafeddyg fod yn *ABH* eto gan iddo gael llygad du. Curo ydyw a achosodd *ABH* ac yr oedd yn bwriadu gwneud hynny er ei fod wedi'i syfrdanu ac yn ddryslyd. Mae'n fwy na dibwys fel yn achos Chan Fook a byddai'n achosi annifyrrwch fel yn Miller. Yma, rhaid i ni hefyd ystyried malais trosglwyddedig gan mai at Ken yr oedd ei ddyrnod wedi'i hanelu, nid at y parafeddyg Steve. Cyhyd â bod gan berson falais tuag at un person, gellir ei drosglwyddo i'r person maent yn ei daro mewn gwirionedd fel yn achos Latimer lle tarodd y gwregys y person anghywir.

⑥ O ran amddiffyniadau, gall Abdul geisio dibynnu ar orfodaeth amgylchiadau fel yn achos Willer. Yn achos Anthony Martin, barnwyd bod yr amddiffyniad ar gael yn unig os oedd y diffynnydd yn gweithredu i osgoi bygythiad o farwolaeth neu niwed corfforol difrifol iddo ef ei hun neu eraill ac y byddai person rhesymol arall wedi gwneud yr un fath. Mae modd defnyddio hyn oherwydd bod y badell ffrio yn fygythiad iddo ac mae'n debyg y byddai person arall wedi gwneud yr un fath.

Cwestiynau ac Atebion

Sylwadau'r arholwr

① Datganiad agoriadol da lle mae Seren wedi amlinellu'r darpariaethau statudol perthnasol. Mae'n gwneud yn dda hefyd i ddweud y gallai rhywun gael ei gyhuddo o un drosedd ond bargeinio ple i un arall a bydd felly yn ystyried ystod o droseddau posibl. Dyma ymagwedd dda.

② Yr hyn sy'n allweddol gyda throseddau nad ydynt yn farwol yw trin pob trosedd ar wahân, gan amlinellu *actus reus* a *mens rea* pob trosedd a chynnwys cyfraith achosion lle bo hynny'n briodol ac yna cymhwyso'r gyfraith i ffeithiau'r senario. Dyma'r ymagwedd a gymerodd Seren yma, ac mae wedi diffinio elfennau a.20 *GBH* ac wedi eu cymhwyso i'r ffeithiau i gyrraedd casgliad. Mae hefyd wedi rhoi peth cefndir am drosedd *GBH* gan ddweud ei bod yn drosedd neillffordd brofadwy ac wedi sôn am y ddedfryd uchaf.

③ Paragraff da iawn arall sy'n dilyn y fformat a ddefnyddiwyd yn yr un uchod. Mae wedi nodi'n gywir y gallant fargeinio ple rhwng troseddau a bod modd cyhuddo rhywun naill ai o *GBH* neu *ABH*. Mae wedi cynnwys mwy o gyfraith achosion perthnasol ac wedi trin dwy agwedd *ABH* yn dda iawn (yn gyntaf ymosod neu guro ac yn ail gwir niwed corfforol).

④ Mae hefyd yn well gyda chwestiwn problem ar droseddau nad ydynt yn farwol i drin pob person ar wahân. Yma, symudodd Seren yn rhesymegol ymlaen i ystyried yr anaf a gafodd Ken wrth lewygu. Eto, mae wedi nodi a chymhwyso elfennau ymosod (a roddwyd o'r neilltu ganddi) ac elfennau curo a oedd yn fwy tebygol. Gwnaeth yn dda hefyd i sylwi y gallai'r curo gael ei gymhwyso yn anuniongyrchol. Mae Seren yn dyfynnu mwy o gyfraith achosion. Un pwynt i'w nodi yw nad yw Seren eto wedi ystyried unrhyw amddiffyniadau sydd eu hangen ar gyfer y cwestiwn hwn. Yr ymagwedd orau fyddai amlygu unrhyw amddiffyniadau perthnasol ar gyfer pob 'digwyddiad'. Dewisodd Seren adael y drafodaeth am amddiffyniadau tan y diwedd, ond gall fynd yn brin o amser.

⑤ Da iawn yn nodi athrawiaeth malais trosglwyddedig ac achos Latimer. Roedd hwn yn bwynt pwysig i sylwi arno, a gallai myfyrwyr gwannach fod wedi ei golli.

⑥ Mae Seren o'r diwedd yn dod at amddiffyniadau sy'n bwysig ar gyfer y cwestiwn hwn. Mae'n nodi yn gywir un posibl, ond yna daw ei hateb i ben yn sydyn. Roedd amddiffyniadau eraill i'w hystyried megis angenrheidrwydd i Abdul ac o bosibl hunanamddiffyniad i Ken. Roedd yn edrych fel petai amser yn mynd yn brin i Seren am ei bod wedi dod i ben mor sydyn ac mae'r diffyg trafodaeth am yr amddiffyniadau eraill yn golygu bod ei marc ar waelod 'cadarn'.

Marc a ddyfarnwyd:
AA2 – 11
AA3 – 1
Cyfanswm = 12 o 14

Mae hwn yn ateb cadarn er gwaethaf y diffyg dyfnder ar amddiffyniadau. Mae'n bwysig cofio gyda chwestiynau senario troseddau nad ydynt yn farwol fod angen trafodaeth am yr *actus reus*, y *mens rea* a chyfraith achosion ar gyfer pob trosedd a ystyrir. Mae Seren wedi defnyddio'r ymagwedd resymegol hon ac wedi dweud yn gywir nad yw'n glir weithiau â pha drosedd y cyhuddir y diffynnydd, felly dyma pam mae angen ystyried mwy nag un. Roedd arni angen mwy o ddyfnder ar yr amddiffyniadau eraill sydd ar gael er mwyn iddi ennill y marciau uchaf.

C&A b) Eglurwch sut y byddai rheithgor yn cael ei ddethol pe bai Abdul yn cael ei roi ar brawf yn Llys y Goron. *(11 marc)*

Ateb Tom

① Yn Llys y Goron y mae 12 aelod o reithgor. Lleygwyr yw rheithwyr sy'n cynrychioli cymdeithas. Eu rôl yw penderfynu ar reithfarn o euog neu ddieuog. Nid ydynt yn penderfynu ar y ddedfryd.

② O dan Ddeddf Rheithgorau 1974 mae'n amlygu'r cymwysterau i reithwyr. Yn gyntaf, rhaid i reithwyr fod rhwng 18 a 70 oed. Rhaid i'r bobl hyn fod ar y rhestr etholiadol ac maent yn cael eu dethol ar hap. Nesaf, mae'n rhaid i ymgeiswyr cymwys am wasanaeth rheithgor fod â chyfeiriad sefydlog a rhaid iddynt fod wedi byw yn y DU am 5 mlynedd ers eu pen-blwydd yn 13 oed. Nesaf, cyn Deddf Cyfiawnder Troseddol 2003 nid oedd cyfreithwyr, barnwyr, meddygon na'r heddlu yn gymwys i wasanaethu fel rheithwyr. Fodd bynnag, yn awr gall y proffesiynau hyn gael eu dewis i wasanaethu ar reithgor.

③ Hefyd o dan Ddeddf Cyfiawnder Troseddol 2003, dywed nad yw pobl ag anableddau meddwl yn gymwys i wasanaethu ar reithgor.

④ Mae hyn yn dangos spectrwm y bobl gymwys sy'n gallu eistedd fel rheithwyr. Unwaith iddynt gael eu dewis, gall rheithwyr gael eu symud oddi ar y panel os oes ganddynt gysylltiad â'r diffynnydd neu'r dioddefwr.

⑤ I grynhoi, mae hyn yn amlygu dethol pobl ar gyfer gwasanaeth rheithgor os bydd achos Abdul yn mynd i Lys y Goron.

Sylwadau'r arholwr

① Da gweld cyflwyniad hyd yn oed os yw'n fyr. Mae Tom wedi nodi yn gywir rôl y rheithgor yn Llys y Goron a'u rôl o ran cyflwyno rheithfarn ond nid y ddedfryd. Gallai hefyd ddweud eu bod yn rhoi prawf ar gwestiynau o ffaith ac mai'r barnwr sy'n rhoi prawf ar gwestiynau o gyfraith.

② Gwnaeth Tom yn dda i amlygu yn gywir gymwysterau rheithwyr, ond roedd angen dyfynnu Deddf Cyfiawnder Troseddol 2003 ar y dechrau, sy'n rhoi'r meini prawf dethol newydd ac a ddiwygiodd Ddeddf Rheithgorau 1974. Mae'n gwneud yn dda wedyn i sylweddoli bod Deddf Cyfiawnder Troseddol 2003 yn berthnasol o ran caniatáu i rai nad oedd yn gymwys o'r blaen i wasanaethu yn awr fel rheithwyr.

③ Paragraff byr ond cywir. Mae wedi nodi'r categori anghymhwyster arall. Gallai hefyd fod wedi rhoi rhai manylion yma am y sawl nad ydynt yn gymwys i wasanaethu ar reithgor.

77

U2 Y Gyfraith: Cyfraith Trosedd a Chyfiawnder – Canllaw Astudio ac Adolygu

④ Byddai hyn wedi bod yn gyfle delfrydol i drafod y drefn o ddethol a rôl y Swyddfa Wysio Ganolog. Dylai fod wedi ystyried fetio rheithwyr a'u herlau y gellir eu gwneud hefyd, gan gynnwys rhai achosion i egluro hyn, efallai. Roedd y cwestiwn yn eithaf cul ac felly roedd yn bwysig cynnwys popeth a oedd yn berthnasol er mwyn ennill y marciau sydd ar gael.

⑤ Casgliad cyfyngedig nad yw'n wir yn dweud llawer o werth.

Marc a ddyfarnwyd:
AA1 – 5
AA3   1
Cyfanswm = 6 o 11

Mae hwn ar frig ateb 'cyfyngedig' sydd felly ond yn caniatáu i Tom ennill yr 1 marc am gyfathrebu. Mae'n cyffwrdd â llawer maes allweddol ond nid oes dyfnder nac eglurhad yn ei ateb. Mae'n gwneud yn dda i gynnwys y statudau perthnasol a dangos dealltwriaeth gyfyngedig o'r newidiadau a wnaed o ganlyniad i'r Ddeddf Cyfiawnder Troseddol. Roedd arno angen mwy am y drefn o ddethol rheithwyr ac ystyried rhai o'r materion ehangach megis fetio a herio rheithwyr, a oedd yn berthnasol i'r cwestiynau a osodwyd. Ni fyddai wedi cymryd llawer mwy i wthio Tom i'r ffin 'ddigonol' a fyddai wedyn fel arfer yn caniatáu iddo ennill y ddau farc AA3 ar gyfer cyfathrebu, a thrwy hynny godi mwy fyth ar ei farc.

Ateb Seren

① Mae rheithgorau yn cael eu defnyddio yn Llys y Goron fel ffordd o benderfynu ar euogrwydd neu ddieuogrwydd. Ceir rheithgorau mewn llai na 2% o achosion troseddol gan mai yn Llys y Goron yn unig y maent yn cael eu defnyddio lle mae diffynydd yn pledio'n ddieuog ac mae 95% o achosion troseddol yn cael eu clywed yn y Llys Ynadon.

② Yn wreiddiol, defnyddiwyd rheithgorau i ddarparu gwybodaeth leol, gan weithredu yn fwy fel tystion na gwneuthurwyr penderfyniadau. Erbyn canol y 15fed ganrif, cymerodd rheithgorau eu rôl fodern fel y rhai a oedd yn penderfynu ar ffeithiau. Y barnwr sy'n penderfynu ar gwestiynau o gyfraith.

③ Mae cymwysterau rheithwyr wedi eu gosod allan yn Neddf Rheithgorau 1974 fel y'i diwygiwyd gan Ddeddf Cyfiawnder Troseddol 2003. Rhaid i rywun fod:
- yn 18–70 oed
- ar y rhestr etholwyr
- yn byw yn y DU, Ynysoedd y Sianel neu Ynys Manaw am o leiaf 5 mlynedd ers eu bod yn 13 oed
- heb fod yn anghymwys
- heb fod ag anhwylder meddwl.

④ Cyn Deddf Cyfiawnder Troseddol 2003, ni allai heddweision, barnwyr, cyfreithwyr ac ati eistedd fel rheithwyr, ond cafodd hyn ei newid ac yn awr yr unig bobl nad ydynt yn gymwys yw pobl â salwch meddwl. Daeth y rheithgor yn fwy cynrychiadol o'r herwydd. Aelodau'r lluoedd arfog yw'r unig rai a gaiff eu hesgusodi yn awtomatig yn awr; cyn Deddf Cyfiawnder Troseddol 2003, roedd hawl gan feddygon ac ati i gael eu hesgusodi. Yn gyffredinol, dylai pobl wneud eu gwasanaeth rheithgor, ond mae modd gohirio os ydych chi wedi trefnu gwyliau neu briodas, er enghraifft, ac nad oes modd ei newid.

⑤ Rôl y rheithgor yw cyflwyno rheithfarn o euog neu ddieuog. Yn Llys y Goron, 12 aelod sydd fel arfer a rhaid i 10 o leiaf gytuno ar reithfarn y tu hwnt i amheuaeth resymol.

⑥ Mae rheithgorau yn cael eu beirniadu am nad ydynt yn deall yr hyn sy'n digwydd yn y treial. Mae beirniadaethau eraill yn cael eu hadlewyrchu gan y ffaith mai ar hap y dewisir rheithgor. Mae'n cael ei wneud gan gyfrifiadur yn y Swyddfa Wysio Ganolog a gall fod yn ddewis ar hap yn llwyr. Gallai fod yn ddynion i gyd neu'n fenywod i gyd neu heb fod â neb o leiafrif ethnig. Yn achos Ford, barnwyd nad oes gwarant o reithgor o leiafrif ethnig felly gallai sampl gael ei ddewis nad oedd yn gynrychiadol, a gallai hyn fod yn annheg.

Sylwadau'r arholwr

① Cyflwyniad da i roi'r ateb yn ei gyd-destun. Cwestiwn yw hwn am ddethol rheithwyr mewn achosion troseddol ac felly mae Seren yn iawn i wneud sylw am eu presenoldeb yn Llys y Goron.

② Mae Seren wedi rhoi peth gwybodaeth gefndir yma, er nad yw'n hollol berthnasol i'r cwestiwn. Mae'n dda crybwyll y ffaith bod rheithwyr yn penderfynu ar gwestiynau o ffaith ac mai barnwyr sy'n penderfynu ar gwestiynau o gyfraith.

③ Dyma brif ganolbwynt y cwestiwn ac mae Seren yn gywir wedi amlinellu'r meini prawf dethol o dan Ddeddf Rheithgorau 1974 fel y'i diwygiwyd. Defnydd da o dermau cyfreithiol perthnasol a chywir yma.

④ Rhoddodd Seren werthusiad ychwanegol yma, gan ganolbwyntio o hyd ar y cwestiwn. Mae wedi gwerthuso'r meini prawf dethol cyn Deddf Cyfiawnder Troseddol 2003 a pham y gwnaed y newidiadau hyn. Mae hefyd wedi cynnwys manylion am esgusodi fel hawl a'r newidiadau a wnaed i hyn.

⑤ Mae Seren wedi mynd ymlaen yn dda yma i ystyried rôl y rheithgor yn Llys y Goron ac mae wedi cyfeirio at safon y prawf. Gwybodaeth ehangach da yma.

⑥ Mae'r cwestiwn yn holi am ddethol rheithwyr, ac mae rôl y Swyddfa Wysio Ganolog yn bwysig. Byddai'n dda hefyd gweld Seren yn cynnwys manylion am y drefn o ddethol a hefyd fetio a herio rheithgor. Mae'r holl agweddau hyn yn berthnasol i'r cwestiwn penodol a ofynnwyd. Gwnaeth yn dda i gynnwys achos Ford a gwerthuso hyn yn dda, ond nid cynrychiolaeth oedd prif ganolbwynt y cwestiwn.

Marc a ddyfarnwyd:
AA1 – 7
AA3 – 2
Cyfanswm = 9 o 11

Mae hwn ar frig ateb 'digonol' lle mae Seren wedi canolbwyntio ar y cwestiwn a ofynnwyd ond wedi rhoi gwybodaeth ehangach hefyd, am fod y cwestiwn yn eithaf cul. Mae wedi ymdrin â'r newidiadau i ddethol rheithwyr yn dda ac wedi dyfynnu'n gywir y darpariaethau statudol perthnasol. Mae wedi cynnwys ystod dda o awdurdod cyfreithiol cywir ac wedi dangos ei bod yn deall y rheithgor yn gyffredinol. Defnydd da o achos Ford sy'n cyfoethogi ei hateb ac yn canolbwyntio ar fater dethol a chynrychiolaeth. Er mwyn i'w hateb fod yn un 'cadarn', roedd angen tipyn bach mwy ar y drefn ddethol a hefyd fetio a herio rheithwyr. Gydag amser cyfyngedig, mae'n bwysig ei ddefnyddio'n ddoeth a chynnwys yr agweddau hynny sydd fwyaf perthnasol i ateb y cwestiwn a ofynnwyd.

Cwestiynau ac Atebion

3. LA3 Pwerau'r Heddlu

C&A

Astudiwch y testun isod ac atebwch y cwestiynau sy'n seiliedig arno.

Cafodd Oscar ei arestio am fyrgleriaeth ddifrifol *(aggravated burglary)* a'i gymryd i'r orsaf heddlu leol, oedd yn brin o weithwyr oherwydd epidemig o'r ffliw. Doedd neb ar gael i weithredu fel swyddog y ddalfa *(custody)*, ac ni chafodd cofnod cadwraeth ei agor ar ei gyfer. Gofynnodd Oscar am gael siarad â'i gyfreithiwr, ond dywedodd y swyddog oedd wedi'i arestio nad oedd ganddo amser i'w ffonio. Gwrthododd gais Oscar i'w wraig gael gwybod hefyd. Cafodd Oscar ei roi mewn cell heb fwyd na dŵr, a'i adael yno am 37 awr cyn cael ei hebrwng oddi yno ar gyfer cyfweliad. Ar ei ffordd i'r ystafell gyfweld dechreuodd deimlo'n sâl, a gofynnodd am weld meddyg a chyfreithiwr. Cytunodd y swyddog cyfweld, ar yr amod bod Oscar yn cyfaddef y drosedd. Cytunodd Oscar yn anfoddog i lofnodi cyfaddefiad. Yn fuan wedyn, cyrhaeddodd Harold, y cyfreithiwr ar ddyletswydd, i gynghori Oscar.

a) Yng ngoleuni cyfraith achosion cofnodedig a ffynonellau cyfreithiol eraill, ystyriwch a gafodd hawliau Oscar fel carcharor eu parchu yn ystod ei gyfnod yn nalfa'r heddlu. *(14 marc)*

Ateb Tom

① Gofynnwyd i mi ystyried a gafodd hawliau Oscar fel carcharor eu parchu yn ystod ei gyfnod yn nalfa'r heddlu. Mae'r hawliau sy'n ymwneud â'r heddlu i'w cael yn Neddf yr Heddlu a Thystiolaeth Droseddol 1984 (PACE o hyn ymlaen). Mae Codau Ymarfer ar gael hefyd. Mae llawer o statudau yn ymwneud â'r heddlu wedi eu pasio hefyd megis Deddf Troseddu Cyfundrefnol Difrifol a'r Heddlu 2005.

② I gychwyn, gallai'r heddlu fod wedi atal Oscar a'i chwilio. Mae hyn yn adrannau 1–7 PACE a Chod A. Y pwynt cyntaf i edrych arno yw arestio Oscar. Mae hyn yn a.24 PACE fel y'i diwygiwyd gan Ddeddf Troseddu Cyfundrefnol Difrifol a'r Heddlu. Dylai'r heddwas fod wedi dweud wrth Oscar beth oedd y rheswm dros ei arestio ac wedi ei rybuddio. Dylai wedyn fod wedi ei gymryd i'r orsaf heddlu.

③ Gofynnodd Oscar am siarad â'i gyfreithiwr. O dan a.58 PACE, mae gan y person a ddrwgdybir yr hawl i gyngor cyfreithiol am ddim. Gwrthodwyd y cais hwn. Gofynnodd Oscar hefyd i'w wraig gael gwybod ei fod wedi'i arestio. Dywed a.56 PACE fod gennych yr hawl i rywun gael gwybod eich bod wedi eich arestio. Eto, gwrthodwyd hyn gan yr heddlu. Dywed a.57 PACE fod gan unrhyw un o dan 17 oed neu sydd ag anhwylder meddwl yr hawl i gael oedolyn priodol yn bresennol yn ystod yr holi. Ni ddywedwyd wrthym faint yw oed Oscar nac a oes anhwylder meddwl arno.

④ Dim ond am hyn a hyn o amser y gellir holi rhywun. Rhaid iddo gael seibiant. Hefyd mae'n rhaid iddo gael bwyd a diod, a chwsg os bydd angen. Hefyd, roeddent wedi cadw Oscar yn rhy hir – fe wnaethant ei gadw am 37 awr a dylent fod wedi ei gadw am 24 neu 36 awr am drosedd dditiadwy. Mae Cod C yn dweud wrth yr heddlu y dylai pobl a ddrwgdybir gael eu cadw mewn amodau glân gyda thriniaeth iawn a seibiannau fel y dywedais uchod.

⑤ Mae cyfaddefiadau i'w gweld yn a.76 PACE a thwyllwyd Oscar i wneud cyfaddefiad. Nid wyf i'n credu y gallai hyn gael ei ddefnyddio yn y llys gan y byddai'n annheg iawn.

I gloi, gwrthodwyd nifer o hawliau rhywun sy'n cael ei gadw gan yr heddlu, a gall eu siwio am ei garcharu ar gam.

Sylwadau'r arholwr

① Gwnaeth Tom yn dda i roi cyflwyniad byr yn cyflwyno'r statudau sy'n llywodraethu pwerau'r heddlu. Mae wedi rhoi teitlau llawn Deddf yr Heddlu a Thystiolaeth Droseddol a Deddf Troseddu Cyfundrefnol Difrifol a'r Heddlu, sy'n dda. Gwnaeth yn dda i nodi'r Codau Ymarfer, ond gallai fod wedi egluro mwy ar eu defnydd a'u heffaith.

② Gyda'r papur LA3 newydd, mae'r senarios ychydig yn fyrrach i gymryd i ystyriaeth y cwestiynau dwy ran. O ganlyniad, mae rhan a) yn ymwneud â rhai agweddau ar bwerau'r heddlu yn unig, fel yn achos y cwestiwn hwn. Y cyfan yr oedd y cwestiwn yn ei ofyn oedd trafod pwerau a hawliau pobl sy'n cael eu cadw gan yr heddlu o'r amser y maent yn cyrraedd yr orsaf heddlu. Yn y paragraff hwn, trafododd Tom atal a chwilio ac arestio, ond nid ydynt yn berthnasol i'r cwestiwn ac nid ydynt yn ennill unrhyw gredyd. Ei frawddeg olaf yw'r un lle dylai Tom ddechrau cymhwyso ac roedd angen iddo ddyfynnu a.30 PACE am y gofyniad i fynd â pherson a ddrwgdybir i'r orsaf heddlu mor fuan ag sy'n ymarferol wedi ei arestio.

③ Paragraff da lle mae Tom wedi nodi'n gywir rai o hawliau allweddol person a ddrwgdybir a'u cymhwyso i'r ffeithiau, sy'n hollbwysig gyda chwestiwn senario problem LA3. Mae'n dyfynnu awdurdod cyfreithiol cywir yn dda. Mae Tom hefyd wedi cynnwys a.57, sydd wedi ei thrin yn briodol er nad yw'n berthnasol i'r senario, trwy ddweud bod angen mwy o wybodaeth i gymhwyso'r adran hon yn gywir.

④ Gwnaeth Tom yn dda i nodi Cod C, er nad yw'n cael ei egluro'n dda iawn. Mae hefyd yn cynnwys gwybodaeth am y cyfnodau cadw ond rhaid iddo ddyfynnu adrannau perthnasol PACE (a.40 ac a.41) a chyfeirio at adolygu cadw rhywun yn y ddalfa a'r cofnod cadwraeth. Er hynny, mae'n cymhwyso'r gyfraith i'r ffeithiau, sy'n bwysig.

⑤ Da gweld bod Tom yn crybwyll a.76 a derbynioldeb tystiolaeth cyfaddefiad, er ei fod yn gwneud hynny'n fyr. Mae hyn yn berthnasol i'r senario, er y dylai Tom fod wedi cynnwys diffiniad o 'orthrwm' neu 'fod yn annibynadwy' i ehangu ar y pwynt hwn a gallai fod wedi cynnwys a.78 ynghylch derbynioldeb tystiolaeth o unrhyw fath.

Marc a ddyfarnwyd:
AA2 – 7
AA3 – 1
Cyfanswm = 8 o 14

Er i Tom gynnwys rhai rhannau amherthnasol yn ei ateb, mae'n sylweddoli'r angen i gymhwyso'r gyfraith i ffeithiau'r senario. Mae hyn yn allweddol gyda chwestiynau LA3. Gall dyfynnu adrannau perthnasol PACE a deddfau eraill wneud y gwahaniaeth rhwng ennill marc ar frig neu ar waelod y ffin marciau a/neu symud at y ffin marciau nesaf. Mae Tom wedi cyffwrdd ag ystod dda o feysydd perthnasol ac wedi cynnwys peth awdurdod cyfreithiol. Fodd bynnag, nid oes digon o ystod na chyfeirio at adrannau penodol PACE iddo gyrraedd brig ffin 'ddigonol' y marciau. Hefyd, dim ond crybwyll rhai adrannau/pwyntiau y mae Tom heb roi eglurhad llawn. Sylfaen da, a gydag ychydig mwy gallai fod wedi cyrraedd brig y ffin 'ddigonol'.

U2 Y Gyfraith: Cyfraith Trosedd a Chyfiawnder – Canllaw Astudio ac Adolygu

Ateb Seren

(1) Mae'n ymddangos na chafodd hawliau Oscar fel carcharor eu parchu yn ystod ei gyfnod yn nalfa'r heddlu. Y brif ddeddf sy'n llywodraethu pwerau'r heddlu yw Deddf yr Heddlu a Thystiolaeth Droseddol 1984 (*PACE* o hyn ymlaen). Atodir Codau Ymarfer at *PACE* ac yn y codau y mae nodiadau canllaw ar arfer pwerau'r heddlu. Y Cod sy'n gymwys i weithdrefnau mewn gorsafoedd heddlu yw Cod C, a drafodir yn nes ymlaen.

(2) Wedi iddo gyrraedd yr orsaf heddlu, dylai Oscar fod wedi'i gymryd i weld swyddog y ddalfa. Rydym yn cael ar ddeall nad oedd neb ar gael, sy'n torri'r cod. Dylai pob gorsaf heddlu ddynodedig (un sydd â dalfa) fod â swyddog y ddalfa yn unol ag a.36 PACE. Os nad oes swyddog y ddalfa ar gael, fel yn yr achos hwn, gall rhingyll neu rywun o reng uwch weithredu fel swyddog y ddalfa; gall cwnstabl, hyd yn oed, weithredu fel swyddog y ddalfa dros dro. Rhaid iddo aros yn annibynnol. O dan a.37, swyddog y ddalfa sy'n penderfynu a ddylai'r person a ddrwgdybir gael ei gadw os oes gan y swyddog ddrwgdybiaeth resymol bod y person a ddrwgdybir wedi cyflawni trosedd. Os oes digon o dystiolaeth i gyhuddo'r person a ddrwgdybir, yna dylid ei gyhuddo'n syth. Fodd bynnag, gall swyddog y ddalfa awdurdodu ei gadw am fwy o amser lle mae seiliau rhesymol dros gredu bod hyn yn angenrheidiol er mwyn sicrhau neu gadw tystiolaeth, neu le mae gan swyddog y ddalfa seiliau rhesymol dros gredu bod angen cael tystiolaeth trwy holi'r person a ddrwgdybir.

(3) Dywedir wrthym fod Oscar wedi ei gymryd i'w orsaf heddlu leol, sef, mae'n debyg, cyn gynted ag sy'n ymarferol o dan a.30 PACE. Gan nad oes ei angen yn y fan a'r lle. Gan nad oes swyddog y ddalfa, gellir rhagdybio nad oedd cofnod cadwraeth wedi ei agor iddo: mae hyn yn torri Cod C.

(4) Gofynnodd Oscar am gael siarad â'i gyfreithiwr ond dywedwyd wrtho nad oedd digon o amser i'w ffonio. Rhaid i'r person a ddrwgdybir gael rhyw wybodaeth yn syth o dan God C – yr hawl i rywun gael gwybod am yr arestiad o dan a.56, yr hawl i gyngor cyfreithiol o dan a.58, a'r hawl i ymgynghori â'r Codau Ymarfer, sy'n gorfod cael eu cadw ym mhob gorsaf heddlu. Felly, dylai Oscar fod wedi cael gwybodaeth am y rhain ac wedi cael caniatâd i weld ei gyfreithiwr cyn i'r holi ddechrau. Mae hyn hefyd yn torri Erthygl 6 y Confensiwn Ewropeaidd ar Hawliau Dynol, yr hawl i dreial teg. Nid ydynt yn parchu hawliau Oscar fel rhywun sy'n cael ei gadw yn y ddalfa. Ni chafodd gysylltu â'i wraig chwaith, sy'n torri ei hawliau. Mae modd gwadu'r hawliau hyn i gyngor cyfreithiol ac i rywun gael gwybod am yr arestiad am hyd at 36 awr lle mae'r drosedd yn un dditiadwy a lle drwgdybir y gellid ymyrryd â thystion neu dystiolaeth. Mae rhai achosion pwysig sy'n cadarnhau bod gan bobl a ddrwgdybir hawl i gyngor cyfreithiol. Yn achos R v Samuel nid oedd modd defnyddio ei gyfaddefiad yn y llys am y gwadwyd cyngor cyfreithiol iddo ac yn R v Grant diddymwyd ei euogfarn am lofruddiaeth o ganlyniad i'r ffaith bod cyngor cyfreithiol wedi ei atal.

(5) Rhoddwyd Oscar mewn cell heb fwyd na dŵr, sy'n torri Cod C. Mae hwn yn dweud beth yw amodau cadw rhywun yn y ddalfa (e.e. digon o oleuni, gwres ac awyr, gyda seibiannau am brydau a'r toiled). Dylai fod wedi cael seibiannau yn ystod yr holi hefyd. Yn amlwg, torrwyd yr amodau hyn gan i Oscar gael ei adael mewn cell a heb fwyd na dŵr am 37 awr. Nid yw hyn yn dderbyniol.

(6) Dywedwyd wrth Oscar wedyn y gallai weld cyfreithiwr a meddyg petai'n cyfaddef, a gwnaeth hyn. O dan a.76 PACE, ni fydd cyfaddefiad a gafwyd trwy orthrwm (a ddiffinnir yn a.76(2) fel unrhyw driniaeth annynol neu ddiraddiol) neu o dan unrhyw amgylchiadau a fyddai'n peri bod y cyfaddefiad yn annibynadwy, yn dderbyniol yn y treial. Gellid dadlau bod cyfaddefiad Oscar wedi ei gael trwy driniaeth annynol am iddo gael ei adael mewn cell heb fwyd na dŵr am 37 awr.

(7) Roedd y cyfnod y cadwyd Oscar yn y ddalfa hefyd yn torri a.41 PACE. Gall pobl a ddrwgdybir gael eu cadw yn y ddalfa am 36 awr am drosedd dditiadwy yn dilyn Deddf Troseddu Cyfundrefnol Difrifol a'r Heddlu 2005 (24 awr fel arall). Dylid adolygu eu cadw wedi'r 6 awr gyntaf ac yna ar ysbeidiau o ddim mwy na 9 awr yn ôl a.40 PACE. Nid oes unrhyw sôn am adolygu cadw Oscar ac oherwydd iddo gael ei adael mewn cell am 37 awr, mae hyn yn amlwg yn torri a.41 ac a.40. Dylai ei gyfweliad hefyd fod wedi ei recordio ar dâp o dan a.60.

(8) Ymddengys na pharchwyd nifer o hawliau Oscar. Ni chawsant eu hegluro iddo chwaith, ac mae angen hyn o dan PACE. Gall wneud cwyn i'r IPCC, cael ei gyfaddefiad wedi ei eithrio a gall hefyd hawlio iawndal.

Sylwadau'r arholwr

(1) Datganiad agoriadol da iawn gan roi'r ateb yn ei gyd-destun trwy ddyfynnu'r statud a'r Codau Ymarfer perthnasol. Gwnaeth Seren yn dda i roi teitl llawn y Ddeddf ond gan wneud yn glir y cyfeirir ati fel PACE o hyn ymlaen. Mae hyn yn iawn am ei fod yn dangos i'r arholwr ei bod yn gwybod beth yw'r teitl llawn ac y bydd yn arbed amser trwy gyfeirio at ei ffurf dalfyredig o hynny ymlaen.

(2) Paragraff da iawn lle mae'n dangos ei gwybodaeth a'i dealltwriaeth o rôl swyddog y ddalfa. Gwnaeth yn dda i gyfeirio'n gywir at adrannau perthnasol PACE a rhoddodd lefel dda iawn o ddyfnder ynghylch parhau i gadw person. Mae hefyd wedi defnyddio termau cyfreithiol allweddol yn gywir a hyderus yma.

(3) Efallai i Seren feddwl gormod am grybwyll a.30 a fyddai wedi bod yn fwy perthnasol ar y dechrau, ond mae'n dal yn berthnasol. Soniodd Seren hefyd am y cofnod cadwraeth.

(4) Dyfyniad cywir pellach yma o adrannau perthnasol PACE. Trafododd Seren a.56 ac a.58 sy'n hanfodol i'r cwestiwn hwn. Gwnaeth yn arbennig o dda i gydnabod y gall yr hawliau hyn gael eu hoedi am 36 awr mewn achosion difrifol. Gwnaeth yn dda hefyd i gyfeirio at gwpl o achosion allweddol a gadarnhaodd bwysigrwydd yr hawl i gyngor cyfreithiol.

(5) Mae Seren yn gweithio'n rhesymegol trwy'r materion dan sylw ac mae'n debyg mai'r ymagwedd orau yw trin y ffeithiau fel y maent yn cael eu cyflwyno (yn gronolegol). Symudodd ymlaen i ystyried cadw rhywun yn y ddalfa a'r amodau cadw o dan gyfarwyddyd Cod C. Gallai hefyd fod wedi crybwyll y ffaith bod yn rhaid i'r codau ymarfer fod yn ddifrifol a sylweddol er mwyn i'r dystiolaeth gael ei hystyried ar gyfer ei heithrio.

(6) Cynnydd da iawn yma i gwestiwn derbynioldeb tystiolaeth yn ôl a.76 ac a.78. Mae hyn yn agwedd bwysig ar y cwestiwn gan ei fod yn ystyried goblygiadau torri pwerau'r heddlu a'r tebygolrwydd na fydd y dystiolaeth yn dderbyniol oherwydd hynny.

(7) Eto, mae Seren wedi cynnwys ystod dda o rifau adrannau penodol a pherthnasol. Yma, mae wedi gwneud sylw am y cyfnod cadw a'r adolygu a ddylai fod wedi digwydd. Trwy ei hateb, mae'n cymhwyso'r cyfreithiau at y ffeithiau, sy'n hanfodol gyda senario problem gyfreithiol.

(8) Casgliad da, er yn fyr, i ganolbwyntio ar y cwestiwn ond hefyd i gynnwys peth gwybodaeth ehangach am y rhwymedïau sydd ar gael i Oscar yn dilyn ei driniaeth. Er nad yw'n hollol berthnasol i'r cwestiwn, mae'n dod â'i hateb i ben yn dwt ac yn dangos ehangder dealltwriaeth.

Marc a ddyfarnwyd:

AA2 – 13

AA3 – 1

Cyfanswm = 14 o 14

Mae hwn yn ateb campus, cadarn ac yn llawn haeddu'r marc o 100% a ddyfarnwyd. Gweithiodd Seren yn rhesymegol trwy'r torri posibl ar bwerau'r heddlu a dyfynnu'n gywir gymysgedd o awdurdod cyfreithiol i ategu ei chymhwyso. Gwnaeth mwy na dim ond disgrifio'r pwerau ond mae wedi cymhwyso'r pwerau i ffeithiau'r senario, sy'n hanfodol ar gyfer cwestiynau problem LA3. Mae rhai myfyrwyr yn disgyn i fagl gwneud dim ond amlinellu ystod pwerau a chyfrifoldebau'r heddlu, sy'n cyfyngu ar y marciau sydd ar gael iddynt. Mae Seren, fodd bynnag, wedi cymhwyso'r gyfraith yn gywir a chadarn i'r senario – ateb da iawn.

[Nid oes Rhan b) i'r cwestiwn hwn.]

4. LA3 Lladdiad

Astudiwch y testun isod ac atebwch y cwestiynau sy'n seiliedig arno.

Yn hwyr un noson, aeth Debbie i'r lôn gefn y tu ôl i rai tai a dringodd i fyny peipen law, gan fwriadu mynd i mewn i ffenestr ystafell wely ei chariad, yn ei meddwl hi, a dringodd i mewn. Yn anffodus roedd wedi dewis y tŷ anghywir ac wedi mynd i mewn i ystafell wely George, cymydog agosaf ei chariad, oedd yn cysgu yn ei wely. Deffrodd George a dechrau sgrechian. Dychrynodd Debbie a rhoddodd ei llaw dros geg George, ac oherwydd hynny gwnaeth George lewygu gan ofn. Roedd Debbie yn siŵr ei bod wedi'i ladd trwy ddamwain, a phenderfynodd gael gwared â'i gorff. Llwyddodd i lusgo George allan i'w char; gyrrodd i afon gerllaw a'i daflu i mewn. Oherwydd sioc y dŵr oer daeth George ato'i hun a dechreuodd nofio. Fodd bynnag, daeth cwch heibio dan reolaeth capten meddw, James, gan daro George a'i wneud yn anymwybodol unwaith eto. Boddodd George. Yn ddiweddarach, cafodd Debbie ei harestio mewn cysylltiad â marwolaeth George.

a) Yng ngoleuni cyfraith achosion cofnodedig a ffynonellau cyfreithiol eraill, ystyriwch a all Debbie fod yn atebol yn droseddol am farwolaeth George.

(14 marc)

Ateb Tom

① Wrth asesu a yw person yn atebol am farwolaeth, rhaid iddynt fod ag *actus reus* a *mens rea* y drosedd. Marwolaeth bod dynol oedd hyn gan fod y drosedd yn erbyn rhywun a allai weithredu y tu allan i gorff ei fam.

② Rhaid i berson fod yn brif achos marwolaeth y person. Mae hyn yn arwain at yr angen i asesu'r gadwyn achosiaeth. Mae angen profi dau fath o achosiaeth: ffeithiol a chyfreithiol. Mae dwy ran i achosiaeth ffeithiol: y prawf 'pe na bai' a'r prawf *de minimis*. Yn yr achos hwn, gallai Debbie fod yn atebol am y farwolaeth oherwydd pe na bai am yr hyn a wnaeth hi, yna ni fyddai wedi ei daro gan y cwch. Fodd bynnag, pan edrychwn ar y rheol *de minimis*, rhaid i ni ofyn ai hi oedd prif achos y farwolaeth. Yn yr achos hwn, nid hi oedd: y prif achos oedd y cwch yn taro George.

③ Mae tair rhan i achosiaeth gyfreithiol sef yr achos gweithredol a sylweddol. Wrth asesu achosion megis R v Cheshire, R v Smith ac R v Jordan a chyfeirio ato yn yr achos hwn, y profwyd nad achoswyd marwolaeth George gan weithredoedd Debbie am iddo gael ei daro gan gwch sy'n dangos yn glir ei fod wedi torri'r gadwyn achosiaeth. Nid oedd yn rhesymol rhagweld y weithred chwaith gan ei bod yn annhebygol iawn, petai person rhesymol a sobr yn taflu rhywun i afon, y byddai cwch yn ei ladd. Dangoswyd y gwrthwyneb yn R v Pagett ac R v Corbett.

④ Wrth edrych ar y *mens rea*, byddai'r person yn cyfeirio at brawf Nedrick gan mai bwriad anuniongyrchol ydoedd. Dyma lle'r oedd bron yn sicr y byddai marwolaeth yn digwydd o ganlyniad i weithredoedd y diffynnydd. Diwygiwyd hyn gan Woollin a newidiwyd y geiriau o 'beri' i 'ganfod' bwriad. Am na fyddai'r prawf bron yn sicr yn cael ei fodloni, dylem ystyried gostwng y cyhuddiad o lofruddiaeth i un o ddynladdiad.

⑤ Nid yw dynladdiad gwirfoddol yn berthnasol am na allai Debbie hawlio cythruddiad gan na chafodd ei chythruddo ar unrhyw adeg gan George. Ni all chwaith ddefnyddio'r amddiffyniad o beidio â bod yn llawn gyfrifol gan nad oedd yn dioddef o annormaledd y meddwl, ac nid cytundeb hunanladdiad mohono chwaith.

⑥ Fodd bynnag, mae dau fath arall o ddynladdiad, sef dynladdiad trwy weithred anghyfreithlon a dynladdiad trwy esgeulustod difrifol. Mae dynladdiad anghyfreithlon yn cael ei gymhwyso lle mae gan berson yr *actus reus* ar gyfer trosedd ond na fydd ganddo y *mens rea* am lofruddiaeth, ond y drosedd lai yn unig. Er mwyn profi dynladdiad trwy weithred anghyfreithlon, rhaid iddo fod wedi cyflawni gweithred anghyfreithlon. Yr achos arweiniol yw R v Church a osododd i lawr brawf dwy ran. A oedd y person yn sylweddoli y byddai ei weithred yn achosi'r farwolaeth ac a fyddai person rhesymol wedi rhagweld y byddai wedi achosi'r farwolaeth.

U2 Y Gyfraith: Cyfraith Trosedd a Chyfiawnder – Canllaw Astudio ac Adolygu

Sylwadau'r arholwr

① Mae hwn yn nodweddiadol iawn o ateb am laddiad: nid yw'r ymgeisydd yn egluro beth yn union yw *actus reus* a *mens rea* y drosedd. Arferiad drwg yw lansio'n syth i mewn i achosiaeth; mae angen iddo egluro elfennau'r drosedd cyn eu trafod. Daw diffiniad buddiol o lofruddiaeth gan yr Arglwydd Ustus Coke.

② Eglurhad da o'r profion achosiaeth ffeithiol yma, ond diffyg cyfraith achosion. Dewis amlwg i ategu'r prawf 'pe na bai' fyddai R v White ac am y rheol *de minimis*, dyfynnir R v Pagett yn aml. Mae achosiaeth ffeithiol yn cael ei gymhwyso mewn ffordd niwlog yma, a bydd y diffyg sylwedd hwn a diffyg awdurdod i gefnogi yn effeithio ar farc Tom.

③ Da gweld bod gan Tom wybodaeth am rai o elfennau achosiaeth gyfreithiol yma; trafodir achos gweithredol a sylweddol marwolaeth yn fanwl gyda pheth awdurdod i gefnogi, felly hefyd y mae'r prawf rhagweld rhesymol, er bod R v Roberts hefyd yn achos defnyddiol i drafod cysyniad rhagweld. Dylai Tom hefyd drafod prawf y penglog tenau a defnyddio R v Blaue fel dyfyniad i'w ategu. Mae'n hanfodol bod HOLL elfennau'r drosedd yn cael eu trafod drwyddi draw, hyd yn oed os nad ydynt yn gymwys i'r senario – rhaid i chi wneud hyn yn glir i'r arholwr.

④ Defnydd ardderchog o gyfraith achosion yma, mae *mens rea* lladdiad yn faes anodd i sgorio yn uchel. Er mwyn gwella ansawdd hyn, gallai Tom fod wedi trafod hefyd gofyniad cyd-ddigwydd *actus reus* a *mens rea*, fel sy'n cael ei ddangos mewn achosion megis Thabo Meli, Le Brun a Church, a amlygodd y bodlonir elfennau llofruddiaeth neu ddynladdiad os yw trosedd nad yw'n farwol a wneir gyda *mens rea* yn rhan o un dilyniant o ddigwyddiadau â'r weithred sy'n achosi'r farwolaeth yn y pen draw. Mae hyn yn arbennig o wir pan fwriadwyd y gweithredoedd a ddilynodd i guddio'r ymosodiad gwreiddiol nad yw'n farwol.

⑤ Diangen yw trafod dynladdiad gwirfoddol am ei bod yn amlwg nad yw'n gymwys. Fodd bynnag, ni chaiff Tom ei gosbi oherwydd mae'r ffaith ei fod wedi ei ddiystyru yn dangos ei fod yn cymhwyso'r gyfraith yn gywir.

⑥ Yma, mae Tom wedi dangos y gallai dynladdiad trwy weithred anghyfreithlon fod yn gymwys i'r senario, ond nid yw wedyn wedi cymhwyso'r gyfraith i'r senario trwy nodi beth fyddai'r weithred anghyfreithlon. Nid yw wedi'i chefnogi gydag awdurdod cyfreithiol perthnasol chwaith – mae llawer o enghreifftiau, megis R v Lowe. Mae yma ymdrech i drafod elfennau dynladdiad trwy ddehongliad, ond ni chafodd ei gymhwyso i'r senario gydag unrhyw argyhoeddiad. Ymhellach, nid yw Tom wedi ystyried atebolrwydd James, y capten meddw, a allai gael ei hun yn atebol am ddynladdiad trwy esgeulustod difrifol. Eto, dylid trafod elfennau'r drosedd a'u cymhwyso yn briodol i'r senario.

Marc a ddyfarnwyd:
AA2 – 7
AA3 – 1
Cyfanswm = 8 o 14

Mae hwn yn ateb wedi ei strwythuro yn dda, ond mae diffyg awdurdod cyfreithiol a sylwedd cyfreithiol, sydd wedi effeithio ar y marc.

Ateb Seren

① Er mwyn i Debbie fod yn atebol am farwolaeth George, rhaid iddi feddu ar yr *actus reus* a'r *mens rea* am lofruddiaeth. Yr *actus reus* am lofruddiaeth yw lladd, sy'n cael ei gydnabod yn gyfreithiol pan fydd coesyn ymennydd bod dynol yn farw. Dyma pam mae meddygon yn diffodd peiriannau cynnal bywyd yn gyfreithlon mewn achosion megis Malcherek a Steel a Tony Bland. Mae bod dynol yn gyfreithlon yn ddynol unwaith y bydd yn byw yn annibynnol ar ei fam: barnwyd hyn yn Attorney-General's Reference No.3. Y *mens rea* yw malais bwriadus, sy'n golygu bwriad i ladd neu fwriad i achosi niwed corfforol difrifol. Gall bwriad fod yn uniongyrchol neu'n anuniongyrchol fel y gwelwyd yn Moloney ac yn Nedrick lle byddai marwolaeth bron yn sicr; fodd bynnag, mae'n amlwg nad oedd Debbie yn bwriadu lladd nac achosi niwed corfforol difrifol.

② Rhaid i Debbie fod wedi achosi marwolaeth ac felly byddwn yn ystyried achosiaeth ffeithiol. Cynigia'r prawf 'pe na bai', 'pe na bai' am weithred Debbie y byddai George wedi marw fel y gwelwyd yn R v White.

③ Dylid ystyried achosiaeth gyfreithiol hefyd. Roedd Debbie yn credu ei bod wedi lladd George ac felly wedi ceisio cuddio hyn trwy ei daflu i'r afon. Fel y gwelwyd yn R v Smith, rhaid i doriad sylweddol a gweithredol yn yr achosiaeth ei rhyddhau o lofruddiaeth. Mae'r ffaith bod cwch wedi ei daro'n anymwybodol yn ffactor sylweddol a gweithredol. Nid oedd modd rhagweld y byddai hyn yn digwydd, felly mae'n rhaid bod toriad wedi digwydd yn y gadwyn achosiaeth. Felly nid oedd gan Debbie y *mens rea* ar gyfer llofruddiaeth felly dylid ystyried dynladdiad trwy ddehongliad.

④ Dywed dynladdiad trwy weithred anghyfreithlon a pheryglus y gall person fod yn atebol am lofruddiaeth os achosodd ei weithredoedd anghyfreithlon farwolaeth y dioddefwr. Dywed R v Lowe na all ddigwydd trwy anwaith a barnodd R v Franklin fod yn rhaid iddi fod yn weithred drosedd anghyfreithlon. Yn Franklin, barnodd y llys nad oedd camwedd sifil tresmasu yn ddigon i fodloni dynladdiad trwy ddehongliad. Roedd Debbie wedi ymosod ar George o dan a.39 Deddf Cyfiawnder Troseddol 1988 trwy beri iddo deimlo ofn yn ddi-oed y byddai grym anghyfreithlon yn cael ei gymhwyso. Fodd bynnag, nid oedd ganddi mo'r bwriad na'r byrbwylltra goddrychol ac ni allai fod yn euog o hynny. Fodd bynnag, trwy roi ei llaw dros ei geg, mae wedi achosi curo o dan a.39 Deddf Cyfiawnder Troseddol 1988 ac yr oedd ganddi'r *mens rea* addas ar gyfer hyn o fwriad neu fyrbwylltra goddrychol. Roedd hyn wedi achosi i George lewygu, sy'n wir niwed corfforol o dan a.47 Deddf Troseddau Corfforol 1861. Barnodd R v Donovan y gall colli ymwybyddiaeth fod yn a.47 Deddf Troseddau Corfforol 1861 a barnwyd nad oedd angen *mens rea* ychwanegol i fod yn atebol am a.47 fel y gwelwyd yn Savage a Parmenter ac felly yr oedd Debbie wedi achosi gweithred anghyfreithlon a pheryglus trwy achosi *ABH* gyda *mens rea* curo.

⑤ Mae cwestiwn a oedd yn beryglus neu beidio wedi'i drin gan brawf R v Church, sy'n dweud y byddai person sobr a rhesymol yn atebol am farwolaeth petai yn cydnabod y gallai rhyw niwed ddigwydd, er nad oes rhaid i hynny fod yn niwed difrifol. Fel yn achos R v Church, yr oedd Debbie wedi taflu'r corff i'r afon. Prawf gwrthrychol ydyw felly barnwyd nad oedd yn berthnasol a oedd yn onest ac yn wir yn credu ei fod yn farw; byddai yn atebol er hynny pan foddodd George. Tybir bod gan y llysoedd yr un wybodaeth â'r diffynnydd a dim mwy ac felly mae hyn yn hollol wrthrychol a allai olygu bod Debbie yn atebol am farwolaeth George.

⑥ Fodd bynnag, gallai fod yn rhesymol peidio â rhagweld y byddai cwch yn mynd heibio ac yn taro George a'i ladd, ac felly gallai dorri'r gadwyn achosiaeth. Efallai fod gan James, sy'n gapten, ddyletswydd gofal i George a'i fod wedi torri'r ddyletswydd honno i achosi'r farwolaeth. Dynladdiad trwy esgeulustod difrifol yw hyn lle mae rhywun wedi gweithredu mor amlwg yn anghywir fel na fydd unrhyw iawndal yn ddigonol. Am fod James yn feddw a bod arno ddyletswydd gofal i weithredu'n gyfrifol, efallai ei fod wedi achosi'r farwolaeth ac ni fyddai Debbie felly yn atebol.

⑦ Nid yw'n debygol y byddai Debbie'n cael ei dyfarnu'n euog o lofruddiaeth gan nad oedd ganddi'r *mens rea* ar gyfer malais bwriadus. Mae'n edrych yn fwy tebygol y bydd yn atebol am ddynladdiad trwy ddehongliad am ei bod wedi achosi gweithred anghyfreithlon a pheryglus, ac mae camgymeriad yn amherthnasol am mai prawf gwrthrychol ydyw.

Cwestiynau ac Atebion

Sylwadau'r arholwr

① Paragraff agoriadol arbennig – mae Seren wedi gwneud yn glir yn syth ei bod yn deall cysyniad llofruddiaeth a'i helfennau, ac mae ganddi wybodaeth fanwl o awdurdod cyfreithiol. Mae'r math hwn o eglurhad yn aml yn absennol o atebion ymgeiswyr a gwnaeth Seren yn dda i roi'r manylion hyn. Mae hwn yn gyflwyniad bron a ddifai a byddai'n un buddiol i'w ddysgu; gellir ei adrodd mewn unrhyw ateb ar laddiad.

② Mae Seren yn cychwyn yn syth ar gymhwyso'r gyfraith i'r senario, gan ddefnyddio achosiaeth ffeithiol fel man cychwyn – mae'r prawf 'pe na bai' yn cael ei gymhwyso yn gywir gydag awdurdod cyfreithiol perthnasol. Byddai hyn wedi ei gyfoethogi ymhellach trwy drafod y rheol *de minimis* gyda chyfraith achosion i'w ategu.

③ Mae achosiaeth gyfreithiol yn cael ei chymhwyso yn gywir gan Seren yn y paragraff hwn, gydag awdurdod cyfreithiol perthnasol hefyd. Gallai cymhwyso sydd bron yn ddifai wedi ei wella ymhellach trwy grybwyll rheol y penglog tenau (R v Blaue), ond nid yw hyn yn ymwneud yn uniongyrchol â'r senario felly ni chaiff Seren ei chosbi.

④ Mae'r adran hon wedi sgorio llawer o farciau i Seren am ei bod wedi cydnabod presenoldeb dynladdiad trwy weithred anghyfreithlon a pheryglus, neu ddynladdiad trwy ddehongliad fel y caiff ei alw weithiau. Mae trosedd yn cael ei chymhwyso yn ardderchog – mae'r holl elfennau yn cael eu nodi a'u cymhwyso. Nodwyd yn gywir beth yw'r weithred anghyfreithlon – a.39 Deddf Cyfiawnder Troseddol 1989 ac a.47 Deddf Troseddau Corfforol 1861, sy'n bwysig. Mae'r holl dermau cyfreithiol yn cael eu defnyddio yn gywir ac mae Seren yn amlwg wedi deall a chymhwyso'r drosedd.

⑤ Mae Seren yn parhau i gymhwyso elfennau dynladdiad trwy ddehongliad, a dyfynnir R v Church yn dda, ond mae mwy o achosion y gellid eu defnyddio i gefnogi *actus reus* y drosedd hon, yn benodol R v Dawson ac R v Watson. Mae ymgeiswyr sy'n methu nodi trosedd yn gywir mewn cwestiwn senario problem yn debyg o'u cael eu hunain mewn band marciau is am nad yw'n dangos mwy na chymhwyso 'cyfyngedig' o'r gyfraith. Yn ateb Seren, mae adnabod y drosedd yn gywir a'r awdurdod ategol yn dangos gwybodaeth a chymhwyso 'cadarn'.

⑥ Yma, mae Seren hefyd wedi trafod posibilrwydd euogfarnu James am ddynladdiad trwy esgeulustod difrifol. Mae hyn yn dangos ateb eglur, gyda llawer o feddwl y tu ôl iddo a sylw i fanylion. Mae diffyg cyfraith achosion i ategu, megis Donoghue v Stevenson, ond gellir maddau hyn oherwydd bod yr ychwanegiad cynnil hwn i'r senario i'w ganmol.

⑦ Cynhyrchodd Seren gasgliad crwn sy'n dangos i'r arholwr 'ateb' i'r cwestiwn ynghylch a gall Debbie fod yn atebol amdanynt. Mae wastad yn arfer da mewn casgliad i nodi'r diffynyddion a'r troseddau posibl y gallai fod wedi eu cyflawni.

Marc a ddyfarnwyd:

AA2 – 13

AA3 – 1

Cyfanswm = 14 o 14

Ateb wedi ei strwythuro yn dda iawn, gydag ymagwedd resymegol at holl elfennau'r troseddau perthnasol ac, yn bwysig, awdurdod cyfreithiol i'w ategu. Dylai ymgeiswyr fod yn barod i adnabod un neu fwy o'r canlynol mewn cwestiwn problem ar laddiad:

- Llofruddiaeth
- Dynladdiad gwirfoddol (fel arfer peidio â bod yn llawn gyfrifol neu golli rheolaeth)
- Dynladdiad anwirfoddol – dynladdiad trwy ddehongliad
- Dynladdiad anwirfoddol – dynladdiad trwy esgeulustod difrifol

C&A b) Eglurwch bwerau'r heddlu i ganiatáu mechnïaeth. *(11 marc)*

Ateb Tom

① Bydd yr heddlu yn arestio person a bydd yn cael ei gymryd i'r orsaf heddlu. Bydd yn cael ei gymryd yn syth at swyddog y ddalfa a fydd yn asesu a oes digon o dystiolaeth i gyhuddo'r person a ddrwgdybir. Byddant naill ai yn cyhuddo neu'n rhoi mechnïaeth. Rhaid i'r heddlu fod yn ofalus iawn wrth ganiatáu mechnïaeth oherwydd o dan a.4 Deddf Mechnïaeth 1976 mae rhagdybiaeth bod gan bawb yr hawl i fechnïaeth.

② Mae rhesymau dros beidio â chaniatáu mechnïaeth megis peidio â gwybod beth yw cyfeiriad neu enw'r person. Os ydynt yn credu bod person wedi rhoi enw neu gyfeiriad ffug neu os ydynt yn credu bod y person yn debyg o gyflawni trosedd arall.

③ Y rhesymau pam nad ydynt yn hoffi cadw pobl yw gall peidio â rhoi mechnïaeth achosi colli gwaith, ni allant siarad yn iawn â'u cynghorwyr cyfreithiol ac maent yn fwy tebygol o bledio'n euog. Mae'r holl ffactorau hyn yn mynd yn erbyn y person ac o blaid yr heddlu.

④ Lle mae person wedi ei arestio o dan warant, mae'r penderfyniad wedi ei wneud gan yr Ynadon mewn gwirionedd gan y bydd y warant yn dweud a fydd y person wedi cael mechnïaeth neu beidio. Mae mechnïaeth stryd ar gael hefyd lle mae gan yr heddlu'r pŵer i atal a chyhuddo person ar y stryd. Byddant yn cyhoeddi'r holl waith papur yn y fan a'r lle ar y stryd a bydd hyn yn cael ei roi yn nes ymlaen yn yr orsaf heddlu ac mae dyletswydd ar y person i ddod i'r orsaf heddlu ar adeg benodol. Mae hyn yn golygu nad oes rhaid iddynt gadw'r person a ddrwgdybir yn y ddalfa.

⑤ Pan na fydd person yn cael mechnïaeth ac yn cael ei gadw yn y ddalfa, rhaid ei ddwyn gerbron yr Ynadon cyn gynted ag sy'n ymarferol.

U2 Y Gyfraith: Cyfraith Trosedd a Chyfiawnder – Canllaw Astudio ac Adolygu

Sylwadau'r arholwr

① ② Amlinelliad sylfaenol o'r broses droseddol a lle mae mechnïaeth yn ffitio mewn perthynas â'r heddlu. Fodd bynnag, mae hyn yn eithaf sylfaenol, a dylid cael llawer mwy o fanylion ynghylch pwerau'r heddlu, gan mai dyma yn ei hanfod mae'r cwestiwn yn ei ofyn. Peth mawr a adawyd allan yw a.38 Deddf yr Heddlu a Thystiolaeth Droseddol 1984 lle ceir pwerau'r heddlu i ganiatáu mechnïaeth. Dylid mynd ymlaen i egluro'r amgylchiadau pryd y gall yr heddlu wrthod mechnïaeth, sy'n galonogol. Gwnaeth Tom yn dda i gyfeirio at Ddeddf Mechnïaeth 1976, yn enwedig y rhagdybiaeth o blaid mechnïaeth. Er, unwaith eto, gellid cyfeirio at Erthygl 5 yr *ECHR* – yr hawl i ryddid sy'n ystyriaeth o bwys mawr wrth benderfynu a ddylid caniatáu mechnïaeth.

③ Gwerthuso da yma o agweddau cadarnhaol caniatáu mechnïaeth, ond nid oes digon o wybodaeth am fechnïaeth, a dim cyfeirio at unrhyw ddarpariaethau statud. Bydd hyn yn effeithio llawer ar farc Tom ac yn ei rwystro rhag cyrraedd bandiau uwch y marciau. Dylid cyfeirio yma at yr eithriadau i ganiatáu mechnïaeth, sy'n canolbwyntio ar a oes gan yr heddlu seiliau sylweddol dros gredu y byddai'r diffynnydd, petai'n cael ei ryddhau, yn cyflawni trosedd arall, yn ymyrryd â thystion neu'n gwrthod ildio i gadwraeth. Ymhellach, dylai Tom grybwyll bod Deddf Cyfiawnder Troseddol a Threfn Gyhoeddus 1994 yn caniatáu i'r heddlu ganiatáu mechnïaeth amodol – byddai enghreifftiau o'r cyfryw amodau yn cyfoethogi'r ateb hwn ymhellach.

④ Mae'r paragraff hwn yn ganmoladwy iawn; mae Tom yn cyfeirio at fechnïaeth stryd, er nad yw'n rhoi awdurdod cyfreithiol eto – a.4 Deddf Cyfiawnder Troseddol 2003 fyddai'r dyfyniad perthnasol. Fodd bynnag, rhaid ei ganmol am yr ymgais i egluro a gwerthuso'r cysyniad cymharol newydd hwn o fechnïaeth.

⑤ Cyfeiriad da at ganlyniadau'r heddlu yn gwrthod mechnïaeth; fodd bynnag, mae'r ateb hwn fel petai'n dod i derfyn yn sydyn. Mae'n arfer da terfynu ateb gyda chasgliad addas ac mewn cwestiynau synoptig o'r fath, mae wastad yn syniad da cymhwyso'r gyfraith i senario yr ymdriniwyd â hi yn rhan a). Felly, byddai Tom yn rhoi rhyw syniad a fyddai Debbie yn gallu derbyn mechnïaeth neu beidio. Mae'n amlwg mai damcaniaethol fydd hyn, ond mae'n dangos parodrwydd i gymhwyso'r gyfraith i senario a roddir.

Marc a ddyfarnwyd:
AA1 – 5
AA3 – 1
Cyfanswm = 6 o 11

Mae llawer ar goll o'r ateb hwn, ac adlewyrchir hynny yn y marc cymharol isel a roddwyd. Ar y lefel hon, mae disgwyl i ymgeiswyr allu dyfynnu'r holl awdurdod cyfreithiol perthnasol a gallu rhoi eglurhad llawn a manwl o'r gyfraith.

Ateb Seren

① Ar ôl cael ei arestio, o dan a.37 Deddf yr Heddlu a Thystiolaeth Droseddol 1984, dylai person a ddrwgdybir gael ei ddwyn gerbron swyddog y ddalfa a fydd yn penderfynu a oes digon o dystiolaeth i gyhuddo. Unwaith iddo gael ei gyhuddo o dan adran 38, dylai person gael mechnïaeth onid oes rhesymau pam na ddylai. Mae'r rhesymau yn cynnwys y canlynol: eu bod yn credu bod yr enw a'r cyfeiriad a roddwyd yn ffug, y gallai rhoi mechnïaeth achosi niwed iddo ef neu eraill, neu os oes seiliau sylweddol dros gredu y gallant ymyrryd â thystion neu rwystro cwrs cyfiawnder mewn ffordd arall neu byddent yn debygol o aildroseddu. Mae nifer fawr o droseddau yn cael eu cyflawni gan bobl sydd ar fechnïaeth am drosedd arall.

② Dywed Deddf Mechnïaeth 1976, o dan a.4 fod rhagdybiaeth y bydd mechnïaeth yn cael ei rhoi ac mae hyn yn unol â'r egwyddor bod rhywun yn ddieuog nes y caiff ei brofi'n euog a'r hawl i ryddid o dan Erthygl 5 yr *ECHR*. Gellir eu cadw am hyd at 96 awr gyda chaniatâd yr Ynad ar gyfer ymchwilio effeithiol a mwy o holi. Fel arfer, yn dilyn Deddf Cyfiawnder Troseddol 2003, dylent gael eu rhyddhau ar ôl 24 awr.

③ O dan Ddeddf Cyfiawnder Troseddol a Threfn Gyhoeddus 1994, gall yr heddlu roi mechnïaeth amodol. Dyma lle bydd y person a ddrwgdybir yn cael mechnïaeth ar amodau megis peidio â gallu mynd o fewn cylch o rai milltiroedd o'r drosedd honedig neu, os ydynt yn debyg o ddianc, rhaid iddynt ildio eu pasbort neu ildio arian. Mae hyn er mwyn sicrhau y byddant yn ymddangos ar ddyddiad y llys.

④ Bydd y llys hefyd yn ystyried rhai ffactorau wrth benderfynu caniatáu mechnïaeth neu beidio. Mae'r ffactorau hyn yn cynnwys natur a difrifoldeb y drosedd, cryfder y dystiolaeth, cysylltiadau cymunedol a chymeriad y diffynnydd, yn ogystal â hanes y diffynnydd o adrodd i fechnïaeth.

⑤ Yn dilyn achos Caballero, os cafodd person ei arestio am drosedd dditiadwy, dylai gael gwneud cais am fechnïaeth, sy'n gwarantu hawliau dynol y person a ddrwgdybir. Fodd bynnag, mae'n cael ei rhoi o dan amgylchiadau eithriadol yn unig os ydynt wedi treulio dedfryd mewn carchar am lofruddiaeth, dynladdiad neu drais rhywiol yn y gorffennol. Mae hyn hefyd wedi ei gynnwys yn Neddf Cyfiawnder Troseddol 2003.

Sylwadau'r arholwr

① Cyflwyniad di-fai sy'n ymdrin â'r holl awdurdod cyfreithiol perthnasol sy'n llywodraethu'r heddlu. Mae mater cymdeithasol o bwys yn codi yma, bod nifer o droseddau yn cael eu cyflawni gan bobl sydd ar fechnïaeth am drosedd arall. Mae hyn yn fater o bwys ac yn dangos gwybodaeth am bryderon dyfnach ynghylch caniatáu mechnïaeth. Yn bwysig iawn yma, nid yw'n crybwyll beth sy'n digwydd pan fo'r heddlu yn gwrthod mechnïaeth – hynny yw, rhaid iddynt gael y diffynnydd gerbron yr ynadon cyn gynted ag y bo modd.

② Cyfeirir yma at ddarpariaethau allweddol Deddf Mechnïaeth 1976, yn bennaf o ran y rhagdybiaeth o blaid mechnïaeth ac wrth gwrs mae'r cyfeiriad at Erthygl 5 yr *ECHR* – yr hawl i ryddid, yn ganmoladwy iawn. Gadewir allan hefyd y sefyllfaoedd lle gellir caniatáu mechnïaeth. Cofiwch beidio â bod ofn datgan yr hyn sy'n amlwg a gallai Seren fod wedi cyfeirio at y ffaith y gall yr heddlu ganiatáu mechnïaeth os yw'r person a ddrwgdybir wedi ei gyhuddo o drosedd neu beidio. Os gellir ategu hyn ag enghreifftiau go iawn o'r newyddion, yna byddai hyn hefyd yn dangos gwybodaeth eang a pharodrwydd i ymchwilio i faterion ehangach.

③ Paragraff di-fai arall gan gyfeirio at awdurdod cyfreithiol allweddol. Mae dyfynnu darpariaethau statud yn profi i'r arholwr fod yma yn wir wybodaeth eang o'r testun a bydd fel arfer yn arwain at osod marciau yn un o'r ddau fand marciau uchaf. Hefyd yn berthnasol yma fyddai pwerau'r heddlu i ganiatáu mechnïaeth stryd.

④ ⑤ Mae'r paragraffau hyn yn fwy perthnasol i fechnïaeth y llys, ond ni chaiff Seren ei chosbi am eu bod yn cryfhau'r hyn sydd eisoes yn amlwg; fod ganddi wybodaeth ddofn o gymhlethdodau mechnïaeth. Mae darpariaethau mwy cymhleth mechnïaeth hefyd yn cael eu trafod trwy ddyfynnu Caballero – er mwyn gwella'r agwedd hon ymhellach, dylai Seren ddyfynnu holl ddarpariaethau Deddf Cyfiawnder Troseddol 2003, sy'n darparu cafeatau i ganiatáu mechnïaeth yn y llys. Mae darpariaethau o'r fath yn cynnwys caniatáu mechnïaeth i ddiffynyddion a geir ym meddiant cyffuriau Dosbarth A, y rhai a gyhuddir o droseddau ditiadwy lle treuliwyd dedfryd o garchar am drosedd debyg, a lle cyflawnwyd y drosedd pan oedd ar fechnïaeth am drosedd arall.

Marc a ddyfarnwyd:
AA1 – 7
AA3 – 2
Cyfanswm = 9 o 11

Ateb rhagorol yn gyffredinol gan gyfeirio at yr holl agweddau allweddol a'u hegluro gan ategu ag awdurdod cyfreithiol – mae rhai agweddau allweddol ar goll, ond dim digon i dynnu oddi wrth ansawdd uchel yr hyn a ysgrifennwyd.

Cwestiynau ac Atebion

5. LA4 Adran A Amddiffyniadau Cyffredinol

C&A

Gwerthuswch i ba raddau mae'n bosibl defnyddio meddwdod oherwydd alcohol a chyffuriau eraill fel amddiffyniad i gyhuddiad troseddol.

(25 marc)

Ateb Tom

① Mae dau fath o feddwdod: meddwdod gwirfoddol a meddwdod anwirfoddol.

② Meddwdod gwirfoddol yw lle mae'r diffynnydd yn gwybod ei fod yn cymryd yr alcohol neu'r cyffuriau. Does dim modd defnyddio meddwdod ar gyfer troseddau bwriad sylfaenol: troseddau yw'r rhain megis GBH, ymosod, curo ac ABH. Fodd bynnag, does dim modd defnyddio meddwdod gwirfoddol fel amddiffyniad ar gyfer troseddau bwriad penodol chwaith, fel llofruddiaeth neu drais rhywiol am nad oes modd eu cyflawni yn fyrbwyll.

③ Mae modd defnyddio meddwdod anwirfoddol fel amddiffyniad i unrhyw drosedd. Fodd bynnag, rhaid i'r diffynnydd brofi nad oedd yn gwybod ei fod yn cymryd yr alcohol neu'r cyffuriau. Gall hyn gael ei achosi gan gyffuriau presgripsiwn, neu rywbeth yn cael ei roi mewn diod. Er enghraifft, yn achos Hardie, yr oedd y diffynnydd a'i wraig wedi gwahanu ac oherwydd hyn cymerodd y diffynnydd gyffuriau presgripsiwn ei wraig a achosodd iddo roi'r ystafell wely ar dân. Nid oedd yn atebol am nad oedd yn cofio hyn yn digwydd.

④ Mae achos hefyd lle'r oedd y diffynnydd a'i gariad yn cymryd cyffuriau, a bod y diffynnydd yn cael rhithweledigaethau a achosodd iddo ladd ei gariad. Fe'i cyhuddwyd o ddynladdiad. Felly fel y gallwn weld o'r achos hwn mae amddiffyniad meddwdod yn gostwng y ddedfryd i'r diffynnydd.

⑤ Er mwyn defnyddio meddwdod gwirfoddol fel amddiffyniad rhaid i'r *mens rea* fod wedi ei gymryd i ffwrdd, sy'n golygu bod yn rhaid i'r diffynnydd fod mewn cyflwr mor feddw fel na all gofio unrhyw beth. Fodd bynnag, gallem ddadlau yn achos Hardie lle cymerodd gyffur ei wraig, ei fod yn bwriadu cymryd y cyffur presgripsiwn a achosodd iddo roi'r ystafell wely ar dân. Efallai pe na bai wedi cymryd y cyffur na fyddai wedi cyflawni llosgi bwriadol. Dylai pobl sy'n cymryd cyffuriau presgripsiwn heb sylweddoli beth yw eu heffaith fod ag amddiffyniad oherwydd i'r cyffuriau gael eu rhoi ar bresgripsiwn ac nad oes bwriad i feddwi. Nid wyf i'n credu y dylai'r sawl sy'n meddwi yn wirfoddol gael amddiffyniad am fod ganddynt fwriad i fynd allan a meddwi. Hyd yn oed os nad oes *mens rea* ganddynt, eu cyfrifoldeb nhw er hynny yw edrych ar ôl eu hunain a rheoli eu hymddygiad.

⑥ I gloi, mae'r graddau y gall meddwdod trwy alcohol a chyffuriau eraill gael ei ddefnyddio fel amddiffyniad i gyhuddiad troseddol yn gyfyngedig yn dibynnu ar a yw'r meddwdod yn wirfoddol neu'n anwirfoddol.

Sylwadau'r arholwr

① Mae Tom yn cychwyn trwy nodi a diffinio'r prif gysyniadau a ofynnir gan y cwestiwn. Fodd bynnag, mae'r syniadau yn simplistig a heb eu datblygu. Gallai fod yn fwy buddiol yma i ehangu gyda diffiniad mwy soffistigedig o feddwdod ac effeithiau'r amddiffyniad os bydd yn llwyddo.

② Mae deall y gwahaniaeth rhwng meddwdod gwirfoddol ac anwirfoddol ac effeithiau gwahanol yr amddiffyniad yn sicr yn sylfaen da. Ymhellach, mae dealltwriaeth o fwriad sylfaenol a phenodol yn allweddol i ddarparu ateb llawn i'r cwestiwn hwn felly mae Tom wedi gwneud yn dda i wneud y cyfeiriad hwn. Fodd bynnag, mae achosion allweddol ar goll yma megis DPP v Majewski (1977), ac mae angen rhoi mwy o fanylion am effeithiau'r amddiffyniad ar droseddau bwriad penodol; h.y. y cyhuddir y diffynnydd o drosedd lai sy'n cyfateb.

③ Cyfeiriad da at gyfraith achosion berthnasol yma. Fodd bynnag, nid oes sylwedd gan Tom yma, o ran crybwyll bod diffyg *mens rea* angenrheidiol i feddwdod anwirfoddol yn amddiffyniad. Er mwyn dangos mwy na gwybodaeth 'gyfyngedig', mae disgwyl i ymgeiswyr ddangos dealltwriaeth o sut gallai diffynnydd feddwi yn anwirfoddol, a rhoi cyfraith achosion i'w hategu gan gynnwys R v Kingston, sy'n gwahaniaethu oddi wrth R v Hardie.

④ Mae ymgais yma i ddyfynnu achos R v Lipman, ond mae'n wan a niwlog iawn. Eto, mae Tom wedi methu trafod perthnasedd yr achos yn fanwl o gwbl, er bod ymgais lle mae'n dweud y bydd yn gostwng y ddedfryd. Yr hyn y mae'n cyfeirio ato yw y cyhuddir y diffynnydd o drosedd lai sy'n cyfateb – e.e. dynladdiad yn lle llofruddiaeth.

⑤ Mae hwn yn baragraff cryf am fod Tom yn awgrymu ei fod yn deall yr angen am ddiffyg *mens rea*. Mae ymgais da hefyd i gael peth cynnwys gwerthusol, er nad yw hyn mor gryf ag y gellid disgwyl am werthusiad 'cadarn'.

⑥ Casgliad sylfaenol heb sylwedd go iawn, na gwerthuso'r amddiffyniad.

Marc a ddyfarnwyd:
AA1 – 7
AA2 – 6
AA3 – 2
Cyfanswm = 15 o 25

Gellid dadlau bod traethawd Tom yn dangos peth gwybodaeth a dealltwriaeth i lefel 'ddigonol', oherwydd y trafodir llawer o'r cysyniadau allweddol sy'n berthnasol i amddiffyniad meddwdod. Fodd bynnag, 'cyfyngedig' yw ei sgiliau oherwydd diffyg cyfraith achosion a gwerthuso sylweddol.

Ateb Seren

① Pan gyhuddir rhywun o drosedd, mae llawer amddiffyniad a allai ostwng y cyhuddiad, er enghraifft o lofruddiaeth i ddynladdiad. Mae meddwdod yn amddiffyniad a gymhwysir pan fo rhywun naill ai wedi yfed alcohol neu gymryd cyffuriau. Fodd bynnag, ni ellir ei dderbyn fel amddiffyniad bob tro ac mae rhai pobl yn honni nad yw'n amddiffyniad go iawn.

85

U2 Y Gyfraith: Cyfraith Trosedd a Chyfiawnder – Canllaw Astudio ac Adolygu

② Mae meddwdod yn cael ei ddefnyddio pan na all person ffurfio'r *mens rea* angenrheidiol ar gyfer y drosedd. Yn achos R v Kingston, aeth y diffynnydd i dŷ cydweithiwr busnes; felly hefyd fachgen 15 oed. Roedd cyffuriau wedi eu rhoi yn y diodydd, a phan oedd y ddau yn feddw, ymosododd Mr Kingston yn anweddus ar y bachgen. Roedd ganddo atyniad i ddechrau at fechgyn ifanc, ond ni fyddai'n gweithredu ar y tueddiadau hyn. Roedd ei gydweithwyr busnes yn gwybod hyn a gwnaethant y peth yn fwriadol a thynnu llun er mwyn ei flacmelio. Dywedodd Tŷ'r Arglwyddi fod bwriad meddw yn fwriad er hynny a bod gan y diffynnydd y *mens rea* am y drosedd am fod ganddo hanes o'r ymddygiad hwn, felly mae'n dangos, hyd yn oed os ydych chi wedi meddwi yn anwirfoddol yna ni fedrwch ddefnyddio'r amddiffyniad bob tro.

③ Pan fo person wedi cyflawni trosedd mae'n rhaid i'r llys benderfynu a oedd y drosedd yn un o fwriad penodol neu sylfaenol. Troseddau bwriad penodol yw lle mae'r *mens rea* yn un o fwriad, a throseddau bwriad sylfaenol yw lle mae'r *mens rea* yn fyrbwylltra. Gall troseddau bwriad penodol fel arfer ddefnyddio amddiffyniad meddwdod, ond ni all troseddau bwriad sylfaenol wneud hyn. Gwelir hyn yn achos Attorney-General for Northern Ireland v Gallagher. Roedd Gallagher wedi treulio 24 awr yn yfed ac yn cymryd cyffuriau ac yna malodd ffenestr ac ymosod ar heddwas. Dadleuodd na allai gofio unrhyw beth ac nad oedd ganddo felly'r *mens rea* angenrheidiol ar gyfer y drosedd. Fodd bynnag, ar apêl, ni chaniataodd Tŷ'r Arglwyddi feddwdod am mai troseddau bwriad sylfaenol oedd y troseddau a gyflawnodd Gallagher. Felly, mae hyn yn dangos bod meddwdod yn cael ei ddefnyddio mewn troseddau bwriad penodol ond nid troseddau bwriad sylfaenol. Yr achos arweiniol sy'n dangos nad oes modd defnyddio meddwdod ar gyfer troseddau bwriad sylfaenol yw DPP v Majewski lle bu'r diffynyddion yn yfed am 24 awr ac yna achosi difrod troseddol ac ymosod ar heddwas.

④ Fodd bynnag, mae modd defnyddio meddwdod mewn troseddau bwriad penodol a sylfaenol petai'r diffynydd wedi ei feddwi yn anwirfoddol ac nad oedd *mens rea* ganddo. Nid yw meddwdod yn cael ei ddefnyddio pan nad yw pobl yn sylweddoli beth maent yn ei gymryd. Er enghraifft, yn achos Allen, nid oedd y diffynnydd yn ymwybodol o'r cynnwys alcohol yn y gwin yr oedd yn ei yfed. Ni ellir ei ddefnyddio chwaith lle mae pobl yn cymryd cyffuriau yn wirfoddol. Er enghraifft, yn achos R v Hardie, yr oedd dyn wedi cael ffrae gyda'i gariad ac yr oeddent wedi gwahanu. Er mwyn tawelu, cymerodd Valium, a oedd wedi ei ragnodi i'w gariad. Yna rhoddodd yr ystafell ar dân tra oedd ei gariad a'i merch i lawr y grisiau yn yr ystafell fyw. Fe'i cyhuddwyd o drosedd difrodi eiddo a pheryglu bywydau dau o bobl. Ceisiodd ddadlau meddwdod ond ni chafodd ei ddefnyddio am mai byrbwylltra oedd ei *mens rea*: peth byrbwyll oedd cymryd y cyffuriau hynny.

⑤ Yn achos R v Richardson and Irwin taflodd myfyrwyr un o'u cyd-fyfyrwyr oddi ar y balconi. Roedd hyn yn cynnwys amddiffyniad meddwdod gan eu bod i gyd wedi meddwi. Hefyd yn achos R v Lipman, roedd y diffynnydd wedi cymryd cyffur a chеisiodd y rheithgor ddadlau a fyddai wedi cyflawni'r drosedd neu beidio petai wedi bod yn sobr ac roedd yn annhebygol y byddai. Roedd yn achos o stwffio cynfas i geg ei gariad, a'i thagu i farwolaeth. Felly, mewn rhai achosion, mae modd defnyddio meddwdod, yn enwedig ar gyfer troseddau bwriad penodol.

⑥ Ni ellir defnyddio meddwdod lle mae achos o 'ddewrder potel gwrw'. Ystyr hyn yw yfed yn bwrpasol fel, pan fyddant yn cyflawni'r drosedd, nad oes ganddynt y bwriad angenrheidiol. Petai meddwdod yn cael ei ganiatáu yn yr achosion hyn, yna byddai llawer mwy o bobl yn gwneud hyn er mwyn esgusodi troseddau. Dangosir hyn yn achos Attorney-General for Northern Ireland v Gallagher lle'r oedd y diffynnydd eisiau lladd ei wraig. Prynodd gyllell a photel o wisgi; yfodd y wisgi a defnyddio'r gyllell i'w thrywanu. Ni chafodd meddwdod ei ddefnyddio yma oherwydd bod y *mens rea* ganddo pan oedd yn sobr.

⑦ Yn achos R v O'Grady, roedd y diffynnydd wedi meddwi yn wirfoddol ac yna llofruddiodd ei gyfaill am ei fod yn tybio bod ei ffrind yn mynd i'w ladd ef. Gallech ddadlau meddwdod yma oherwydd ei fod wedi gwneud camgymeriad. Fodd bynnag, does dim modd defnyddio camgymeriad fel amddiffyniad pan fydd rhywun yn feddw. Er enghraifft, cymerwch achos o dreisio: petai'n meddwi ac yn treisio merch yna ni allai ddadlau camgymeriad am iddo feddwi yn wirfoddol.

⑧ Gallai rhai pobl ddadlau nad yw hyn yn cael ei ganiatáu a gwelir hyn yn y modd yr awgrymwyd diwygiadau. Y diwygiad cyntaf yw codeiddio, sef rhoi mwy o wybodaeth am y gwahaniaethau rhwng troseddau bwriad penodol a throseddau bwriad sylfaenol. Fodd bynnag, mae pobl yn dadlau bod hyn yn aneglur o hyd, er bod y termau yn wahanol. Rai blynyddoedd yn ôl, cynigiodd Comisiwn y Gyfraith gyflwyno trosedd newydd, sef meddwdod peryglus. Roedd hyn yn golygu petai rhywun wedi cymryd cyffuriau neu yfed alcohol yn anwirfoddol ond bod y *mens rea* ganddo i gyflawni'r drosedd, yna gallai ddefnyddio amddiffyniad meddwdod peryglus. Mae diwygiadau eraill yn cynnwys rheithfarn arbennig a darpariaethau amrywiol. Dengys y diwygiadau hyn nad yw meddwdod wir yn amddiffyniad da gan ei fod yn cael ei ddefnyddio mewn rhai troseddau ac nid eraill.

⑨ Fodd bynnag, mae hyn yn fy arwain at ddiwygiad arall a all fod wedi ei gyflwyno, sef cael meddwdod fel amddiffyniad am droseddau bwriad penodol yn unig. Felly, i gloi, y mae achosion a all ddefnyddio meddwdod fel amddiffyniad, fel mewn troseddau bwriad penodol. Fodd bynnag, nid yw wir yn cael ei ddefnyddio mewn troseddau bwriad sylfaenol. Dengys y syniadau am ddiwygio na all fod yn amddiffyniad da mewn gwirionedd; fodd bynnag, mae'n cael ei ddefnyddio o hyd mewn rhai sefyllfaoedd pan ddaw'n fater o gyhuddo'r troseddwr.

Sylwadau'r arholwr

① Mae hwn yn gyflwyniad rhagorol sy'n cyflwyno'r mater allweddol yn y cwestiwn – diffinio meddwdod. Dylai ymgeiswyr ddysgu cyflwyniad da i destunau gan fy cyflwyniad yn tueddu i fod yn hirwyntog yn aml.

② Mae awgrym o ddeall elfen greiddiol yr amddiffyniad: sef, er gwaethaf meddwdod, a oedd gan y diffynnydd y *mens rea* angenrheidiol? Gwnaeth Seren hyn yn glir trwy ddefnyddio achos perthnasol iawn yn syth. Byddai crybwyll y gwahaniaeth rhwng meddwdod gwirfoddol ac anwirfoddol wedi rhoi mwy o eglurder.

③ Gwahaniaeth pwysig i'w wneud mewn unrhyw ateb ar feddwdod: bwriad penodol a sylfaenol; unwaith eto, gyda digon o awdurdod cyfreithiol i ategu'r eglurhad. Unwaith eto, nid oes yma eglurhad syml o dermau; yma, byddai wedi bod yn briodol efallai rhoi enghreifftiau o droseddau bwriad penodol a sylfaenol. Yr hyn sy'n bwysig, fodd bynnag, yw bod Seren wedi ateb y cwestiwn ac wedi egluro sut gellir defnyddio'r amddiffyniad gyda throseddau bwriad penodol a sylfaenol.

④ Trafodir meddwdod anwirfoddol yn y paragraff hwn, eto gydag awdurdod cyfreithiol i ategu. Mae dau achos gwahanol yn cael eu hegluro'n drwyadl. Yr hyn a wnaeth Seren yn arbennig o dda yw trafod ffeithiau'r achos mewn dull cryno a thaclus ac egluro perthnasedd yr achos heb adrodd gormod o wybodaeth amherthnasol.

⑤ ⑥ Mae digon o awdurdod cyfreithiol yn cael ei ddefnyddio yma i roi eglurhad manwl a thrylwyr o'r cafeatau i'r amddiffyniad.

⑦ Trafodir cysyniad camgymeriad meddw yma gydag achos arweiniol R v O'Grady; yma eto, gwnaeth Seren yn dda i edrych ar gyfyngiadau'r amddiffyniad, sydd wedi rhoi sgôr uchel iddi yn Amcan Asesu AA2 lle mae'r arholwr yn chwilio am sgiliau gwerthuso a chymhwyso.

⑧ ⑨ Ystyriaeth dda o gynigion diwygio; mae wastad yn ddoeth trafod diwygiadau lle bo angen, beth bynnag fo'r testun. Mae hyn yn dangos i'r arholwr eich bod yn ymwybodol o'r testun yn gyffredinol, yn hytrach na dim ond yn atgynhyrchu gwybodaeth yr ydych wedi ei dysgu eisoes.

Marc a ddyfarnwyd:
AA1 – 9
AA2 – 13
AA3 – 3
Cyfanswm = 25 o 25

Mae traethawd Seren yn dangos gwybodaeth a dealltwriaeth 'gadarn' gyda pheth defnydd ardderchog o awdurdod cyfreithiol.

Cwestiynau ac Atebion

6. LA4 Adran A Atebolrwydd Caeth

> Trafodwch i ba raddau mae'r llysoedd yn mynnu bod *actus reus* yn ogystal â *mens rea* yn ofynnol ar gyfer pob trosedd. *(25 marc)*

Ateb Tom

① Mae'r rhan fwyaf o droseddau yn gofyn am *actus reus* a *mens rea*. Gweithred euog a meddwl euog yw'r rhain. Er enghraifft, yr *actus reus* ar gyfer llofruddiaeth yw lladd bod dynol yn anghyfreithlon a'r *mens rea* ar gyfer llofruddiaeth yw malais bwriadus, neu ar gyfer GBH, 'clwyfo anghyfreithlon yn fyrbwyll neu yn fwriadol'. Mater i'r llys yw penderfynu a oes angen cael *actus reus* a *mens rea*.

② Gweithred euog yw ystyr *actus reus*, a than gyfraith Cymru a Lloegr nid yw'n drosedd peidio â gweithredu onid ydych o dan ddyletswydd i wneud hynny. Mae troseddau canlyniad lle mae angen rhyw ganlyniad arbennig er mwyn bod yn euog, fel llofruddiaeth lle mae'n rhaid i'r dioddefwr farw. Neu droseddau gweithred lle nad oes ots am y canlyniad fel mewn cyflawni anudon lle mae dweud celwydd ar lw yn ddigon i gael rhywun yn euog hyd yn oed os na chafodd yr anwiredd unrhyw effaith ar yr achos. Hefyd, mae sefyllfaoedd 'dyletswydd i weithredu' lle mae dyletswydd ar berson i weithredu ac os nad yw'n gwneud hyn a rhywun yn cael ei anafu, yna gall fod yn euog o drosedd. Dyma oedd achos Pitwood lle gadawodd ceidwad clwyd rheilffordd y glwyd ar agor pan aeth i'w ginio a bu rhywun farw. Roedd ganddo ddyletswydd yn ei gontract i ofalu bod y glwyd wedi ei chau. Hefyd yn achos Miller, sgwatiwr, a daniodd sigarét, syrthio i gysgu ac yna deffro gyda'i fatres ar dân! Ni wnaeth alw'r frigâd dân ond symud i'r ystafell nesaf a mynd yn ôl i gysgu! Ef oedd wedi gwneud y sefyllfa beryglus ac yr oedd dyletswydd arno felly i gael help neu geisio ei ddiffodd. Ond dim ond y rhai sydd o dan ddyletswydd i weithredu fydd yn gorfod gweithredu.

③ Hefyd, mae mathau gwahanol o *mens rea* megis bwriadol, yn fyrbwyll (byrbwylltra Cunningham) neu esgeulustod. Mae'r math yn dibynnu ar y drosedd. I lofruddiaeth, rhaid iddo fod yn fwriad ond gallwch fod yn fyrbwyll i gyflawni trosedd curo.

④ Bydd y barnwr yn dehongli'r statud gan ddefnyddio dehongliad statudol oherwydd nad yw statudau o hyd yn dweud a oes angen *mens rea* neu beidio. Byddai'n help petaent yn dweud! Rhaid iddo ddefnyddio pedwar prawf o achos Gammon i sefydlu a oes *mens rea*, ond rhaid cychwyn gyda'r prawf a roddir yn B v DPP lle rhagdybir bod angen *mens rea* o hyd. Yr enw ar droseddau lle nad oes angen *mens rea* yw rhai atebolrwydd caeth.

⑤ Yn gyntaf maent yn gofyn a yw'r drosedd yn wir drosedd, fel yn achos y landlordes a rentodd ei heiddo i bobl a oedd yn defnyddio cyffuriau. Nid oedd hi'n gwybod am hyn ond fe'i cafwyd yn euog er hynny, yna ar apêl diddymwyd ei heuogfarn. Yn ail, maent yn edrych i weld beth yw maint y gosb. Fel arfer, mae cosbau bach yn golygu atebolrwydd caeth. Yn drydydd, maent yn edrych i weld a yw'r drosedd yn un o bwys cymdeithasol fel yn achos Harrow lle gwerthwyd tocynnau loteri i blant o dan oed. Does dim ots os oeddent yn edrych fel eu bod dros 16 oed. Yn bedwerydd, maent yn edrych i weld a yw geiriad y Ddeddf yn dweud wrthynt mai trosedd atebolrwydd caeth ydyw. Mae rhai geiriau fel 'achosi' yn achos Alphacell v Woodward yn dangos i'r barnwr y gall y drosedd fod yn un atebolrwydd caeth.

⑥ Felly gallwch weld bod *mens rea* ac *actus reus* yn gysyniadau pwysig iawn ond bod gan y barnwr rôl fawr i chwarae. Y broblem gyda hyn yw nad yw barnwyr wedi eu hethol a gallant wneud y penderfyniad anghywir neu gellir cael rhai pobl yn euog o drosedd a rhai eraill heb. Mae *actus reus* a *mens rea* gwahanol ar gyfer troseddau gwahanol ond yn achos atebolrwydd caeth, bwriedir i droseddau reoleiddio ymddygiad: er enghraifft, mae gyrru'n rhy gyflym yn rheoleiddio llif y traffig. Mae'n gwneud cwmnïau yn fwy gofalus, sy'n amddiffyn bywydau a'r cyhoedd. Ni all y llysoedd fynnu bod pob trosedd yn gofyn am *actus reus* a *mens rea*. Fel arall, o ran ymddygiad rheoleiddiol, ni fyddai dim ataliad i gwmnïau ac ni fyddai'r cyhoedd yn cael ei amddiffyn, ond y mae hyn weithiau ar draul tegwch.

Sylwadau'r arholwr

① Mae Tom wedi diffinio'r termau *actus reus* a *mens rea* fel cyflwyniad ac wedi rhoi enghreifftiau o *actus reus* a *mens rea*.

② Dehonglodd Tom y cwestiwn fel un lle mae angen trafodaeth am elfennau trosedd (*actus reus* a *mens rea*). Cymerodd llawer o fyfyrwyr mai dyma oedd y cwestiwn yn ei olygu a newidiwyd y cynllun marcio yn unol â hynny i ganiatáu ystod lawn y marciau am drafodaeth gadarn. Yma, mae Tom wedi canolbwyntio ar anweithiau a chysyniad y 'ddyletswydd i weithredu'. Yn gyffredinol, mae'n gwneud hyn yn dda ac yn dangos ei ddealltwriaeth trwy beth cyfraith achosion berthnasol.

③ Eto gan fod Tom wedi camddehongli'r cwestiwn, mae yn awr wedi symud ymlaen i amlinellu'r mathau gwahanol o *mens rea*, ac mae'n gwneud hyn ar lefel sylfaenol ond gyda defnydd cywir o dermau allweddol.

④ Symudodd Tom ymlaen i ystyried atebolrwydd caeth yn gywir; dylai hyn fod yn ganolbwynt ei ateb. Mae'n cyffwrdd â rôl y barnwr wrth ddehongli statudol, sy'n bwysig. Mae hefyd yn gwasgu i mewn lawer o wybodaeth bwysig megis rhagdybiaeth *mens rea* a phedwar prawf achos Gammon. Byddai'i pwyntiau hyn wedi elwa ar fwy o eglurhad, ond mae'n dda ei fod wedi nodi'r pwyntiau allweddol hyn mewn perthynas ag atebolrwydd caeth.

⑤ Mae Tom wedi trafod pedwar ffactor Gammon, er mai yn fyr y gwnaeth hyn. Mae wedi eu nodi'n gywir ac wedi ceisio defnyddio cyfraith achosion i egluro. Mae'n gwneud hyn yn fyr ac nid yw'n ystyried yr achosion na'u goblygiadau yn ddigonol. Dyma ddylai fod yn brif ganolbwynt ei ateb, ynghyd â gwerthuso'r pedwar ffactor a sut y mae'r llysoedd yn defnyddio'r canllawiau hyn i bennu a yw trosedd yn mynnu *actus reus* a *mens rea*.

U2 Y Gyfraith: Cyfraith Trosedd a Chyfiawnder – Canllaw Astudio ac Adolygu

⑥ Casgliad da gan Tom lle mae wedi canolbwyntio yn dda ar y cwestiwn gan sylweddoli, efallai, mai cwestiwn am atebolrwydd caeth ydoedd. Yn ddelfrydol, ni ddylid cyflwyno unrhyw wybodaeth newydd mewn casgliad; dylai fod yn grynodeb o brif gorff yr ateb. Fodd bynnag, mae Tom wedi ei ddefnyddio i roi mwy o wybodaeth am atebolrwydd caeth a rôl barnwyr. Mae'n rhoi awgrym o'r anghysondeb a all godi o'r ymagwedd hon ond gallai fod wedi datblygu mwy petai wedi cael amser, ynghyd ag enwi rhai achosion fel Lim Chin Aik a Smedleys v Breed.

Marc a ddyfarnwyd:
AA1 – 7
AA2 – 7
AA3 – 3
Cyfanswm = 17 o 25

Ateb 'digonol' yw hwn. Er bod y cwestiwn yn gofyn am drafod atebolrwydd caeth, cymerodd Tom ymagwedd fymryn yn wahanol, nad oedd yn anghyffredin i fyfyrwyr yn ateb y cwestiwn hwn yn yr arholiad. Roedd ystod lawn y marciau ar gael i wneud iawn am yr amwysedd hwn, ond ateb 'digonol' a roddodd Tom er hynny. Mae wedi cymryd ymagwedd rhy eang a heb ddangos dealltwriaeth drwyadl o unrhyw un maes. Roedd hyn yn anffodus yn gweithio yn ei erbyn gyda'r cwestiwn hwn. Mae'n dangos dealltwriaeth o *actus reus* a'r ddyletswydd i weithredu ac mae'n crybwyll y mathau o *mens rea*, ond nid yw'n gwneud hyn mewn dull soffistigedig. Yn ffodus, mae'n symud ymlaen i atebolrwydd caeth ac er ei fod yn dangos peth dealltwriaeth o ragdybio *mens rea*, y pedwar ffactor a pheth cyfraith achosion, nid yw'n datblygu ei bwyntiau nac yn dangos dyfnder dealltwriaeth. Mae ei gasgliad, fodd bynnag, yn canolbwyntio yn dda ar y cwestiwn ac yn dod i ben yn daclus.

Ateb Seren

① Rhagdybir bod yn rhaid i bob trosedd fod ag *actus reus* (gweithred euog) a *mens rea* (meddwl euog). Fodd bynnag, mae'n bosibl i rai troseddau fod ag *actus reus* yn unig. Troseddau atebolrwydd caeth yw'r enw ar y rhain. O fewn y grŵp yma o droseddau mae detholiad o rai atebolrwydd llwyr lle nid yn unig nad oes angen *mens rea* ond nid oes rhaid i'r *actus reus* fod yn wirfoddol, hyd yn oed.

② Yn Larsonneur 1933, cafodd Ffrances ei hanfon o Loegr i Iwerddon. Fodd bynnag, ni chaniataodd awdurdodau Iwerddon iddi aros ac fe'i hanfonwyd yn syth yn ôl i Loegr lle cafodd ei harestio. Fe'i cafwyd yn euog am ei bod yn Lloegr. Nid oedd sut y cyrhaeddodd yno (yn wirfoddol neu beidio) yn berthnasol. Yn yr un modd, yn achos Winzar v Chief Constable of Kent, cymerwyd Winzar i'r ysbyty lle cafodd diagnosis o fod yn feddw. Dywedwyd wrtho am adael yr ysbyty ond syrthiodd i gysgu mewn coridor. Galwyd yr heddlu a gwnaethon nhw ei gerdded at y briffordd lle gwnaethant ei arestio am fod 'yn feddw ar y briffordd'. Yn achos Pharmaceutical Company of Great Britain v Storkwain, rhoddodd y fferyllydd gyffuriau o bresgripsiwn ffug. Nid oedd yn gwybod ei fod yn ffug, ond fe'i cafwyd yn euog er hynny. Methodd yr apêl.

③ Mae'r holl achosion uchod yn enghreifftiau o atebolrwydd llwyr sy'n dangos nad oes rhaid i'r *mens rea* fod yn bresennol ac nad oes rhaid i'r *actus reus* fod yn wirfoddol. Edrychwn yn awr ar achosion atebolrwydd caeth lle nad oes angen *mens rea*. Yn achos Gammon (Hong Kong) v Attorney-General, barnwyd mai'r man cychwyn i'r llysoedd yw rhagdybio bod angen *mens rea* bob tro ond y gellir gwrthdroi'r rhagdybiaeth hon trwy ystyried pedwar ffactor. Yn yr achos hwn, yr oedd adeiladwyr wedi gwyro oddi wrth gynlluniau a dymchwelodd rhan o'r adeilad. Doedden nhw ddim wedi bwriadu gwyro na bwriadu i'r adeilad gwympo, ond yr oedd hynny yn amherthnasol, roeddent wedi gwneud ac felly roedd yr *actus reus* ganddynt. Y broblem gyda statudau Lloegr yw nad ydynt wastad yn dweud a yw trosedd yn un atebolrwydd caeth neu beidio. Mater i'r barnwr yw defnyddio'r cwestiynau isod a dehongliad statudol megis y rheol lythrennol neu'r rheol drygioni i benderfynu. Mae'n bwysig edrych ar y geiriad a pha ystyr a fwriadwyd gan y Senedd.

④ Y pedwar cwestiwn Gammon i'w gofyn yw:

1. A yw'r statud trwy'r geiriau a ddefnyddir yn awgrymu ei fod yn atebolrwydd caeth? Ystyr hyn yw, a yw'r geiriau 'yn fwriadol' neu 'gan wybod' yn ymddangos yn y statud, neu ai 'achosi' neu 'bod ym meddiant' sydd yno, a fyddai'n golygu mai trosedd atebolrwydd caeth ydyw. Mae achos Alphacell v Woodward yn dangos hyn, lle'r achosodd cwmni i ddeunydd llygredig fynd i mewn i afon. Nid oeddent wedi bwriadu gwneud hyn ac yr oeddent wedi gosod hidlydd a oedd wedi cau i fyny â dail, ond nhw oedd wedi ei achosi.

2. Ai trosedd reoleiddiol ydyw ynteu'n wir drosedd? Gyda throseddau rheoleiddiol, does dim llawer o warth fel arfer (e.e. gyrru yn rhy gyflym). Barnodd achos Sweet v Parsley fod gwir droseddau yn droseddol a bod gwarth ynghlwm â nhw (megis colli eich swydd oherwydd yr euogfarn).

3. A oes agwedd o bwys cyhoeddus/cymdeithasol i'r drosedd? Gall hyn fod yn rhywbeth fel gwerthu alcohol neu docynnau loteri i bobl o dan oed fel yn achos Harrow v Shah.

4. Beth yw'r gosb am y drosedd? Yn achos Gammon yr oedd $250,000 o ddirwy neu ddedfryd o garchar am 5 mlynedd ond yr oedd hyn yn eithriadol iawn gan mai bychan yw'r dirwyon fel arfer. Po leiaf y ddirwy (fel gyda gyrru yn rhy gyflym) y mwyaf tebyg yw y dosberthir y drosedd fel un atebolrwydd caeth.

⑤ Mewn rhai ffyrdd, gall atebolrwydd caeth ymddangos yn annheg fel yn achos Callow v Tillstone. Gwerthodd y cigydd gig drwg ond roedd wedi gofyn i'w filfeddyg fwrw golwg ar y cig i weld a oedd yn addas i bobl ei fwyta. Dywedodd y milfeddyg ei fod, felly fe'i gwerthodd. Fodd bynnag, canfuwyd nad oedd yn addas i bobl ei fwyta a chafodd y cigydd ddirwy. Bychan oedd y ddirwy, ond rhaid bod yr effaith ar ei enw da wedi bod yn fwy o lawer. Roedd wedi cymryd gofal priodol ond wedi cyflawni'r *actus reus* er hynny ac yr oedd felly yn euog. Y dyddiau hyn, mae modd cael amddiffyniad diwydrwydd dyledus (*due diligence*) am rai troseddau. Nid yw camgymeriad, er hynny, yn amddiffyniad. Achos o gamgymeriad wrth werthu alcohol yw Cundy v Le Cocq, lle'r oedd yn amlwg bod y person yn feddw ac na ddylid bod wedi gwerthu alcohol iddo.

⑥ Mae manteision ac anfanteision i atebolrwydd caeth. Mantais yw ei fod yn hybu sylw a gofal, ond ar y llaw arall, mae rhai yn cael eu heuogfarnu hyd yn oed wedi iddynt gymryd pob cam rhesymol i osgoi cyflawni trosedd. Mae cwmnïau mwy weithiau'n parhau i dalu dirwyon bychain gan nad ydynt yn cael fawr o effaith, ond bydd dirwy a'r niwed i'w henw da yn cael mwy o effaith ar gwmnïau bach. Unwaith i rywun sylweddoli nad oes amddiffyniad a bod y llysoedd yn dechrau gosod dirwyon mwy, bydd ymddygiad yn newid. Enghraifft dda o hyn yw gwisgo gwregysau diogelwch mewn ceir. Rai blynyddoedd yn ôl, byddai llawer o bobl yn peidio â gwisgo gwregys, ond ers i'r gyfraith newid ac y dirwywyd llawer, mae'r rhan fwyaf yn awr yn gwisgo un.

⑦ I edrych ôl ar y cwestiwn, mae'n bwysig cael ymagwedd gyson pan ddaw'n fater o farnwyr yn pennu a oes angen *mens rea* ar drosedd neu beidio. Mae'n ymddangos bod troseddau atebolrwydd llwyr yn fwy annheg, ond gydag atebolrwydd caeth, am ei fod yn fater i'r barnwyr, gallant hefyd fod yn anghyson ac yn annheg.

Cwestiynau ac Atebion

Sylwadau'r arholwr

① Paragraff agoriadol da lle mae Seren yn gwneud yn dda i ganolbwyntio ar atebolrwydd caeth a rhagdybio *mens rea*. Mae hefyd yn cyfeirio at gysyniad ychwanegol troseddau atebolrwydd llwyr.

② Mae Seren wedi nodi ac ystyried yn gywir ystod o gyfraith achosion yma i ddangos atebolrwydd llwyr. Gwnaeth yn dda i gael teitlau'r achosion, y ffeithiau a'r casgliad yn gywir. Mae'n ysgrifennu'n gryno a phwrpasol.

③ Roeddwn yn falch o weld cynnwys y paragraff hwn gan nad oedd paragraff 2 (uchod) ar ei ben ei hun yn egluro pam mae'r achosion yn enghreifftiau o atebolrwydd llwyr. Yn y paragraff llwyddiannus hwn, mae Seren wedi egluro yn gywir sut nad oes angen i'r *actus reus* fod yn wirfoddol ar gyfer troseddau atebolrwydd llwyr. Mae wedi symud ymlaen yn gywir wedyn i ystyried atebolrwydd caeth, sef prif ganolbwynt y cwestiwn hwn. Mae'n cyflwyno rhagdybiaeth *mens rea* a hefyd y rôl mae barnwyr yn ei chwarae wrth ddefnyddio canllawiau Gammon. Mae ei heglurhad a'i defnydd o dermau allweddol yn dda iawn ac mae'n bodloni peth o'r gofyniad synoptig trwy grybwyll dehongliad statudol a dyfynnu rhai o'r rheolau sydd ar gael.

④ Mae'r rhan hon o'i gwaith yn dda iawn yn wir, gyda gwerthusiad soffistigedig o'r pedwar ffactor. Mae'n cynnwys cyfraith achosion cywir ac yn egluro eu perthnasedi i gysyniad atebolrwydd caeth. Mae'n rhoi lefel dda o ddyfnder i ddangos ei dealltwriaeth, megis ystyried ystod o eiriau yn ffactor 1 sy'n dangos a yw trosedd yn un atebolrwydd caeth neu beidio. Mae hwn yn rhoi ffocws da ar y cwestiwn a ofynnwyd.

⑤ Yn y paragraff hwn, mae Seren wedi ystyried tegwch atebolrwydd caeth i wella ei gwerthuso. Defnyddiodd gwpl o achosion da i ategu ei datganiadau. Mae'n dod â chamgymeriad i mewn fel amddiffyniad ac yn dod i'r casgliad cywir nad yw'n amddiffyniad am nad oes *mens rea* i'w negyddu.

⑥ Mae Seren wedi ystyried rhai o fanteision ac anfanteision atebolrwydd caeth; er nad oes eu hangen yn hollol ar gyfer y cwestiwn, mae'n cyfoethogi ei hateb er hynny. Gwnaeth yn dda i gyfyngu'r amser mae'n ei dreulio ar yr agwedd hon, sy'n iawn, er y gallai fod wedi cyfeirio at ddiffyg cysondeb yma ynghyd â pheth cyfraith achosion.

⑦ Rhoddodd Seren gasgliad sy'n elfen hanfodol o gwestiwn traethawd. Mae wedi crynhoi rhai o brif agweddau'r prif gorff, er y gallai fod wedi bod fymryn yn hirach. Mae hefyd yn awgrymu anghysondeb ond gallai fod wedi trafod peth cyfraith achosion mewn perthynas â hyn ynghynt yn ei hateb fel yr awgrymais uchod (e.e. Lim Chin Aik a Smedleys v Breed).

Marc a ddyfarnwyd:
AA1 – 9
AA2 – 11
AA3 – 3
Cyfanswm = 23 o 25

Mae'n amlwg bod hwn yn ateb cadarn lle mae Seren wedi canolbwyntio yn llwyddiannus ar atebolrwydd caeth ac wedi dangos gwybodaeth a dealltwriaeth gadarn o'r ffactorau y mae llysoedd yn eu hystyried wrth bennu a yw trosedd yn un atebolrwydd caeth neu beidio. Mae ei hateb yn cael ei wella trwy gynnwys atebolrwydd llwyr. Mae hefyd wedi cynnwys ystod dda o gyfraith achosion; mae wedi gwneud mwy na chrybwyll, ond hefyd wedi ystyried goblygiadau hyn yng ngoleuni'r cwestiwn a osodwyd. Roedd cwpl o rannau ychwanegol i'w cynnwys am ddiffyg cysondeb a pheth cyfraith achosion gwrthgyferbyniol a allai fod wedi ei galluogi i gael marciau llawn. Er hynny, mae hwn yn ateb arbennig.

7. LA4 Adran A Mechnïaeth

C & A

Gwerthuswch i ba raddau mae'r gyfraith sy'n ymwneud â mechnïaeth yn cadw cydbwysedd teg rhwng hawliau diffynyddion sydd heb eu cael yn euog a hawliau'r cyhoedd yn gyffredinol i gael eu hamddiffyn rhag trosedd. *(25 marc)*

Ateb Tom

① Mae'r gyfraith ynghylch mechnïaeth yn cael ei llywodraethu gan Ddeddf Mechnïaeth 1976 a Deddf Hawliau Dynol 1998. Mae Erthygl 5 y Confensiwn Ewropeaidd ar Hawliau Dynol yn gwarantu'r hawl i ryddid ac Erthygl 6 yr hawl i dreial teg. Roedd Deddf Hawliau Dynol 1998 yn ymgorffori'r ECHR i gyfraith y DU felly wrth ddehongli cyfraith y DU dylai gael ei dehongli gyda golwg ar fod yn gydnaws â hawliau dynol.

② Mae dau fath o fechnïaeth – mechnïaeth yr heddlu a mechnïaeth y llys. Gall mechnïaeth yr heddlu gael ei rhoi gan yr heddlu cyn neu ar ôl cyhuddo. Mae meini prawf penodol iawn i'w dilyn. Bydd swyddog y ddalfa yn penderfynu cyhuddo, neu os nad oes digon o dystiolaeth i gyhuddo, gall ryddhau'r person a ddrwgdybir ar fechnïaeth yr heddlu. Gall hwn fod yn amodol neu'n ddiamod. Mae mechnïaeth y llys hefyd lle mae'r Ynadon yn penderfynu a ddylid rhyddhau'r person a ddrwgdybir ar fechnïaeth neu beidio. Mae eithriadau lle na ddylid rhoi mechnïaeth. Yr eithriadau hyn yw lle mae'r cyhuddiad yn un o lofruddiaeth a bod gan y person euogfarn flaenorol am achos difrifol. Arferid gwrthod mechnïaeth yn awtomatig i'r diffynyddion hyn, ond heriodd achos Caballero hyn a chaniatáu mechnïaeth i'r diffynyddion hyn o dan amgylchiadau eithriadol.

③ Lle nad oes digon o dystiolaeth i gyhuddo, byddai gan swyddog y ddalfa yr hawl i wrthod mechnïaeth hefyd os oedd angen canfod enw neu gyfeiriad y person a ddrwgdybir. Gallant ei wrthod hefyd os oes perygl i'r person ddianc neu rwystro cwrs cyfiawnder neu os yw hyn yn angenrheidiol er mwyn ei ddiogelwch ei hun. Os caiff person a ddrwgdybir fechnïaeth, gall rhai amodau gael eu gosod. Mae'r amodau hyn yn cynnwys talu meichiau neu sicrwydd, tag, cyrffiw neu ildio pasbort. Rhaid iddo hefyd addo dychwelyd i'r orsaf heddlu neu'r llys yn nes ymlaen.

④ Os gwrthodir mechnïaeth i rywun, gall y person a'i deulu ddioddef mewn nifer o ffyrdd megis, efallai, colli swydd, methu talu biliau ac efallai y cymerir y plant i ofal. Ond mae'n bwysig bod cymdeithas yn cael ei gwarchod a'i bod yn ddiogel, a'r ffordd orau i wneud hyn yw cadw rhywun yn y ddalfa. Mae'n weithred o gydbwyso hawliau'r diffynydd yn erbyn hawliau cymdeithas i gael ei hamddiffyn rhag troseddau. Mae'n torri hawliau dynol diffynydd ond mae hefyd yn amddiffyn hawliau'r cyhoedd yn gyffredinol.

U2 Y Gyfraith: Cyfraith Trosedd a Chyfiawnder – Canllaw Astudio ac Adolygu

Sylwadau'r arholwr

① Mae Tom yn cyflwyno ei ateb yn dda iawn ac yn cyfeirio at Erthygl 5 yr *ECHR* a'r hawl i ryddid er mwyn dechrau canolbwyntio ar y cwestiwn a ofynnwyd. Mae hyn yn ddechrau da ac mae'n dangos dealltwriaeth dda o'r berthynas rhwng yr *ECHR* a Deddf Hawliau Dynol 1998.

② Mae Tom yn gwneud yn dda i amlinellu bod dau fath o fechnïaeth – yr heddlu a'r llys, er, yn hanfodol, roedd angen iddo gyfeirio at y rhagdybiaeth o blaid mechnïaeth o dan a.4 Deddf Mechnïaeth 1976 a mechnïaeth yr heddlu o dan a.38 *PACE* 1984. Roedd y ddwy ddeddf/adran yn allweddol. Mae'n gwneud yn dda hefyd i amlygu'r ffaith y gall mechnïaeth fod yn amodol neu'n ddiamod, sydd angen mwy o drafodaeth yn nes ymlaen. Mae'n crybwyll achos pwysig Caballero yn fyr ond yn y cyd-destun cywir. Gallai hyn fod wedi bod yn grynodeb fwy manwl o gefndir yr achos hwn a'r newidiadau a wnaed o ganlyniad (gyda Deddf Trosedd ac Anhrefn 1998).

③ Crynodeb dda o rai rhesymau pam y gellir gwrthod mechnïaeth. Roedd angen iddo gynnwys rhai mwy megis gwrthod mechnïaeth i bobl sy'n gaeth i gyffuriau Dosbarth A sy'n gwrthod triniaeth (yn dilyn Deddf Cyfiawnder Troseddol 2003). Trafodaeth dda am rai amodau y gellir eu gosod ond eto gellid bod wedi egluro termau fel 'meichiau' a 'sicrwydd' a gallai Tom fod wedi dyfynnu rhai achosion allweddol megis Weddell a Hagans er mwyn gwerthuso effeithiolrwydd amodau. Gallai hefyd fod wedi canolbwyntio'r enghreifftiau hyn ar y cwestiwn a ofynnwyd ac ystyried y ffordd na chafodd y cyhoedd yn gyffredinol eu hamddiffyn gan y penderfyniad i ganiatáu mechnïaeth i'r ddau berson hyn a ddrwgdybiwyd.

④ Mae Tom yn awr yn sylweddoli bod angen iddo ganolbwyntio ar y cwestiwn a ofynnwyd ac mae'r paragraff olaf hwn yn canolbwyntio ar y cydbwysedd rhwng hawliau pobl a ddrwgdybir a hawliau cymdeithas i gael ei hamddiffyn. Mae'n gwneud rhai pwyntiau da yma ond efallai y byddai'r gwerthuso a'r canolbwynt wedi bod yn well wrth iddo fynd drwy'r traethawd yn hytrach nag yn y paragraff olaf fel rhywbeth y meddyliwyd amdano wedyn. Ni ddylid cynnwys gwybodaeth newydd mewn casgliad, ond yn hytrach, dylai fod yn grynodeb o'r prif gorff, gan ganolbwyntio ar y cwestiwn.

Marc a ddyfarnwyd:
AA1 – 6
AA2 – 7
AA3 – 3

Cyfanswm = 16 o 25

Ateb digonol is yw hwn. Dangosodd Tom werthfawrogiad cyffredinol da o'r gyfraith ar fechnïaeth ac mae'n cynnwys llawer maes allweddol ond nid yw ei ateb yn benodol ac nid oes yno ddyfnder ar adegau. Cychwynnodd ei ateb yn dda trwy gynnwys cyfeiriad at Ddeddf Hawliau Dynol 1998 ac Erthygl 5 yr *ECHR* a'r berthynas rhwng y naill a'r llall, ond ni chynhwysodd y naill na'r llall o'r ddwy brif statud ar fechnïaeth (*PACE* a'r Ddeddf Mechnïaeth). Roedd y rhain yn hanfodol. Mae'n trafod yn gyffredinol y rhesymau dros wrthod mechnïaeth ac mae'n cynnwys y cyfeiriad cywir at achos Caballero ond roedd angen mwy o ffocws ar y cwestiwn. Mae'n ceisio gwneud hyn yn y paragraff olaf, ond mae fymryn yn rhy hwyr ac nid oes dyfnder na gwerthuso.

Ateb Seren

① Yn ei hanfod, addewid i ddychwelyd yw mechnïaeth a thybir ei bod yn angenrheidiol er mwyn amddiffyn hawliau dynol unigol megis yr hawl i ryddid o dan Erthygl 5 y Confensiwn Ewropeaidd ar Hawliau Dynol. Ymgorfforwyd y confensiwn hwn i gyfraith y DU trwy Ddeddf Hawliau Dynol 1998 ac o ganlyniad, mae rheidrwydd ar ein barnwyr i sicrhau bod hawliau'r confensiwn yn cael eu gwarchod fwy yn awr nag oedd os yw hynny yn golygu datgan bod cyfraith y DU yn anghydnaws â hawliau dynol. Dyma rywbeth a fydd yn cael ei ystyried yn y traethawd hwn. Bydd y traethawd hefyd yn ystyried y cydbwysedd rhwng amddiffyn hawliau person a ddrwgdybir ac amddiffyn cymdeithas yn ehangach.

② Mae dau fath o fechnïaeth – mechnïaeth yr heddlu a mechnïaeth y llys. Daw mechnïaeth yr heddlu o dan a.38 Deddf yr Heddlu a Thystiolaeth Droseddol 1984 (*PACE*) ac mae'n cynnwys mechnïaeth yr heddlu cyn cyhuddo a mechnïaeth yr heddlu wedi cyhuddo. Mechnïaeth yr heddlu cyn cyhuddo yw bod y cyhuddedig yn addo dychwelyd yn nes ymlaen i'r orsaf heddlu i gael ei holi, etc. Mae hyn yn rhoi mwy o amser i'r heddlu ymchwilio ymhellach a hefyd i gasglu tystiolaeth. Gall person gael ei roi ar fechnïaeth yn unrhyw le ar wahân i orsaf heddlu; 'mechnïaeth stryd' yw'r enw ar hwn weithiau. Mae hyn yn gyfleus i'r heddlu am nad ydynt yn gorfod arestio a dychwelyd i'r orsaf heddlu gyda'r person a ddrwgdybir a'i lofnodi i mewn. Gallant barhau â'u dyletswyddau. Ond mae peryglon gyda mechnïaeth stryd gan y gall fod yn anodd pennu pwy yn union yw'r person. Yn hynny o beth, gellir gweld nad yw wastad yn amddiffyn hawliau cymdeithas. Mae mechnïaeth yr heddlu wedi cyhuddo'r person a ddrwgdybir yn golygu bod swyddog y ddalfa a ddylai gael mechnïaeth wedi ei gyhuddo, yn dibynnu ar faint o 'risg' ydyw. Mae ganddo'r pŵer i osod rhai amodau mechnïaeth megis mynnu bod y cyhuddedig yn byw mewn cyfeiriad arbennig neu hostel mechnïaeth, ni ddylai'r cyhuddedig fynd i ardal arbennig, etc. Fodd bynnag, er y tybir bod person yn cael ei ryddid am ei fod yn ddieuog nes y caiff ei brofi'n euog, gellir gwrthod mechnïaeth i rywun os teimlir bod perygl y gallai ddianc neu os yw'n berygl iddo ei hunan neu i gymdeithas.

③ Mae mechnïaeth y llys ar gael hefyd. O dan a.4 Deddf Mechnïaeth 1976 mae rhagdybiaeth y dylai pawb gael mechnïaeth. Mae modd gwrthod y rhagdybiaeth hon os yw'r cyhuddedig yn debyg o ddianc neu gyflawni trosedd tra bydd ar fechnïaeth. Hefyd, o dan Ddeddf Cyfiawnder Troseddol 2003, gellir gwrthod mechnïaeth i rywun os ydynt yn gaeth i gyffur Dosbarth A ac yn gwrthod triniaeth. Mae hyn oherwydd y gall y ffaith eu bod yn gaeth beri iddynt ddwyn er mwyn talu am eu cyffuriau. Gwrthodir mechnïaeth hefyd os ydynt yn debyg o fod yn berygl iddynt eu hunain neu eraill a gall y llys ystyried unrhyw euogfarnau blaenorol. Roedd cyfraith a arferai ddweud y byddai mechnïaeth yn cael ei gwrthod yn awtomatig i berson gydag euogfarn ddifrifol flaenorol os cyhuddwyd ef o drosedd ddifrifol arall. Fodd bynnag, heriodd achos Caballero v UK hyn o dan Erthygl 6 yr *ECHR*, sef yr hawl i dreial teg. Teimlai y byddai hyn yn cael ei wadu petai mechnïaeth yn cael ei gwrthod yn awtomatig. O ganlyniad i'r achos hwn, rhaid oedd newid cyfraith y DU ac yn awr, gall pobl ag euogfarnau difrifol blaenorol gael mechnïaeth ond dim ond o dan 'amgylchiadau eithriadol'.

④ Mae mechnïaeth fel arfer yn cael ei gweld fel peth cadarnhaol am ei bod yn cynnal Erthygl 5, yr hawl i ryddid a'r ffaith y dylid rhagdybio bod person yn ddieuog nes y caiff ei brofi'n euog. Mae'n gadael i bobl ddioddef llai o darfu ar eu bywydau personol, ac yn rhoi mwy o amser i'r heddlu wneud eu gwaith neu'n caniatáu i'r llysoedd beidio â gorlenwi carchardai remand. Mae hefyd yn sicrhau'r hawl i dreial teg o dan Erthygl 6 yr *ECHR*. Fodd bynnag, ochr negyddol yw bod pobl a ddrwgdybir weithiau yn cyflawni troseddau tra eu bod ar fechnïaeth.

⑤ Gall y llysoedd osod llawer o amodau ar fechnïaeth er mwyn ceisio amddiffyn y cyhoedd a chyfyngu symudiadau person a ddrwgdybir. Gallant fynnu bod person a ddrwgdybir yn talu sicrwydd, sef swm o arian i'w dalu i'r llys ac a fydd yn cael ei gadw gan y llys os torrir amodau mechnïaeth neu os bydd y diffynnydd yn ffoi. Maent hefyd yn derbyn meichiau lle mae trydydd parti yn gwarantu swm o arian a delir os bydd y diffynnydd yn ffoi. Ond nid yw hyn wastad wedi atal person a ddrwgdybir rhag cyflawni trosedd. Roedd hyn yn amlwg yn achos Weddell, cyn-heddwas a gyhuddwyd o lofruddio ei wraig. Cafodd fechnïaeth gan i'w frawd a oedd yn fargyfreithiwr roi meichiau o £200,000, ond ar fechnïaeth, lladdodd Weddell ei fam-yng-nghyfraith ac yna lladdodd ei hunan! Mae amodau eraill y gellir eu gosod, megis gwaharddeb yn dweud wrth y person a ddrwgdybir i beidio â mynd i ardal arbennig, ildio pasbort a chyrffiw neu dag. Mae achos R v Hagans eto yn dangos pa mor aneffeithiol y gall yr amodau hyn fod o ran amddiffyn y cyhoedd. Roedd ganddo 28 euogfarn flaenorol am droseddau treisgar a rhywiol, ond eto cafodd fechnïaeth. Dywedwyd wrtho am beidio â mynd i Cheltenham, ond ar fechnïaeth treisiodd ddynes yng Nghaerloyw a'i lladd. Nid oedd yr amodau yn effeithiol a dylai fod wedi ei gadw yn y ddalfa.

⑥ I gloi, mae mechnïaeth yn hawl ac mae'n amddiffyn hawliau dynol rhyddid a threial teg. Mae'r llysoedd yn ceisio gosod amodau a fyddai'n atal rhywun rhag medru cyflawni trosedd ond nid ydynt wastad yn gweithio fel y gwelwyd uchod yn achosion Hagans a Weddell. Fodd bynnag, os bydd person yn cael ei gadw yn y ddalfa a heb gael mechnïaeth, gall ddioddef yn arw, felly hefyd ei deulu sydd heb wneud dim o'i le eu hunain. Mae'n anodd cydbwyso, ac nid yw'r llysoedd yn cael pethau'n iawn bob tro.

Cwestiynau ac Atebion

Sylwadau'r arholwr

① Mae Seren yn rhoi cyflwyniad campus. Rhoddodd ei hateb yn ei gyd-destun trwy egluro'n gywir y berthynas rhwng mechnïaeth a'r *ECHR* a rhwng yr *ECHR* a Deddf Hawliau Dynol 1998. Mae'n gwneud yn dda hefyd i ddangos i'r darllenydd beth fydd y traethawd yn ei ystyried, sy'n ffordd ardderchog o fynd at gyflwyniad. Mae hefyd yn gwneud yn siŵr bod ei chyflwyniad yn canolbwyntio ar y cwestiwn a ofynnwyd a'r gwrthdaro rhwng hawliau person a ddrwgdybir a hawliau'r cyhoedd yn gyffredinol.

② Roedd angen mechnïaeth y llys a mechnïaeth yr heddlu ar gyfer y cwestiwn hwn ac mae Seren wedi nodi'r naill a'r llall yn y paragraff hwn. Hefyd, mae'n egluro mechnïaeth yr heddlu yn glir, gan ddyfynnu'r statud a'r adran briodol. Mae'n dangos dealltwriaeth ehangach trwy egluro pwrpas mechnïaeth yr heddlu, y ffactorau a gymerir i ystyriaeth wrth bennu a ddylai person a ddrwgdybir gael mechnïaeth yr heddlu, ac yn gwerthuso effeithiolrwydd mechnïaeth stryd yng ngoleuni'r cwestiwn a ofynnir.

③ Yn debyg i'r paragraff uchod a gan weithio'n rhesymegol trwy'r materion, mae Seren yma wedi symud ymlaen at fechnïaeth y llys. Mae'n cynnwys rhagdybiaeth bwysig yr hawl i fechnïaeth a'r ffactorau y bydd y llys yn eu hystyried. Mae'n cyfoethogi ei hateb trwy ddyfynnu mwy o Ddeddf Cyfiawnder Troseddol 2003 a mater mechnïaeth i'r sawl sy'n gaeth i gyffuriau. Defnydd rhagorol a pherthnasol o achos Caballero a eglurwyd yn dda gan Seren ac sy'n dangos gwybodaeth a dealltwriaeth gadarn.

④ Mae'n canolbwyntio'n dda yn y paragraff hwn ar y cwestiwn a ofynnwyd, gan gyfeirio at yr agwedd hawliau dynol. Mae Seren yn trafod yn gytbwys o safbwynt y cyhoedd a'r person a ddrwgdybir.

⑤ Paragraff ardderchog gan amlinellu ac egluro rhai o brif amodau mechnïaeth a sut maent yn ceisio atal rhywun rhag troseddu tra ei fod ar fechnïaeth. Defnydd da o ddau achos allweddol fel awdurdod i ddangos y gall amodau fod braidd yn aneffeithiol.

⑥ Casgliad cryno ac effeithiol yma lle mae Seren wedi crynhoi peth o brif gorff ei gwaith. Mae'n ei ddefnyddio fel cyfle i ganolbwyntio ar y cwestiwn a ofynnwyd ac yn dyfynnu awdurdod cyfreithiol blaenorol i roi pwysau i'w chasgliad – diweddglo effeithiol.

Marc a ddyfarnwyd:
AA1 – 9
AA2 – 13
AA3 – 3
Cyfanswm = 25 o 25

Mae hwn yn amlwg yn ateb 'cadarn'. Cymerodd Seren lwybr rhesymegol trwy'r traethawd gyda strwythur clir. Roedd yr ateb yn cychwyn yn dda iawn a chanolbwyntiodd ar y cwestiwn yn dda drwyddi draw. Gall fod yn anodd strwythuro a chanolbwyntio yn y traethodau 25 marc hyn ond mae'n ymdrin yn dda iawn â swm y wybodaeth y mae'n rhaid iddi ei chynnwys ac mae'n dethol yr hyn mae'n treulio amser arno, sy'n bwysig gyda chyfrif geiriau cyfyngedig. Ceir ystod ardderchog o awdurdod cyfreithiol, sy'n fwy na chael ei grybwyll ond ei egluro'n llawn hefyd a'i werthuso yng ngoleuni'r cwestiwn. Mae hwn yn ateb da iawn, yn enwedig o ystyried y cyfyngiad amser ac amodau'r arholiad.

8. LA4 Adran B Dedfrydu

C&A

a) Eglurwch bwrpas mesurau eraill y tu allan i'r llys fel cosbau ar gyfer troseddwyr ifanc. *(11 marc)*

Ateb Tom

① O dan Ddeddf Plant a Phobl Ifanc 1933, sefydlwyd Llys Ieuenctid i wahanu troseddwyr 10-17 oed oddi wrth oedolion.

② Ar wahân i'r Llys Ieuenctid, sy'n cymryd lle'r Llys Ynadon mewn achosion lle mae'r diffynydd rhwng 10 ac 17 oed, mae mesurau eraill y tu allan i'r llys ar gael hefyd fel cosbau ar gyfer troseddwyr ifanc. Diben y mesurau hyn yw atal mwy o droseddu, ond mewn ffordd sy'n fwy priodol i blant.

③ Mae Rhybuddion Terfynol yn cael eu rhoi i droseddwyr ifanc i'w hatal rhag aildroseddu heb fynd trwy'r llys, sy'n achosi gofid. Gallant weithredu fel ataliad oherwydd os bydd y plentyn yn aildroseddu, y llys fydd y cam nesaf. Mae'n ataliad i atal y plant rhag cymryd rhan mewn mwy o droseddau.

④ Mesur arall y tu allan i'r llys i bobl ifanc yw'r gorchymyn ymddygiad gwrthgymdeithasol, a roddir am fân droseddau fel graffiti ac i bobl ifanc sy'n ymddwyn yn wrthgymdeithasol, a allai gynnwys tarfu. Er nad Rhybudd Terfynol yw ASBO, gall atal pobl ifanc rhag troseddu eto.

⑤ Gall troseddwyr ifanc 16 neu 17 oed gael rhybuddion cosb am anhrefn – diben y rhain yw rhoi cosb haeddiannol, gan gosbi'r troseddwyr ifanc am y drosedd. Gellir ychwanegu mai pwrpas mesurau y tu allan i'r llys yw arbed amser ac arian.

⑥ Yn gyffredinol, gall mesurau y tu allan i'r llys fod yn llesol, a gallant weithio; fodd bynnag, dylid ychwanegu nad yw eu pwrpas yn cael ei gyflawni am nad ydynt yn cael eu gweld fel cosb ddigon difrifol. Mae setliadau y tu allan i'r llys yn ffafrio adsefydlu ac yn ceisio newid ymddygiad troseddwyr ifanc yn lle eu carcharu.

Sylwadau'r arholwr

① ② Golwg sylfaenol ar ddibenion dedfrydu i droseddwyr ifanc. Mae diffyg termau cyfreithiol; er enghraifft, geiriau fel ataliaeth, adsefydlu. Lle bynnag y mae'n bosibl, dylai ymgeiswyr drio defnyddio termau cyfreithiol yn eu cyd-destun cywir i roi ymateb clir ac eglur.

③ Mae Rhybuddion Terfynol yn cael eu hegluro yn nhermau eu nod; y tro hwn gyda gwell defnydd o dermau cyfreithiol. Fodd bynnag, nid oes eglurhad o'r hyn yw Rhybudd Terfynol a thau ba amgylchiadau y gellir rhoi un. Byddai hyn yn angenrheidiol i fynd ag elfen AA1 Gwybodaeth a Dealltwriaeth uwchlaw 'cyfyngedig'.

④ Esboniad eithaf da o *ASBOs*, ond mae diffyg sylwedd ynghylch rhinweddau *ASBO* – er enghraifft, y ffaith bod rhai pobl ifanc yn eu gweld fel 'gwobr' ac nad ydynt yn llwyddiannus iawn yn eu nod.

⑤ Mae Rhybuddion Cosb am Anhrefn yn cael eu trafod yma gyda manylion cyfyngedig, gan ganolbwyntio ar eu diben, nid beth ydynt. Er bod y cwestiwn yn holi am ddiben y gwarediadau hyn, mae'r eglurhad o'r hyn ydynt ac am beth y gellir eu rhoi yn hanfodol i egluro beth yw eu pwrpas. Nid yw Tom wedi sôn am Gerydd fel mesur y tu allan i'r llys ac oherwydd bod y ffynhonnell yn cyfeirio at y rhain, dylid disgwyl eu gweld yn yr ateb.

Marc a ddyfarnwyd:
AA1 – 5
AA3 – 1
Cyfanswm = 6 o 11

Ateb cyfyngedig yw hwn ar y gorau, ac nid oes yma sylwedd cyfreithiol i ennill marc yn y band uchaf. Nid oes dim neu fawr ddim cynnwys gwerthusol ac nid yw'r wybodaeth am y gwahanol warediadau y tu allan i'r llys yn argyhoeddi.

Ateb Seren

① Mae pum prif bwrpas i ddedfrydu o dan Ddeddf Cyfiawnder Troseddol 2003. Y rhain yw: ataliaeth, diwygio, amddiffyn y cyhoedd, gwneud iawn a chosbi. Lle mae troseddwyr ifanc dan sylw, mae'n ymwneud yn bennaf â diwygio, gwybod bod yr hyn maent wedi ei wneud yn anghywir fel na fyddant yn ei wneud eto. Hefyd, amcan arall yw atal troseddwyr ifanc rhag aildroseddu.

② Y ffurf fwyaf cyffredin o ddedfryd ar gyfer troseddwyr ifanc yw'r dewisiadau y tu allan i'r llys sy'n cynnig dedfrydau digarchar. Y rhain yw pethau fel cerydd, rhybuddion terfynol, gorchmynion ymddygiad gwrthgymdeithasol. Mae'r rhain yn cael eu rhoi i droseddwyr ifanc am droseddau lefel isel megis graffiti a mân ladrad, ac fe'u rhoddir i'r troseddwyr gan y cyngor lleol a'r heddlu lleol.

③ Mae'r mesurau y tu allan i'r llys yn ymwneud yn bennaf â cheryddu'r troseddwyr ifanc trwy roi ail gyfle iddynt. Mae pethau fel ASBOs yn golygu na allant fynd i rai lleoedd neu fynd allan ar rai adegau. Mae'r rhain yn helpu plant i fyfyrio ar yr hyn maent wedi ei wneud sydd o'i le. Hefyd gyda rhybuddion terfynol, y cam nesaf yw mynd i'r Llys Ieuenctid a gall hyn olygu y byddant yn derbyn dedfryd o garchar. Caiff hyn effaith gadarnhaol ar rai pobl ifanc, ond nid ar eraill.

④ Prif fanteision y rhain yw rhoi ail gyfle fel nad oes rhaid iddynt fynd i'r llys, a all ddychryn plentyn. Mae'r gorchmynion hyn yn arwyddion o rybudd i blant a'u rhieni a byddant yn annog rhieni i ymdrin ag ymddygiad eu plant cyn iddynt ddechrau cyflawni troseddau mwy difrifol. Nid yw'r gorchmynion hyn yn golygu bod gan bobl ifanc record droseddol, felly ni fydd hyn yn effeithio ar eu gobeithion yn y dyfodol am addysg a gwaith. Bydd ASBOs a Cherydd yn cael eu rhoi ar record troseddwyr ifanc am gyfnod rhwng blwyddyn a dwy flynedd.

⑤ Er gwaethaf y manteision, mae agweddau negyddol hefyd. Mae rhai pobl ifanc yn gweld yr ASBO fel peth da, rhywbeth i ymfalchïo ynddo. Hefyd, am nad ydynt yn cael dedfryd o garchar na mynd i'r llys, nid ydynt yn gwybod beth maent wedi ei wneud, felly efallai na fyddant yn cael eu hatal. Bydd angen y profiad o fynd i lys neu sefydliad troseddwyr ifanc er mwyn newid eu ffyrdd ar rai. Hefyd, mae llawer o bobl ifanc yn dilyn ôl traed eu rhieni, os ydynt wedi tyfu i fyny mewn teulu o droseddwyr. Golyga hyn nad yw pwrpas y mesurau hyn y tu allan i'r llys wastad yn cael eu cyflawni.

Sylwadau'r arholwr

① Cyflwyniad rhagorol yn dangos dealltwriaeth o egwyddorion cyffredinol dedfrydu gydag awdurdod cyfreithiol cyfredol a pherthnasol. Mae hyn yn dweud yn syth wrth yr arholwr fod yma ddealltwriaeth o'r cwestiwn a'r hyn a ofynnir ganddo. Byddai cynnwys a. 142 Deddf Cyfiawnder Troseddol 2003 yn gwneud y cyflwyniad hwn bron yn ddi-fai. Y cyflwyniad yw'r awgrym cyntaf i'r arholwr o lefel y ddealltwriaeth, felly mae'n bwysig ei wneud mor gofiadwy ag y bo modd.

② Yn y paragraff hwn, mae Seren yn rhoi'r holl ateb yn ei gyd-destun, gan gyfeirio at y cwestiwn ac amlinellu'r mathau o drosedd y gellir delio â nhw trwy warediad y tu allan i'r llys. Yr hyn a allai wella hyn yw dyfynnu'r awdurdod cyfreithiol perthnasol y daw pob un o'r math o warediadau o dano – er enghraifft, ceir y Gorchymyn Cyfeirio o dan a.16–28 Deddf Pwerau Llysoedd Troseddol (Dedfrydu) 2000.

③ Mae Seren yn rhoi amlinelliad da yma o ASBOs a Rhybuddion Terfynol. Weithiau mae angen dweud yr hyn sy'n amlwg; yn yr achos hwn, mae rhoi eglurhad sylfaenol o ddefnyddio'r dedfrydau hyn yn dangos i'r arholwr ddyfnder gwybodaeth, ac mae'n sail dda i fwrw ymlaen wedyn at y gwerthuso. Siomedig yw gweld nad oes eglurhad o bob un o'r gwarediadau y cyfeiriwyd atynt yn y ffynhonnell – gallai Seren fod wedi ehangu mwy ar hyn gyda mwy o fanylion. Y peth pwysig, serch hynny, yw ei bod wedi dechrau gwerthuso'r gwarediadau, sy'n helpu i ateb y cwestiwn o ran a gyflawnwyd eu 'pwrpas'.

④ Mae'r paragraff hwn yn werthuso gwarediadau y tu allan i'r llys, gan ddangos mwy o wybodaeth ddofn eto, sy'n argyhoeddi'r arholwr o wybodaeth 'gadarn'.

⑤ Mae'r paragraff hwn yn gwneud yr ateb yn gytbwys am fod Seren yma wedi trafod agweddau mwy negyddol gwarediadau y tu allan i'r llys, ac mae'n dangos mewnweledigaeth i agweddau cymdeithasol cyfiawnder.

Marc a ddyfarnwyd:
AA1 – 7
AA3 – 2
Cyfanswm = 9 o 11

Mewnweledigaeth dda yma, gyda gwybodaeth 'gadarn' bendant, er braidd yn chwithig o ran strwythur. Dyma syniad o strwythur ar gyfer y math hwn o gwestiwn:

1 Cyflwyniad – Nod dedfrydu pobl ifanc, gan gyfeirio at Ddeddf Cyfiawnder Troseddol 2003.
2 Eglurhad o BOB UN o'r gwarediadau y tu allan i'r llys a grybwyllir yn y ffynhonnell, a sut y'u defnyddir (os nad oes ffynhonnell, tynnu ar eich gwybodaeth eich hun).
3 Agweddau cadarnhaol y gwarediadau hyn – a ydynt yn cyflawni eu diben?
4 Agweddau negyddol y gwarediadau hyn – sut nad ydynt yn cyflawni eu diben?

Cwestiynau ac Atebion

> **b) Gwerthuswch rôl Llys y Goron wrth ddelio â throseddwyr ifanc.**
> *(14 marc)*

Ateb Tom

① Fel arfer mae troseddwyr ifanc yn sefyll eu prawf yn y Llys Ieuenctid, sef llys sy'n eistedd gerllaw'r Llys Ynadon. Fodd bynnag, mae gan Lys y Goron hefyd rôl mewn rhoi prawf ar droseddwyr ifanc.

② Mewn achosion o droseddau difrifol, er enghraifft llofruddiaeth neu drais rhywiol, hyd yn oed os yw'r diffynnydd yn berson ifanc, bydd yn sefyll ei brawf yn Llys y Goron. Er enghraifft, yn achos Thompson a Venables, er bod y bechgyn o dan 16 oed, cafwyd y prawf yn Llys y Goron oherwydd ei ddifrifoldeb. Cyhuddwyd y bechgyn o lofruddio'r bachgen bach Jamie Bulger. Y ddadl yw, hyd yn oed mewn achosion difrifol lle mae plant yn cael eu rhoi ar brawf, dylai'r achos aros yn y Llys Ieuenctid, ond mae modd dadlau i'r gwrthwyneb hefyd.

③ Mae Llys y Goron hefyd yn trin apeliadau o'r Llys Ieuenctid: mae'n trin apeliadau yn erbyn euogfarn a dedfrydau. Mae hyn yn dda oherwydd bod Llys y Goron yn trin cyfraith trosedd ac felly yn meddu ar y wybodaeth i ddelio â'r apeliadau hynny. Ar y llaw arall, gellid dadlau nad oes ganddynt ddigon o wybodaeth i drin y troseddwyr hynny sydd o dan 18 oed.

Sylwadau'r arholwr

① Cyflwyniad niwlog – yma, mae angen i Tom fod yn fwy argyhoeddiadol ac amlinellu pryd y defnyddir Llys y Goron i bobl ifanc – hynny yw, pan fo'r achos yn rhy ddifrifol i'r Llys Ieuenctid neu pan fo'r person ifanc yn sefyll ei brawf ochr yn ochr ag oedolyn. Gall fod yn fuddiol hefyd diffinio beth yw 'person ifanc' at ddibenion y gyfraith. Byddai'n braf hefyd gweld eglurhad am y rhesymau pam y gall troseddwr ifanc gael ei anfon i Lys y Goron; yn bennaf am fod y Llys Ieuenctid yn cael ei redeg gan ynadon sydd wedi eu hyfforddi'n arbennig ac nad oes ganddynt y wybodaeth gyfreithiol sydd ei angen ar gyfer rhai achosion.

② Campus yw dyfynnu achos Thompson a Venables yma – mae hwn yn achos allweddol yn y defnydd o'r Llys Ieuenctid am droseddau ditiadwy a gyflawnir gan bobl ifanc. Gall fod yn fuddiol yma crybwyll Erthygl 6 yr *ECHR* – yr hawl i dreial teg. Dylai ymgeiswyr gael eu hatgoffa'n gyson fod Hawliau Dynol yn egwyddor sylfaenol i'r holl fanyleb felly dylid eu crybwyll unrhyw gyfle a ddaw. Efallai y dylid cynnwys argymhelliad yma i grybwyll pwerau'r Llys Ieuenctid o ran dedfrydu troseddwr.

③ Mae gwybodaeth eang yma o apeliadau, sydd yn wir yn un o swyddogaethau Llys y Goron, ond ychydig iawn o werthuso sydd yma. Nid yw Tom wedi dangos dim tystiolaeth o werthuso, a byddai rhywun yn disgwyl hyn er mwyn dod yn agos at y cyflenwad llawn o 14 marc.

Marc a ddyfarnwyd:
AA2 – 6
AA3 – 1
Cyfanswm = 7 o 14

Mae ateb Tom yn dangos dim mwy na gwybodaeth 'gyfyngedig', oherwydd na chafodd y cwestiwn ei ateb yn drwyadl ac ni roddwyd cais ar yr elfen 'werthuso'. Ni ddylech chi anwybyddu pwysigrwydd geiriau gorchymyn – darllenwch y cwestiwn a gofalu bod yr ateb yn ymdrin â'r holl elfennau.

Ateb Seren

① Pan wneir i droseddwr ifanc fynd i'r llys, bydd y mwyafrif helaeth yn gorfod mynd i'r Llys Ieuenctid, sy'n rhan o'r Llys Ynadon. Yma maent yn bennaf yn rhoi Gorchmynion Cyfeirio, Gorchmynion Gwneud Iawn neu Orchmynion Adsefydlu Ieuenctid, sef dedfrydau digarchar. Yr unig ddedfryd o garchar y gall Llys Ieuenctid ei rhoi yw Gorchymyn Cadw a Hyfforddi am rhwng 2 a 24 mis. Er gwaethaf hyn, mae lleiafrif o droseddwyr ifanc yn cael eu hanfon i Lys y Goron am droseddau mwy difrifol.

② Bydd person ifanc yn cael ei roi ar brawf yn Llys y Goron os mai'r cyhuddiad yw llofruddiaeth, marwolaeth trwy yrru peryglus, neu os oes cyd-ddiffynnydd sy'n oedolyn. Yn Llys y Goron, byddant yn cael dedfryd o garchar. Mae'r math o ddedfryd o garchar mae plant yn ei chael yn Llys y Goron yn orchmynion adran 90 lle ceir plentyn yn euog o lofruddiaeth, gan y caiff ei gadw am gyfnod amhenodol "yn ôl Ewyllys Ei Mawrhydi". Hefyd, mae Gorchymyn adran 91 ar gael a rhoddir y rhain i bobl ifanc sydd wedi cyflawni trosedd sydd â dedfryd o hyd at 14 blynedd o garchar. Gallant hefyd roi Gorchmynion Cadw a Hyfforddi o dan Ddeddf Pwerau Llysoedd Troseddol (Dedfrydu) 2000 am rhwng 2 a 24 mis. Yma byddant yn treulio hanner eu hamser o dan glo a'r hanner arall mewn hyfforddiant neu addysg. Byddant yn dysgu'r Cwricwlwm Cenedlaethol am 25 awr yr wythnos, felly mae hyn yn eu helpu gyda'u hadsefydlu pan gânt eu rhyddhau. Pan fydd plentyn yn cael dedfryd o garchar mae'n debyg y byddant yn treulio eu hamser mewn sefydliad troseddwyr ifanc neu lety'r awdurdod lleol.

③ Pan fydd plentyn yn sefyll ei brawf yn Llys y Goron, mae'n wahanol iawn i sut y byddai oedolyn yn sefyll ei brawf. Nid yw'r barnwr a'r bargyfreithwyr yn gwisgo perwigiau na gynau, ni ddefnyddir iaith gymhleth, bydd y plant yn sefyll gerllaw eu rhieni neu eu gofalwyr ac ni fyddant yn cael eu rhoi yn uwch. Hefyd, cyn y treial, byddant wedi cael cyfle i edrych o gwmpas y llys a bydd pobl yn dweud wrthynt sut y bydd pethau'n cychwyn. Mae hyn oherwydd achos Thompson a Venables a safodd eu prawf ac a gafwyd yn euog o lofruddio Jamie Bulger. Yn y llys, yr oeddent wedi eu rhoi yn uwch fel y gallai'r llys cyfan eu gweld, yr oedd y barnwr a'r bargyfreithwyr yn siarad mewn ffordd na allent ei deall ac yr oedd perwigiau a gynau. Hefyd, yr oedd eu rhieni yn eistedd ym mhen arall y llys. Rhoddodd hyn fod i newidiadau fel nad yw pobl ifanc yn dychryn ac felly bydd llai o gyfle iddynt gyfaddef i drosedd oherwydd eu bod yn ofnus. Bydd hyn hefyd yn atal torri Erthygl 6 yr *ECHR*.

④ Mae rôl Llys y Goron wrth drin troseddwyr ifanc yn debyg i'r ffordd y maent yn trin oedolion: i ddarganfod y gwirionedd gan ddefnyddio barnwr a rheithgor a'u dedfrydu yn briodol. Er gwaethaf hyn, mae'r ffordd y cynhelir pethau yn wahanol i bobl ifanc a bydd yn fwy priodol er mwyn cael treial teg.

U2 Y Gyfraith: Cyfraith Trosedd a Chyfiawnder – Canllaw Astudio ac Adolygu

Sylwadau'r arholwr

① Cyflwyniad da yn dangos pwerau'r Llys Ieuenctid. Mae'r holl warediadau perthnasol yn cael eu crybwyll i roi syniad am weddill yr ateb a chaniatáu ehangu. Mae hyn yn dangos strwythur da a gwybodaeth ddofn.

② Mae hwn yn baragraff campus; unwaith eto mae Seren yn argyhoeddi'r arholwr bod ganddi wybodaeth ddofn o'r testun. Mae'r dedfrydau a roddir gan y llys i bobl ifanc yn cael eu hegluro yn fanwl, ac yn bwysig iawn gydag awdurdod cyfreithiol. Mae gwybodaeth a dealltwriaeth fanwl yn amlwg yn yr eglurhad a roddir o'r dedfrydau sydd ar gael ac o swyddogaethau Llys y Goron ynghylch pobl ifanc. Mae'r holl ddedfrydau mawr yn cael eu trafod – Gorchmynion Cadw a Hyfforddi a.90 ac a.91.

③ Mae hwn yn baragraff hanfodol wrth ateb y cwestiwn, gan fod Seren yn dangos gwybodaeth am sut mae'r llys yn gweithredu, sydd wedyn yn caniatáu gwerthuso. Mae achos hanfodol Thompson a Venables yn cael ei grybwyll, gan gyfeirio at Erthygl 6 yr *ECHR*. Mae hyn yn rhoi gwerthusiad addas, am fod Seren yn dangos bod Llys y Goron yn gweithredu o fewn ffiniau'r hawl i dreial teg. Dyma rai pwyntiau gwerthuso eraill y gellid bod wedi eu cynnwys: yn gadarnhaol, y dylid gwrando ar achosion o droseddau difrifol gyda rheithgor yn Llys y Goron waeth beth yw oed y diffynnydd. Mae gwreiddiau'r cysyniad hwn yn y Magna Carta. Ymhellach, agwedd negyddol y gellid ei thrafod yw bod sefyll prawf yn Llys y Goron yn brofiad trawmatig i bobl ifanc, er y gwnaed llawer i wella'r profiad. Mae hyn yn peri i rywun holi a ddylai pobl ifanc fyth sefyll eu prawf mewn treial troseddol? Mae'r darpariaethau a grybwyllir ar gyfer pobl ifanc yn Llys y Goron yn allweddol i ateb y cwestiwn: daw'r awdurdod cyfreithiol am y darpariaethau hyn o Gyfarwyddyd Ymarfer a gyhoeddwyd yn 2000 gan yr Arglwydd Brif Ustus bryd hynny, yr Arglwydd Bingham.

④ Casgliad crwn, unwaith eto yn cyfeirio at agwedd hawliau dynol Llys y Goron wrth roi pobl ifanc ar brawf.

Marc a ddyfarnwyd:
AA2 – 13
AA3 – 1
Cyfanswm = 14 o 14

Mae hwn yn ateb hyderus, yn dangos gwybodaeth 'gadarn' bendant o'r modd mae Llys y Goron yn gweithio o ran pobl ifanc. Yr hyn sy'n hollbwysig yw bod Seren wedi cadw at y cwestiwn ac wedi canolbwyntio ei hateb ar bobl ifanc: mae'n gamgymeriad cyffredin iawn i ymgeiswyr drin y cwestiwn hwn fel cwestiwn cyffredinol am Lys y Goron, gan golli'r pwynt yn llwyr am droseddwyr ifanc.